Lemberg entdecken

Streifzüge durch das kulturelle Zentrum der Westukraine
Aufgezeichnet von
Ania Klijanienko

Trescher
Reihe Reisen

1. Auflage 2005

Trescher Verlag
Reinhardtstraße 9
10117 Berlin
www.trescherverlag.de
post@trescherverlag.de

ISBN 3-89794-062-0
Trescher Reihe Reisen
Herausgegeben von Sabine Fach und Bernd Schwenkros

Reihenentwurf: Robert Schumann
Redaktionelle Konzeption: Detlev von Oppeln
Satz und Bildbearbeitung: Bernd Chill, Tom Schülke
Lektorat: Sabine Fach, Annette Helmrich von Elgott
Stadtpläne und Karten: Johann Maria Just

Alle Angaben in diesem Buch wurden sorgfältig recherchiert und überprüft, trotzdem kann für die Richtigkeit keine Gewähr übernommen werden. Hinweise und Informationen unserer Leserinnen und Leser nimmt der Verlag gerne entgegen. Bitte schreiben oder mailen Sie unter obiger Adresse.

Gedruckt auf chlorfrei gebleichtem Papier

Printed in Germany

ЛЬВІВ
100

Vorwort

Lemberg/L'vov/L'viv ist das Herz und die Hauptstadt Ostgaliziens und der Westukraine. Es ist fast unmöglich, jene phantastische, einzigartige Atmosphäre dieser einst multinationalen, mehrsprachigen, verschiedengläubigen, aber vor allem multikulturellen Weltstadt wiederzugeben, die sich durch Jahrhunderte hinweg bis zum Jahre 1939 entwickelt hat. Ebenso unmöglich ist es, all das, was die ehemaligen armenischen, polnischen, jüdischen, deutschen und andere Bevölkerungsschichten mit dieser Stadt verband und verbindet, in einem Reiseführer vorzustellen. Lemberg war immer und ist auch heute noch eine besondere Stadt: für Fremde unbegreifbar, für Freunde sehr nah, gastfreundlich, bewundernswert.

Die lange, reiche Geschichte der Stadt ist geprägt von Jahrhunderten des Ruhmes, aber auch verbunden mit den Tragödien verschiedener Nationen. In dieser Stadt lebten und wirkten unzählige berühmte internationale Persönlichkeiten aus Politik, Kunst, Kultur und Wissenschaft.

Seit dem 13. Jahrhundert lebten Armenier in der Stadt. Ihre architektonischen Kunstwerke, ihr kaufmännisches und handwerkliches Können lassen Besucher heute noch jenen Hauch des Orients, den sie nach Lemberg brachten, spüren.

Da Lemberg in den Zeitperioden von 1387 bis 1772 und wiederholt von 1923 bis 1939 Bestandteil des polnischen Reiches war, sind natürlich die Kultur, die Geschichte der Stadt und die Architektur jener Zeit eng mit diesem Land verbunden.

Ebenso hinterließ die Kultur der jüdischen Bevölkerung in der Stadtgeschichte tiefe Spuren. Ihre ersten größeren Zuwanderungen fanden in Lemberg im 14. und 15. Jahrhundert statt. Vor dem Ersten Weltkrieg befanden sich die größten polnischen jüdischen Gemeinden in Galizien.

Die ersten deutschen Kolonisten siedelten sich bereits im 13. Jahrhundert in Galizien und bald danach in Lemberg an. Ende des 18. Jahrhunderts, nachdem Galizien Bestandteil Österreichs geworden war, entstand auf dessen Territorium der größte Teil deutscher Siedlungen, deren Einwohner vorwiegend aus den südwestlichen Gebieten Deutschlands kamen. Deutsche Siedlungen befanden sich außer in den galizischen Großstädten vor allem in deren Randgebieten.

Interessante und kunstvolle architektonische Denkmäler hat die Epoche der Habsburger Monarchie in Lemberg hinterlassen. Fast 150 Jahre – in den Jahren von 1772 bis 1918 – war Galizien als ›Königreich Galizien und Lodomerien‹ mit der Hauptstadt Lemberg eine der Ostprovinzen der Monarchie.

Die Lemberger Altstadt hat sich in der gleichen Form erhalten, wie sie im Mittelalter geschaffen wurde. Aus diesem Grunde erklärte man sie im Jahre 1975 zum staatlichen Denkmalschutzgebiet. Die historische Lemberger Altstadt und die unierte St. Georgskathedrale, die sich außerhalb der Altstadt befindet, wurden 1998 in die Liste des Weltkulturerbes der UNESCO eingetragen.

Mit der Unabhängigkeitserklärung 1991 ging ein jahrhundertealter Traum des ukrainischen Volkes von Unabhängigkeit und Selbständigkeit in Erfüllung. Es wurde wahr, wovon die ukrainischen Lemberger Schriftsteller, Historiker und Politiker sowie Künstler wie Markijan Šaškevyč, Ivan Franko, Mychajlo Hrušev-

Die Lateinische Kathedrale

s'kyj, Salomea Krušel'nyc'ka, Stanislav Ludkevyč und viele andere geträumt und wofür sie gekämpft hatten.

Seit Mai 2004 sind die europäischen Grenzen erneut verändert. Von den polnischen Grenzstädten ist Lemberg keine 100 Kilometer entfernt. Die mehr europäisch orientierte Westukraine gehört zum seit dem 24. August 1991 unabhängigen, selbständigen Staat Ukraine, in dem die Politik in Kiev, in der Ostukraine, gemacht wird. Nach fast 50 Jahren sowjetischer Besatzung hat die Stadt mit ihrem großen Kulturerbe wieder die Chance verpaßt, zu Europa zu gehören.

Die Autorin möchte diesen Reiseführer vor allem der traditionsreichen europäischen Weltstadt Lemberg widmen. Als heutige Hauptstadt der Westukraine hat Lemberg im Jahre 1991 ein großes und verantwortungsvolles Erbe angetreten. Jetzt kommt es darauf an, auch den Weg nach Europa zu öffnen – so wie in dieser Stadt in den vergangenen Jahrhunderten und in der neuen Geschichte schon häufig Wege nach Europa geöffnet wurden.

Wir möchten mit diesem Reiseführer nicht nur die Menschen, die ihre alte ostgalizische Heimat bereisen möchten, sondern auch alle deutschsprachigen Touristen, die diese einmalig interessante Stadt kennenlernen möchten, zu einem Besuch anregen.

Für weitere Vorschläge und Hinweise sind der Verlag und die Autorin jederzeit dankbar.

Auf dem pr. Svobody, dem Hauptboulevard der Stadt

Hinweise zur Benutzung des Reiseführers

Der vorliegende Reiseführer kann nicht vollständig sein – und trotzdem haben wir uns bemüht, ihn so reichhaltig und interessant wie nur möglich zu gestalten.

Der erste Teil ist der ausführlichste. In ihm möchten wir nicht nur mit der Geschichte dieser historischen Stadt vertraut machen, sondern über die Bedeutung Lembergs für Ostgalizien und die Westukraine informieren.

Eine Zeittafel gibt einen Überblick über die wichtigsten geschichtlichen, politischen und kulturellen Ereignisse Galiziens, der Westukraine und der Stadt Lemberg.

Anschließend folgen Stadtrundgänge, zu denen jeweils eine Übersichtskarte gehört. Die Straßennamen auf den Karten sowie die Namen der Sehenswürdigkeiten sind sowohl in Ukrainisch als auch in lateinischer Umschrift angegeben. Nach den Stadtrundgängen folgen die Informationen zu Hotels, Restaurants, Museen. Alle Preise für Eintritte, Fahrkarten und ähnliches werden in Euro angegeben, vor Ort muß allerdings in der Landeswährung Hryvnja bezahlt werden (1 Euro entspricht 6,5 Hryvnja).

Außerdem werden Anregungen für Tagesausflüge und Ausflüge in die nähere Stadtumgebung gegeben.

Praktische Reisetips beschließen das Buch. Im Anhang findet sich ein deutsch-ukrainischer Sprachführer sowie ein Glossar und Literaturhinweise.

In diesem Buch wird die wissenschaftliche Transliteration der ukrainischen Eigennamen verwendet, da nur sie eine Rückübertragung ins Kyrillische ermöglicht. Eine Ausnahme bilden russische oder ukrainische Bezeichnungen wie Kiev oder Dnepr, die in ihrer deutschen Form geläufig sind.

Häufig verwendete Abkürzungen

вул. вулиця
vul. vulycja (Straße)

пл. площа
pl. plošča (Platz)

ал. аллея
al. alleja (Allee)

пр. проспект
pr. prospekt (Prospekt)

св. светий
sv. svetyj (heilig)

»Wenn der Leib im Staub zerfallen, lebt der große Name noch.«

Christoph Weiß

Annäherung an Lemberg

Geographie Galiziens

Galizien – der vollständige Name lautete ›Königreich Galizien und Lodomerien‹ – war das Kronland der Habsburger Monarchie, das aus einem westlichen und einem östlichen Teil bestand. Das historische Galizien nahm mit dem Gebiet Schlesiens im Westen bis zu den Grenzflüssen Zbrutsch, Pruth und Czeremosch im Osten eine Fläche von rund 80 000 Quadratkilometern ein. Im Süden begrenzen vor allem die Karpaten das Land. Die 600 Kilometer lange Gebirgskette mit den großen Waldgebieten im östlichen Teil des Landes trägt den Namen Waldkarpaten (Transkarpaten) und hat Mittelgebirgscharakter. Der Gebirgskamm wird von den Beskiden gebildet. Die Westbeskiden erreichen den Fluß Dunajec, und die Ostbeskiden werden vom Fluß San in einen niedrigen und einen hohen Zug geteilt. Die Niedrigen Beskiden mit dem Dukla-Paß (bis zu 900 Meter) sowie die Hohen Beskiden – auch Bieszczady genannt – gehören bereits zu den Waldkarpaten.

Geograhisch gesehen liegen die ukrainischen Karpaten im Zentrum Europas. Den höchsten Gipfel der Karpaten bildet die Hoverla (2060 Meter). Eine Sonderstellung innerhalb des Karpatenlandes nimmt die etwa 60 Kilometer lange Gebirgskette der Hohen Tatra ein. Am Nordhang befindet sich das vorkarpatische Bergland mit seinen reichhaltigen Bodenschätzen wie Salz, Erdöl, Erdgas und verschiedenen Erzen. Ihr westlicher Teil, die Weichselebene, reichte von Krakau bis Przemysl und war im Weichsel-San-Dreieck am breitesten.

Im Zentrum Ostgaliziens, das von Wald- und Steppenzonen gebildet wird, befinden sich verschiedene Arten der fruchtbaren, schwarzen Erdböden, auf denen besonders Winterweizen und Mais gut gedeihen. Für die Karpaten sind die nicht sehr hohen Berge sowie ein mildes und feuchtes Klima typisch. Bekannt sind die Buchen- und Tannenwälder wie auch der Reichtum an Quellen. Im Karpatenvorland befinden sich einige der ältesten Erdölförderzentren Europas, allerdings waren diese Vorkommen gering. In den Karpaten liegen mehrere Stauseen, die auf natürliche Weise – oft durch einen Erdrutsch – entstanden sind.

Galizien verfügt über keine nennenswerte Industrie, die Haupterwerbszweige sind die Landwirtschaft und Kleingewerbe sowie Holzwirtschaft in den Karpaten. Insgesamt ist die wirtschaftliche Situation desolat, vor allem außerhalb der Städte.

Die Umweltprobleme in der Ukraine sind gravierend, sowohl, was die Reinhaltung von Gewässern betrifft, als auch den Schutz von Luft und Boden. Die Reaktorkatastrophe von Tschernobyl, deren radioaktive Verstrahlung europaweit reichte, hat den Westen erstmals auf die ökologischen Probleme des Landes aufmerksam gemacht. Eine Umweltbewegung in der Ukraine befindet sich noch in den

Landschaft in den Karpaten

Anfängen und bemüht sich um Unterstützung aus dem Ausland. Bislang ist die Sensibilität der Bevölkerung für ökologische Probleme nicht sehr groß, was angesichts der wirtschaftlichen Probleme sogar verständlich ist. Die Gebirgsregion um die Hoverla wird durch den Karpaten-Nationalpark geschützt.

Flora und Fauna

Das Gebiet Ostgaliziens erstreckt sich über drei Naturzonen: die Waldzone, die Wald- und Steppenzone sowie die Zone der Waldkarpaten. In der Wolynischen Polessje befinden sich große Moorgebiete. Die Region ist reich an seltenen und vom Aussterben bedrohten Pflanzenarten. So finden sich hier beispielsweise das Fettkraut (Pinquicula vulgaris) und die rote Berglilie oder die nur noch sehr selten auftretenden insektfressenden Moorpflanzen wie der Sonnentau (Droser anglica). Erlenbäume, Eichen, Birken und vor allem Fichten gehören zum Baumbestand dieser Region. An den Seen der Wolynischen Polessje brüten vor allem Möwen und Wildenten. Zum Raubtierbestand zählen Wölfe, Marder, Otter und Füchse. In den Naturschutzgebieten brüten und leben der graue Kranich, die scheuen Schwarzstörche, die geheimnisvollen Ziegenmelker und andere seltene Vogelarten.

Aus der Geschichte Galiziens und der Westukraine

Ostgalizien, die heutige Westukraine, hat eine bewegte Geschichte und gehört zu den interessantesten historischen Regionen Europas an der Grenze zwischen Westen und Osten. In seinem Buch ›Da geht ein Mensch. Roman eines Lebens‹ beschreibt Alexander Granach Galizien mit den Worten: »Ostgalizische Erde ist verschwenderisch und reich. Sie hat fettes Öl, gelben Tabak, bleischweres Getreide, alte verträumte Wälder und Flüsse und Seen und vor allem schöne, gesunde Menschen: Ukrainer, Polen, Juden. Alle drei sehen sich ähnlich, trotz verschiedener Sitten und Gebräuche. Der ostgalizische Mensch ist schwerfällig, gutmütig, ein bißchen faul und fruchtbar wie seine Erde.«

Das Gebiet der Kiewer Rus' im 10. und 11. Jahrhundert

Das traditionelle Zentrum der Ostslawen war das mittlere Dneprgebiet. Hier entstand im 9. Jahrhundert als erstes slawisches Fürstentum die sogenannte Kiever Rus', die die Grundlage der altrussischen Nation bildet. Unter dem Fürsten Jaroslav dem Weisen (1019–1054) erlebte die Kultur der Kiever Rus' ihren Höhepunkt und entwickelte sich zum größten Staat Europas. Nach dem Tode Jaroslavs wurde das Reich allerdings durch Erbfolgestreitigkeiten destabilisiert. Innerhalb eines Jahrhunderts wurde Kiev von fast 50 Herrschern regiert. Im Jahre 1187 kam es zur endgültigen Zersplitterung der Kiever Rus' in mehrere Teilfürstentümer. Am westlichen Rand der Kiever Rus' war bereits früher das Fürstentum Halyč/Galič entstanden. Die Stadt Halyč lag am Ufer des oberen Dnestr, sie wurde 1144 Hauptstadt des gleichnamigen Fürstentums und gab dem Gebiet Galizien seinen Namen. Das starke galizische Fürstentum wurde vom wolhynischen Fürsten Roman Mstislavič (1160–1205) beherrscht.

Das Fürstentum Galizien-Wolhynien

Nach Mstislavičs Tod regierte sein Sohn Danylo Romanovyč von Galizien das Land (1201–1264). Im Jahre 1206 nahmen die ungarischen Könige als vorübergehende Herrscher über die Fürstentümer Halyč und Wolodymyr (Wolhynien) den Titel ›Galiciae et Lodomeriae rex‹ an, auf dessen Rechtstitel im Jahre 1772 Maria Theresia als Königin von Ungarn ihre Ansprüche auf das ostgalizische Land stützte.

Nach harten Auseinandersetzungen ging das Land 1238 wieder an Danylo Romanovyč, der die beiden Fürstentümer Wolhynien und Halyč vereinigte. Durch geschickte Bündnispolitik führte er sein Herrschaftsgebiet zu einer kulturellen und wirtschaftlichen Blüte. Im Jahre 1253 wurde der Großfürst Danylo durch einen päpstlichen Legaten zum König gekrönt. Aus der lateinischen Bezeichnung für Rus' leitete sich der Name Ruthenen für die hier ansässige ostslawische Bevölkerung ab. Das Fürstentum Halyč wurde auch Rot-Ruthenien genannt. Im Zusammenhang mit den Mongoleneinfällen, der Invasion der Tataren der Goldenen Horde unter Batu Khan, dem Enkel Dschingis Khans, wurde in kurzer Zeit fast das ganze Ruthenenland eingenommen und die Städte Kiev und Halyč zerstört. Dabei kam es zu neuen Stadtbildungen. Lemberg gehörte zu den bedeutendsten unter ihnen. Der ruthenische (und heutige ukrainische) Name für Lemberg ist L'viv, es wurde nach dem Sohn Danylos Lev (Leo) benannt. Polnisch heißt Lemberg Lwów.

Nach dem Tod Danylos und seiner Nachfolger zerfiel das galizisch-wolynische Fürstentum in mehrere Teilfürstentümer, die in der zweiten Hälfte des 14. Jahrhunderts zwischen den Nachbarn Litauen und Polen aufgeteilt wurden.

Unter polnischer Herrschaft

Als der letzte galizische Fürst Georg II. einem Giftmord erlag, machte der polnische König Kasimir der Große, unterstützt durch Ungarn, alte Ansprüche auf das Land Rot-Ruthenien geltend. Im Jahre 1340 nahm er Lemberg ein. Das Fürstentum selbst wurde 1343 im Vertrag von Halyč an das Königreich Polen angegliedert. Das durch den Überfall der Tataren 1241 stark verwüstete und entvölkerte Gebiet wurde durch Kasimir den Großen erneut organisiert. Außer deutschen Kolonisten kamen Armenier und Juden ins Land. Kasimir gründete nach deutschem Muster Städte, verlieh ihnen das Magdeburger Recht und förderte Handel und Gewerbe. Der polnische König legte somit den Grundstein zum wirtschaftlichen und kulturellen Aufschwung, den Polen im 15./16. Jahrhundert nahm.

Nach dem Aussterben der Jagiełłonen (nach den polnischen König Jagiełło genannt) begann der polnische Niedergang. Die Macht des polnischen Staates lag in den Händen des Adels und der katholischen Kirche. Die christliche Bevölkerung verarmte. Rot-Ruthenien gehörte bis zum Jahre 1772 dem polnischen Reich

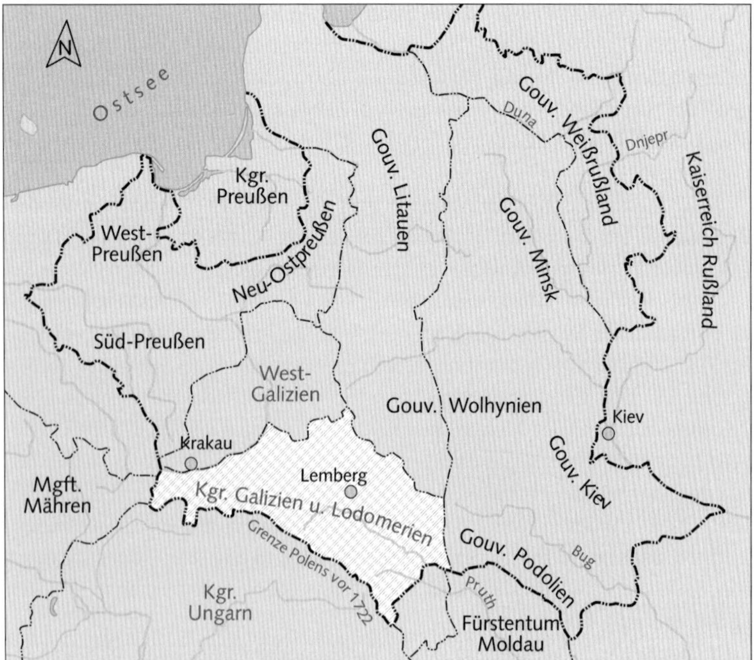

Das Gebiet Polens vor den Teilungen des Jahres 1772

an. Der Niedergang Polens und letztlich seine Auflösung boten den europäischen Großmächten Preußen, Österreich und Rußland einen guten Ausweg, ihre Spannungen untereinander auf Kosten Polens abzubauen. Polen wurde dreimal geteilt: 1772, 1793 und 1795. Bei der ersten Teilung überschritten österreichische Truppen am 14. Mai 1772 die Grenzen Polens. Da Lemberg noch von russischen Besatzern okkupiert war, die die Stadt erst am 15. September verließen, besetzten österreichische Truppen unter General Andreas Hadik noch am gleichen Tage Lemberg. Nachdem einen Tag später die polnischen Soldaten die Stadt verließen, übernahm Österreich die Führung in der Stadt.

Zur Zeit der Habsburger

Mit dem Zusammeschluß des östlichen mit dem westlichen Teil Galiziens schuf sich Österreich im 18. Jahrhundert nicht nur einen neuen Verwaltungsorganismus, der aus zwei Einheiten mit zum Teil verschiedener Geschichte bestand, es wurden

Grenzen des Habsburger Reiches nach 1815

auch Teile zweier durch Sprache und Religion unterschiedlicher und sich seit Jahrhunderten nicht immer freundlich gegenüberstehende Völker angegliedert. Im Westen waren es die dem römisch-katholischen Glauben angehörigen Polen, im Osten die Ruthenen, seit Ende des 19. Jahrhunderts Ukrainer genannt, die seit 1596 mit Rom uniert waren, aber größtenteils die griechisch-orthodoxe Liturgie beibehielten. Bis zur ersten Teilung Polens hatten die Teilgebiete Galiziens keine einheitliche, gemeinsame Geschichte. In den Jahren 1772 bis 1918 war Galizien die offizielle Bezeichnung für ein Gebiet von 83 000 Quadratkilometern für die bei der ersten Teilung Polens von Österreich besetzten Gebiete Kleinpolens und Rot-Rutheniens. Sein Name wurde nach 1918 für die südpolnischen Wojewodschaften Krakau, Lemberg, Stanislaw und Tarnopol verwendet. Es lebte in den Jahren 1941 bis 1945 im Distrikt Galizien des Generalgouvernements wieder auf. Westgalizien gehört seit der Zeit nach dem Zweiten Weltkrieg zu Polen, Ostgalizien, die Westukraine, gehörte nach dem Zweiten Weltkrieg zur Ukrainischen Sozialistischen Sowjetrepublik und ist seit August 1991 Bestandteil der unabhängigen selbständigen Ukraine.

In Galizien lebten jahrhundertelang unterschiedliche Nationen und Kulturen zusammen, unter denen die Ruthenen und Polen die größten Volksgruppen darstellten. Beide slawischen Völker orientierten sich trotz aller Unterschiede von Beginn an in ihrer Politik zum Westen, dies war in ihrer Kultur und Religion begründet. Die Ukrainer bildeten die Mehrheit der Bevölkerung Ostgaliziens. Die Österreicher richteten nach 1772 eine zentralisierte Verwaltung mit einem in Lemberg residierenden Gouvernement unter österreichischen Beamten ein. Auf die ethnischen Verhältnisse mit 47 Prozent Polen, 45 Prozent Ukrainern sowie 6 Prozent Juden wurde dabei kaum Rücksicht genommen.

Das Ansiedlungspatent von Joseph II.

Im Jahre 1773 bereiste Kaiser Joseph II. Galizien. Er überzeugte sich von der Fruchtbarkeit des Bodens, aber auch von der Rückständigkeit des Handwerks, Handels und Gewerbes in den Städten. Die Landwirtschaft stand auf niedrigster Stufe, vom Zustand der Volksbildung und der geistigen Kultur ganz zu schweigen. Die Habsburger Monarchie organisierte im neuerworbenen Königsreich Galizien und Lodomerien eine deutsche Ansiedlung. Am 18. Juni 1774 erließ die Kaiserin Maria Theresia ein Einwanderungspatent. Nach diesem durften sich »Handelsleute, Künstler, Fabrikanten, Professionisten und Handwerker« zur Wiederbelebung des Landes ansiedeln. Den Ansiedlern wurden sechs Jahre Steuerfreiheit zugesichert. Katholiken durften sich überall ansiedeln, Protestanten nur in vorgeschriebenen Städten, so auch in Lemberg. Am 17. September 1781 erließ der Kaiser das Ansiedlungspatent, das am 13. Oktober 1781 durch ein Toleranzpatent erweitert wurde. Die ersten deutschen Einwanderer kamen 1782 nach Galizien, die meisten zwei Jahre später. Sie stammten aus Westfalen, Hamburg, Niedersachsen, Mecklenburg, Brandenburg, Pommern, Ostpreußen und dem Baltikum. Wieder andere kamen aus Groß-Polen, der Zips (Ostslowakei) und auch aus der Schweiz nach Ostgalizien. Sie waren Kaufleute, Baumeister, Ärzte, Apotheker, Rechtsanwälte, Glockengießer, Kupferstecher, Instrumentenbauer, Uhrmacher, Buchbinder, Buchhändler, Polizisten, Büchsenmacher, Buchhalter, Bierbrauer, Förster, Zuckerbäcker, Tuchmacher, Strumpfwirker, Handschuhmacher und vieles andere.

Die ersten dörflichen deutschen Siedlungen, sogenannte Josephinische Siedlungen, entstanden in den Jahren 1782 bis 1790 auf staatlichem Großgrundbesitz. Der größte Teil der deutschen Kolonisten siedelte sich in Ostgalizien an, also inmitten der ruthenischen (ukrainischen) und polnischen Dörfer. Ohne die Hilfe der ansässigen Bevölkerung wäre der Neubeginn im fremden Land um vieles schwerer gewesen. Vor allem die Ukrainer leisteten gern Hilfsdienste. Für diese Dienste wurden sie verpflegt, entlohnt und oftmals auch eingekleidet.

Die vorwiegend bäuerlichen ukrainischen Untertanen lebten nicht nur in harter Fronarbeit, sie waren auch vollkommen rechtlos. Obwohl sie die Mehrheit der Bevölkerung in Ostgalizien stellten, lebten in den Städten vor allem Polen, die auch zugleich die Herren der Landgüter waren. Bis zur Mitte des 19. Jahrhunderts war die ländliche deutsche Bevölkerung auf insgesamt 39 800, die gesamte deutsche Bevölkerung des Landes auf 93 300 Einwohner angestiegen. 50 Tochtersiedlungen waren gegründet worden, davon vier in West- und 46 in Ostgalizien, zu denen in den späteren Jahren noch weitere 25 hinzukamen.

Unter polnischer Verwaltung

Bildeten die Galiziendeutschen anfänglich einen begünstigten und später gleichberechtigten Bestandteil der Gesamtbevölkerung des Landes, so schuf das Jahr 1867 für sie eine völlig neue Lage. Mit der Entstehung der österreichisch-ungarischen Monarchie erhielt Galizien eine weitgehende Landesautonomie unter polnischer Führung. Zum Sitz der autonomen Regierung wurde Lemberg bestimmt.

Der polnische Adel und die inzwischen herangebildete bürgerliche Führungsschicht verstanden es, ihren Einfluß in Wien sehr stark zur Geltung zu bringen und den zu Beginn der 1860er Jahre von der noch recht dünn gesäten ruthenischen (ukrainischen) Bildungsschicht unternommenen Versuch einer Zweiteilung des Landes in einen polnischen und einen ukrainischen Verwaltungskörper zu Fall zu bringen. Die Dienst- und Verhandlungssprache des Landtages, der Landes- und

Zur Habsburger Zeit hieß der Stadtboulevard König-Ludwig-Straße

Kommunalbehörden und der Gerichte, die Unterrichtssprache der Universitäten und Hochschulen in Lemberg wurde ab sofort polnisch.

Die Verwaltung des Landes wurde von nun an von den Polen übernommen. In Österreich hörte man vor allem auf den polnischen Adel und die katholische Kirche. Die Ruthenen wurden während der österreichischen Herrschaft als Ukrainer bezeichnet. Im Jahre 1848 wurde in Galizien die Leibeigenschaft abgeschafft. Die politische Gleichberechtigung mit anderen Nationalitäten galt nunmehr auch für die Ukrainer Galiziens. Die ukrainische Nationalbewegung in Galizien erstarkte und entwickelte sich bis zum Beginn des 20. Jahrhunderts zu einer Massenbewegung. Ukrainische Schriften wurden verlegt und Bräuche gepflegt. Es kam zur Gründung nationaler Organisationen. Die unierte Kirche in Galizien wurde zum wichtigsten Träger der Nationalbewegung. An der Lemberger Universität wurde 1894 ein Lehrstuhl für ukrainische Geschichte eingerichtet.

Der Erste Weltkrieg

Der Erste Weltkrieg brachte dem Kronland Galizien Besatzung, Not und Repression. Von September 1914 bis Mai 1915 wurde ganz Ostgalizien bis zu den Karpaten von den Russen besetzt. Als die drei Großmächte Rußland, Österreich-Ungarn und Deutschland am Ende des Ersten Weltkrieges zusammenbrachen, führte diese Situation zwischen den Polen und Ukrainern zum offenen Krieg um den Besitz Ostgaliziens. Die Ukrainer proklamierten am 1. November 1918 in Lemberg die unabhängige ›Westukrainische Volksrepublik‹. Sie sollte alle ukrainisch besiedelten Gebiete Österreich-Ungarns zum Ganzen vereinen. In der Ostukraine, in Kiev, wurde nach der Februarrevolution 1917 die sogenannte Zentralrada gegründet, die alle politischen Kräfte der Ukraine zusammenfassen und die Grundlagen zur Bildung einer Autonomie schaffen sollte. In der Westukraine – im Unterschied zur Ostukraine – besaß die galizische Bevölkerung, verstärkt durch die unierte Kirche und die Auseinandersetzungen mit den dominierenden Polen ein ausgeprägtes politisches und nationales Selbstbewußtsein. Es wurden also zwei sehr unterschiedliche Regionen zusammengeschlossen. Im Juni 1920 übernahmen die Bolschewiki die Macht in Kiev. Polen erkannte am 18. März 1921 im Friedensvertrag von Riga die Sowjetukraine völkerrechtlich an. Ostgalizien wurde dem polnischen Staat angegliedert.

Der Zweite Weltkrieg und die Folgen

Mit dem Einmarsch deutscher Truppen in Polen begann am 1. September 1939 der Zweite Weltkrieg. Gleichzeitig besetzten am 1. September 1939 sowjetische Truppen Ostgalizien, West-Wolhynien sowie Gebiete Ostpolens. Die Vereinigung Ostgaliziens mit der Sowjetukraine kam aufgrund geheimer Zusatzprotokolle des Hitler-Stalin-Paktes zustande. Das bis zum Beginn des Zweiten Weltkrieges im westeuropäischen Stil existierende Ostgalizien wurde der Ukrainischen SSR eingegliedert und sowjetisiert. Es begann eine Zeit des Terrors. Es wurde vor allem die Führungsschicht der Polen, aber auch Ukrainer verhaftet. In mehreren Etappen begannen die Sowjets im Jahre 1940 mit einer riesigen Welle der Massendeportation. Schätzungen zufolge wurden etwa 13 Millionen Menschen der bis Juni 1941 in Ostgalizien lebenden Polen, Ukrainer, Weißrussen und Juden deportiert. Der Einmarsch deutscher Truppen in Ostgalizien erfolgte 1941. Vor allem die ukrainische nationalistische Intelligenz erwartete von den Deutschen die nationale Befreiung und Unabhängigkeit. Die Unterdrückung der deutschen Minderheit und der Ukrainer führte während der polnischen Herrschaft in Ostgalizien dazu, daß Deutsche und Ukrainer sich gegenseitig unterstützten, in der Hoffnung, die Deutschen würden ihnen bei der Bildung eines selbständigen ukrainischen Staates behilflich sein. Aber diese Hoffnungen wurden bald enttäuscht.

Nach dem Überfall der deutschen Truppen auf die Sowjetunion am 22. Juni 1941 begannen die ersten antisemitischen Aktionen und Pogrome. Es begann die Zeit der Verfolgung und Vernichtung der ostgalizischen Juden. Die endgültige Auflö-

Das heutige Staatsgebiet der Ukraine

sung der Ghettos in Galizien und auch in Lemberg begann im Jahre 1943. Die seit dem Mittelalter bestehende jüdische Kultur in Galizien, die viele bekannte Schriftsteller, Künstler und Religionsgelehrte hervorgebracht hat, war bereits Ende des Jahres 1943 völlig vernichtet. Mit der Aussiedlung der Deutschen aus Ostgalizien schon im Jahre 1939 verschwand auch dieser Bevölkerungsteil fast vollständig.

Nach dem Krieg kam es zur endgültigen Teilung des historischen Galizien. Westgalizien gehörte ab nun zur Volksrepublik Polen, und Ostgalizien wurde Bestandteil der westlichen Sowjetukraine. Es begannen weitere Bevölkerungsaussiedlungen. Die sowjetischen Behörden begannen damit, rund eine Million Polen aus Ostgalizien in die den Polen eingegliederten deutschen Ostgebiete umzusiedeln. Gleichzeitig mußten 500 000 Ukrainer ihren Wohnsitz in Polen verlassen. In der Westukraine wurden in den Nachkriegsjahren viele Menschen neu angesiedelt. Es kamen Ukrainer aus der sowjetischen Ostukraine und aus der gesamten Sowjetunion, vor allem Russen. Die Vielfalt der Völker, ihre Kultur und Sprache und damit ein großes Stück galizischer Geschichte verschwand für immer aus Ostgalizien.

Wer ist ein Galizier?

Vor dem ukrainisch-polnischen Bevölkerungsaustausch 1946 wurde in der galizischen Bevölkerung zwischen drei Hauptgruppen unterschieden. Einmal die polnischen Galizier, zu ihnen zählten die Krakowiaken (Wojewodschaft Krakau), die Lasowiaken, die in den waldreichen Gegenden vor allem an San und Weichsel lebten, und die Goralen aus den Beskiden. Zum zweiten die ukrainischen Galizier, die bis zum Ende des 19. Jahrhunderts Ruthenen genannt wurden. Zu ihnen gehörten vor allem die Podolanen der podolischen Hochebene, die Wolhynianen am oberen Styr bis zum Quellgebiet des Zbrucz, die Nistrowianen, die das Tal des Dnestr bewohnten, die Huzulen der südöstlichen Waldkarpaten, die Bojken aus den Waldkarpaten westlich der Lemniza bis hin zur Solinka sowie die Lemken, die in den Niederen Beskiden beheimatet waren. Diese Völker hatten eine hochentwickelte Volkskunst. Bekannt sind vor allem die wunderschönen Ofenkacheln der Huzulen, die Schnitzarbeiten mit Brandtechnik sowie die Textilkunst. Drittens, die galizischen Juden, die seit dem 13. Jahrhundert aus Mitteleuropa eingewandert waren und zu den Aschkenasim gehörten. Ihre Umgangssprache war Jiddisch. In Galizien, das das Zentrum der chassidischen und kabbalistischen Bewegungen war, lebten zu Beginn des 20. Jahrhunderts ungefähr 810 000 Juden, von denen in den Jahren 1942/43 der größte Teil in Konzentrationslagern ermordet wurde.

Junge Galizier im 21. Jahrhundert

Zeittafel Galizien

1772 Erste polnische Teilung, Galizien wird der österreichischen Monarchie einverleibt, es entsteht das Königreich Galizien und Lodomerien.

1774 Maria Theresias Ansiedlungspatent für Galizien.

1781 Toleranzpatent Kaiser Josephs II.

1782–1785 ›Josephinische Kolonisation‹, es entstehen 165 Ortschaften Galiziens mit ungefähr 15 000 Kolonisten aus Südwestdeutschland.

1786 Die Bukowina kommt zum Königreich Galizien.

1795 Krakau und das Gebiet zwischen Weichsel und Bug kommen zu Galizien.

1846 Angliederung des Gebietes Krakau als Großherzogtum an Galizien.

1848 Lemberger Aufstand (vollständige Befreiung der Bauern aus der Abhängigkeit von Gutsbesitzern und von der Arbeitspflicht auf Privatgütern).

1867 Galizien erhält umfassende Autonomie und ein eigenes Parlament; Polnisch wird Amtssprache.

1868 Aufhebung der rechtlichen Beschränkungen der Juden.

1915, Mai Galizien wird von den Österreichern zurückgewonnen.

1916, Juni–August Die russische Armee besetzt wiederholt Teile Galiziens.

1917, Juli Deutsch-österreichische Gegenoffensive und endgültige Rückgewinnung Galiziens.

1918 Nationalukrainier rufen die ›Westukrainische Volksrepublik‹ aus.

1919 Die Pariser Friedenskonferenz spricht Polen das Recht zu, Ostgalizien bis zu der früheren österreichisch-russischen Grenze unter polnische Verwaltung zu nehmen.

1920, August Niederlage der Russen an der Weichsel. Die Ukraine wird sowjetische Unionsrepublik, Galizien bleibt polnisch.

1921 Friedensschluß von Riga; polnisch-sowjetische Staatsgrenze wird festgelegt. Anerkennung dieser Staatsgrenze durch den Botschafterrat im März 1923.

1926, Mai Marschall Piłsudski übernimmt die Macht im neuem polnischen Reich und errichtet ein autoritäres Regime.

1934 Deutsch-polnischer Nichtangriffspakt.

1939, Ende September Ostgalizien wird von der Sowjetunion annektiert und Teil der Sowjetrepublik Ukraine.

1939, Ende Dezember Umsiedlung der Galiziendeutschen.

1940, ab Februar Massendeportationen von Polen und Ukrainern ins Innere der Sowjetunion.

1941, Juli Galizisches Gebiet wird von Deutschen besetzt, das neugeschaffene ›Generalgouvernement‹ wird angegliedert.

1941, September Massenerschießungen von Juden in Galizien durch Einsatz der Oktobertruppen.

Der Lemberger Schloßhügel am Anfang des 20. Jahrhunderts

1942, Mai bis August 1943 Galizische Juden werden in das Vernichtungslager Belzec deportiert und vergast (von 900 000 überleben nur 50 000).

1945 Ostgalizien kommt zur Sowjetrepublik Ukraine.

1946 Gründung des Hilfskomitees der Galiziendeutschen durch Superintendent Dr. Theodor Zöckler.

1949 Gründung der Landsmannschaft Weichsel-Warthe mit dem Hilfskomitee der Galiziendeutschen.

1989 Gründung des ›Ruch‹ (ukrainische Unabhängigkeitsbewegung).

1990, 16. Juli Die Ukraine erklärt ihre Souveränität.

1991, 24. August Die Ukraine proklamiert durch Parlamentspräsident Kravčuk ihre Unabhängigkeit von der Sowjetunion und verbietet die Kommunistische Partei.

1991, Dezember Kravčuk wird zum Staatspräsidenten gewählt; die Ukraine gründet unter anderem mit Rußland die GUS.

1994 Leonid Kučma wird Staatspräsident.

1996 Die ukrainische Verfassung wird verabschiedet.

1999 Kučma wird als Staatspräsident wiedergewählt.

2002 Demonstrationen gegen die als undemokratisch empfundene Machtfülle des Präsidenten.

2004, Dezember Die Präsidentenwahl muß nach Manipulationsvorwürfen des Oppositionskandidaten Viktor Juščenko wiederholt werden, am 26. Dezember gewinnt Juščenko die Wahl.

Aus der Stadtgeschichte Lembergs

Im galizisch-wolhynischen Großfürstentum spielten vor allem die Städte als Umschlagplätze für den Fernhandel von Ost- und Mitteleuropa eine bedeutende Rolle. In diesen Städten siedelten sich schon frühzeitig vom Fürsten Danylo ins Land gerufene Ostslawen, Juden sowie Armenier an. Auch deutsche Handwerker und Kaufleute wurden ins Land gerufen. Sie bildeten sehr bald den bedeutenden Teil der städtischen Oberschicht im galizisch-wolhynischen Fürstentum, in dem sich sehr früh besondere innere Strukturen herausbildeten.

Die Gründung der Stadt im Jahre 1256 steht im Zusammenhang mit den Mongolenstürmen des 13. Jahrhunderts, bei denen die Hauptstadt Halyč des westlichen ruthenischen Teilstaates zerstört wurde. Im Jahre 1259 verlegte dessen Fürst Daniel (ukrainisch Danylo) seine Residenz an einen besser zu verteidigenden Ort und entschied sich für eine Hügelkette, auf deren höchstem Punkt – dem späteren Schloßberg – er eine neue Burg, das ›Hohe Schloß‹, errichtete. Am Fuße des Hügels entstand eine befestigte Ansiedlung, der er den Namen seines Sohnes Lev (Löwe) gab, von dem sich die Stadtbezeichnungen ableiten: L'viv (von L'vihorod), poln. Lwów und deutsch Lemberg (von Lewensburg, Lemburga).

Denkmal für den Stadtgründer Danylo

Seitenfassade des Städtischen Arsenals in der vul. Pidval'na

Im 14. Jahrhundert war die Stadt so stark befestigt, daß an ihren Mauern über 40 Belagerungen abprallten. Das aufblühende Städtchen nahm weitere aus Ost und West kommende Einwanderer und Aussiedler auf. Es kamen Deutsche, Armenier, Juden, Tataren, sogar Griechen und Italiener. Es zeigten sich Bebauungen aus Steinen, die ersten Klöster und Gotteshäuser entstanden.

Die erste römisch-katholische Kirche St. Johannes des Täufers sollen Dominikanermissionare in Lemberg gebaut haben. Die Ansiedlung mehrerer Volksstämme mit unterschiedlichen Sprachen, Sitten, Religionen und handwerklichen Fähigkeiten brachte es mit sich, daß Lemberg bereits unter der Herrschaft der ruthenischen Fürsten kein einheitliches, nationales Gepräge hatte.

Einige Überreste von Bauwerken jener Zeit sind bis heute erhalten gebliebene Steinfundamente der St. Nikolaikirche vom Ende des 13. Jahrhunderts und der ersten Pfarrkirche St. Maria Schnee von 1340, die von einem Zustrom besonders deutscher Zuwanderer zeugen. In dieser Zeit entstanden auch von ruthenischen Fürsten gestiftete und reich ausgestattete Klosteranlagen sowie Sakralbauten.

Im Jahre 1272 war Lemberg die Hauptstadt des Fürstentums Halyč-Volodymyr-Volynsk. Nach dem Tode des Fürsten Lev im Jahre 1301 wurde die Burganlage von seinen Nachfolgern Jurij I., Andreas und Lev II. regiert.

Das 14. Jahrhundert war geprägt von Zwisten und Kämpfen in der ruthenischen Herrschaftsfamilie, die schließlich im April 1340 zum Giftmord am letzten Fürsten des Halyčer Ruthenenlandes Georg II. führte.

Unterstützt durch Ungarn erhob der polnische König Kasimir der Große seinen Anspruch auf das zerrüttete Land. Im Jahre 1340 wurde die Stadt durch das polnische Heer eingenommen. Polen hatte zu dieser Zeit das wirtschaftlich stark entwickelte Schlesien verloren. Die Herrschaft über die damaligen ruthenischen Gebiete bedeutete vor allem die Kontrolle über die wichtigsten Handelswege aus West und Nord zum Schwarzen Meer.

Lemberg im Königreich Polen

Bis zum Jahre 1349 folgten weitere Kämpfe zwischen Polen, dem Litauer Fürsten Lubart und den Tataren um den Stadtbesitz, der für alle ein Schlüssel zur gesamten Region war. König Kasimir der Große blieb Herr des Landes und baute die Stadt mit Hilfe der neu zugezogenen deutschen Kolonisten weiter aus. An der westlichen Stadtmauer, in der Nähe des heutigen Theaters, entstand das befestigte ›Niedere Schloß‹, in dem die Herrschenden residierten. Es wurde im 18. Jahrhundert abgetragen. Im Jahre 1356 verlieh Kasimir der Große der Stadt das Magdeburger Recht. Die Regierungsgewalt hatte der Bürgermeister mit zwölf Ratsherren, die Gerichtsbarkeit übten zwölf Stuhlschiedsrichter aus. Es bildeten sich Zünfte und Kaufmannsgilden. Sie bildeten die Seele, den Geist und das Wesen der politischen und militärischen Macht und der starken Organisationen des Lemberger Bürgertums. Der polnische König war es auch, der im Jahre 1360 den Grundstein für die römisch-katholische Domkirche legte und die Stadtbefestigung verstärkte. Zu dieser Zeit wurde auch die damals armenisch orientierte Kathedrale erbaut. Im Jahre 1381 fielen die Holzbebauungen der Stadt einem verheerenden Stadtbrand zum Opfer, und die teilweise schon gemauerte Stadt wurde bis auf die Befestigungsmauern vernichtet.

Mit Kasimirs Tod starb 1370 das piastische Herrscherhaus in Polen aus. König Ludwig von Ungarn wurde als Nachfolger Kasimirs des Großen gewählt. Er verband das Halyčer Land mit Ungarn und setzte den oberschlesischen Piasten Ladislaus von Oppeln als Statthalter ein, der das Land größtenteils mit Hilfe deutscher Kräfte aus dem Westen in den Jahren 1372 bis 1379 regierte. Nach seinem Tode herrschten die ungarischen ›Starosten‹, königliche Statthalter, die die Stadt und das Land mit Steuern und Zöllen rücksichtslos ausbeuteten. Die polnische Königin Hedwig (Jadwiga) befreite Lemberg von der ungarischen Unterdrückung, indem sie 1387 das Ruthenenland wieder mit Polen vereinigte. Ihr Gemahl, König Władysław Jagiełło, verlieh der Stadt das sogenannte Lager-Privileg. Sämtliche Waren, die über das Ruthenenland (Rot- und Kleinrußland) geführt wurden, mußten hier abgelagert und 14 Tage lang feilgeboten werden. Lemberg wurde zum bedeutendsten Handelszentrum und Vermittler zwischen Ost und West.

Lemberg besaß einen zweifachen Ring von Stadtmauern. Die innere, höhere Mauer hatte eine Länge von ungefähr 1700 Metern. In ihr befanden sich zwei Stadttore, das Krakauer Tor im Norden und das Halyč'ka-Tor im Süden. Die äußere Mauer war niedriger. Mit dem Bau wurde im Jahre 1418 begonnen. Sie war von 16 Bastionen verstärkt. Bereits im 17. Jahrhundert war die innere Mauer mit 25 Türmen verstärkt. Zur gleichen Zeit wurde ein Teil der Klosteranlagen, die sich außerhalb der Stadtmauern befanden, befestigt. Das traf besonders für die Anlagen des Bernhardiner-, Benediktiner- und das Kloster des barfüßigen Karmeliterordens zu.

Das gesamte 15. Jahrhundert bildete die erste große Aufschwungsperiode der Stadt. Die Lemberg kreuzenden Handelsstraßen, vor allem die aus dem Orient

Der Pulverturm ist in seinem ursprünglichen Zustand erhalten

nach Mitteleuropa führenden Warenwege, verhalfen der Stadt zu Wohlstand und Macht.

Lemberg war seit Anfang des 15. Jahrhunderts katholisches und armenisches Erzbistum. Aus dem orthodoxen Erzbistum, das seit 1539 bestand, bildete sich im Jahre 1700 das unierte Erzbistum.

Die Besetzung Konstantinopels durch die Türken im Jahr 1453 und später auch des Schwarzmeer-Raums setzte dem gesamten blühenden Handel ein Ende. Viele Lemberger Kaufherren, die ihre Lager und Kantore in den weit abgelegenen Ostländern besaßen, waren ruiniert.

Renaissance und Barock prägen das Stadtbild

Ein verheerender Stadtbrand im Jahre 1527 änderte das Erscheinungsbild der Stadt. Die gotischen Bebauungen, unter ihnen auch Kirchen, Klöster und das Rathaus, standen in Flammen. Fast das gesamte gotische Lemberg fiel dem Feuer zum Opfer. Mit dem Neuaufbau der Stadt wurden auch seine Verteidigungsanlagen mächtiger als zuvor errichtet. Für die im Jahre 1584 nach Lemberg gekommenen Jesuiten wurde Anfang des 17. Jahrhunderts Lembergs größte Kirche, die Jesuitenkirche, gebaut. Neben der Kirche entstand das Jesuitenkloster.

Im Jahre 1620 zogen Türken gegen die Stadt, und in den Jahren 1648 und 1655 wurde Lemberg vom Kosakenheer unter Bohdan Chmel'nyc'kyj belagert, welcher aber mit Lösegeld befriedigt werden konnte. Im Jahre 1695 versuchten die Tataren, die Stadt zu belagern, jedoch ohne Erfolg.

Der Schwedenkönig Karl XII. nahm die Stadt im Jahre 1704 kurzzeitig in Besitz. Nach Plünderungen herrschte Not und Armut. Den beschädigten, teilweise niedergerissenen Befestigungsmauern, Türmen und Bastionen drohte der Zerfall. Auch der Versuch der beiden letzten polnischen Könige, August II. (1735–1763) und Stanislaw Poniatowski (1764–1772), die Stadt zu erneuern und ihrem Verfall vorzubeugen, mißlang.

Ohne einen Schuß abzugeben, nahmen am 19. September 1772 die Österreicher unter Führung von General Andreas Hadik die Stadt ein. Der erste österreichische Statthalter, Baron Pergen, wurde am 4. Oktober 1773 eingesetzt.

Das österreichische Lemberg

Im Jahre 1775 wurde Lemberg die Provinzhauptstadt von Galizien und Lodomerien. Im Jahre 1777 wurden die alten Stadtbefestigungen abgetragen und an deren Stelle neue Anlagen und Straßen errichtet. Die Vorstädte wurden mit der Altstadt zu einem malerischen Stadtgebilde verschmolzen. Joseph II. ließ in der kirchenreichen Stadt fast 30 Kirchen und Klöster aufheben beziehungsweise abtragen. Im Jesuitenkloster entstand im Jahre 1784 das Jesuitenkolleg, aus dem später die Lemberger Universität hervorging.

Beim Anschluß an Österreich spielte die österreichische und deutsche Bevölkerung Lembergs eine bedeutende Rolle. Unter den Staatsbeamten, Richter, Professoren, Ärzten und Lehrern waren viele Österreicher. Das Ansiedlungsspatent Josefs II. vom 17. September 1781 gewährte die unbeschränkte Zulassung von evangelischen Ansiedlern und die freie Religionsausübung. Es kamen viele deutsche Siedler nach Lemberg, um dort eine neue Existenz aufzubauen. Ihre Berufe waren unter anderem: Kaufleute, Baumeister, Ärzte, Apotheker, Glockengießer, Kupferstecher, Instrumentenbauer, Uhrmacher, Buchbinder, Buchhändler, Bierbrauer, Förster, Sprachlehrer und Kunstgärtner.

Nachdem Lemberg im Jahre 1772 von der österreichischen Armee eingenommen worden war und von da an eine Provinzstadt innerhalb der Habsburger Monarchie wurde, wurde sie im Jahre 1775 die Hauptstadt des Königreiches Galizien und Lodomerien. Im österreichischen Galizien wurde 1848 die Leibeigenschaft abgeschafft. Alle in Galizien lebenden Bevölkerungsgruppen erhielten die politische Gleichberechtigung.

Ab der Mitte des 18./Anfang des 19. Jahrhunderts entstanden in Lemberg sehr viele Manufakturen. Zusammen mit den Druckereien waren in ihnen fast eintausend Arbeiter beschäftigt. Eine der bekanntesten war die im Jahre 1782 in Betrieb genommene Brennerei, der Herstellerbetriebes später weltbekannten Baczewski-Wodkas und Likörs. Es entstanden vor allem Handels- und Finanzunternehmen wie die Landeskreditgesellschaft (1841), die Galizische Wirtschaftsgesellschaft (1844), die Galizische Sparkasse (1844), die Filiale der Wiener Nationalbank (1853), die englisch-österreichische Bank (1865) oder die Landesbank des Königreiches Galizien und Lodomerien. Seit dem Jahre 1776 existierte in der Stadt das deutsche Theater, aus Warschau kam zu Auftritten das polnische Theater nach Lemberg. Die Vorlesungen an der Universität wurden im Jahre 1817 in lateinischer und deutscher Sprache gehalten, an der theologischen Fakultät auch in Russisch. Im Jahre 1826 wurde der Lehrstuhl der polnischen Sprache und Literatur und 1894 der Lehrstuhl der ukrainischen Geschichte errichtet. Es wurden polnische und ukrainische Zeitungen und Zeitschriften herausgegeben. Dank der anerkannten Selbstverwaltung in Galizien entstanden in den Jahren 1867 bis 1873 in Lemberg zahlreiche staatliche Institutionen wie das Landesparlament, Landesabteilungen sowie der Landesschulrat.

Die erste örtliche Gasleitung entstand 1858, und auf den Straßen leuchteten die ersten Gas-Straßenlaternen. Im Jahre 1893 gab es in der Stadt die erste elektrische Beleuchtung. Die Petroleum-Straßenlampen funktionierten noch bis zum Beginn des Ersten Weltkrieges. Die von Pferden gezogene Straßenbahn konnte man erstmals 1888 in Lemberg sehen. Sie wurde 1894 – als erste in der Monarchie und vierte in Europa – durch elektrische Straßenbahnwagen ersetzt. Im Jahre 1898 entstand die erste Telefonlinie, die Lemberg mit Krakau und Wien verband. Ein wichtiges Ereignis war die Organisation und Durchführung der Allgemeinen Lemberger Landesausstellung. Sie öffnete zum erstenmal im Jahre 1877 ihre Tore und wurde zum zweitenmal im Jahre 1894 geöffnet.

Bis zur Mitte des 19. Jahrhunderts entstanden in der Stadt bedeutende Einrichtungen. Unter ihnen das damals größte Theater Europas, das Skarbek-Theater, die Universität, das Hotel ›George‹ und die Bibliothek ›Ossolineum‹. Zu dieser Zeit erhielt auch der Fluß Poltwa sein einbetoniertes Flußbett unter der Erde. Über ihm entstanden unter anderem der heutige Stadtboulevard, der pr. Svobody, und die Promenade auf dem heutigen Ševčenko-Prospekt. Im Jahre 1869 – anläßlich des 300. Jahrestages der Lubliner Union (1569) – wurde auf Initiative Franz Smolkas der Gedächtnishügel auf dem Schloßberg aufgeschüttet.

Gab es 1873 in der Stadt über zweieinhalbtausend Gebäude mit ein oder zwei Etagen, so waren es bereits 1900 über viertausend Gebäude mit vier oder fünf Etagen. Dazu kamen viele öffentliche Einrichtungen, Banken, Versicherungsgebäude, Kaufhäuser, Restaurants oder Cafés. In den Jahren 1890 bis 1914 entwickelte sich Lemberg zu einer modernen Stadt nach den für diese Zeit charakteristischen Beispielen Paris, Berlin und Wien. Seit dieser Zeit findet man den Wiener Jugendstil in der Architektur der Stadt.

Mit der Zeit wurde Lemberg auch das Zentrum der polnischen und ukrainischen Unabhängigkeitsbewegung. 1909 wurde unter Führung Józef Piłsudskis und Kazimierz Sosnkowskis der Polnische Schützenverband, die polnischen Schützenmannschaften und polnische Armeeverbände gegründet. Aus einer ukrainischen Sport- und Feuerwehrorganisation gründete Kyryl Trilovski (1884–1941) am 5. Mai 1900 im Kolomijer und Gorodoker Gebiet den ersten ›Sič-Verband‹, der sich auf Galizien und die Bukowina erweiterte. In Lemberg wurde der ukrainische Sič-Verband unter Führung Kyryl Trilovskis im Jahre

Fassadendetail am ›Schwarzen Haus‹ auf dem Marktplatz

1912 gegründet. Aus diesem Verband ging die spätere ukrainische Armeeformation ›Ukrainische Sič-Schützen‹ (1914–1920) hervor, die die Hauptverteidigungskraft bei der Bildung der Westukrainischen Volksrepublik bildete. Es entstanden auch die ukrainischen Pfadfinderorganisationen ›Sokol‹ und ›Plast‹. Aus der Legion der Ukrainischen Sič-Schützen bildete sich die bis 1919 bekannte Galizische Armee als Bestandteil der österreichisch-ungarischen Armee in die Ukrainische Galizische Armee (UGA) um. Sie bestand nur aus Ukrainern und war später der Ukrainischen Zentralrada untergeordnet.

Das Bestehen des Königreiches Galizien und Lodomerien hatte eine große Bedeutung besonders für das benachbarte polnische und ukrainische Volk. Vor allem in Lemberg lag der Brennpunkt des jeweiligen Kampfes für die Entstehung eines späteren wieder freien polnischen und ukrainischen Staates.

Der Erste Weltkrieg und die zweite polnische Epoche

Der Erste Weltkrieg brach in der zweiten Hälfte des Jahres 1914 aus. Anfang September kamen die Russen in die Stadt und blieben zum 22. Juni 1915. Während des Krieges flohen viele Galiziendeutsche aus Lemberg und den anderen ostgalizischen Städten und Dörfern vor den herannahenden russischen Truppen bis nach Österreich. Im Februar 1918 fand die Unterzeichnung des Vertrages von Brest-Litowsk statt, in dem Ostgalizien der Ukraine zugesprochen wurde. An der Machtübernahme in Lemberg waren sowohl die Polen als auch die Ukrainer interessiert.

Nach Zusammenbruch der Habsburger Monarchie kämpften im Jahre 1918 zahlreiche Galiziendeutsche als Offiziere und Unteroffiziere in der ukrainisch-galizischen Armee (UGA), die aus den ukrainischen Regimentern der Habsburger Armee hervorgegangen war, gegen die polnischen Einheiten. Ukrainische Soldaten verstärkten durch freiwillige Abteilungen der Sič-Schützen die Reihen von Soldaten der UGA. Es kam zwischen den Polen und Ukrainern zum Verteidigungskampf um die Stadt Lemberg. Auf polnischer Seite verteidigten vom 1. bis 21. November 1918 vor allem Jugendliche, bekannt als ›Lemberger Kleine Adler‹, die Stadt. Dieser Kampf kostete unzählige junge Menschen das Leben. Ihm fielen unter anderem 1017 Sič-Schützen auf ukrainischer Seite und über 2300 polnische Gymnasiasten und Pfadfinder im Alter von 14 bis 21 Jahren zum Opfer. Nach dem Zerfall der Habsburger Monarchie im Jahre 1918 gehörte Lemberg zwei Wochen lang zur Westukrainischen Volksrepublik, kam aber danach wieder an Polen.

In der Zwischenkriegszeit war Lemberg eine Bezirksstadt und ein wichtiges kulturelles, wissenschaftliches und Handelszentrum. Im Jahre 1921 wurde die

Der Marktplatz um 1915

erste Internationale Ostmesse eröffnet. Letztmalig öffnete sie ihre Pforten im Jahre 1938. Als Messeteilnehmer kamen vorwiegend Aussteller aus Deutschland, Österreich, Tschechien sowie Kaufleute und Händler aus den Balkanstaaten. Lemberg wurde zum Sitz mehrerer staatlicher als auch privater Banken und Versicherungsanstalten. Da die polnische Regierung die Entstehung einer ukrainischen Universität in Lemberg nicht ermöglichte, bestand diese seit 1920 als geheime Universität.

Der geistige Führer der galizischen Ukrainer war seit Anfang des 20. Jahrhunderts Andrej Šeptyc'kyj (1865–1944), der im Jahre 1900 griechisch-katholischer Metropolit in Lemberg wurde.

Der Zweite Weltkrieg und das sowjetische Lemberg

Im Februar 1940 begannen die Massendeportationen ins Innere der Sowjetunion und in sowjetische Zwangs- und Arbeitslager, denen ungefähr 1,5 Millionen Polen und Ukrainer zum Opfer fielen. Auch im Juni 1941, als die deutsche Wehrmacht in die Sowjetunion einfiel, gaben die Sowjets die in ihren Gefängnissen Inhaftierten nicht frei. Skrupellos wurden sie in den Fernen Osten transportiert oder an Ort und Stelle ermordet. In vielen Gefängnissen, wie zum Beispiel im berühmten Lemberger Brigitte-Gefängnis, führte der NKWD Massenexekutionen durch. Im Juli 1941 wurden ungefähr 7000 jüdische Bürger von der deutschen Polizei, dem Sicherheitsdienst und der ukrainischen Miliz erschossen. Erst in Ghettos eingesperrt, wurden allein in Lemberg ab 1942 bis zu 200 000 Juden systematisch umgebracht. In der Nacht vom 3. Juli 1941 erschoß ein deutsches Sonderkommando in Lemberg 22 bekannte polnische Hochschulprofessoren und ihre Familienangehörigen.

Das Bevölkerungsbild Lembergs hatte sich nach dem Zweiten Weltkrieg total verändert. Und noch kam keine Ruhe in Stadt und Land. Nach Beendigung des Krieges führte die Sowjetunion eine erneute ›ethnische Säuberung‹ durch: Die Polen wurden in die Volksrepublik Polen umgesiedelt, die Westukraine mit Bürgern aus der sowjetischen Groß-Ukraine aufgefüllt. Auch eine riesige Zwangsrepatriierung begann.

Der über Jahrhunderte multinationalen, multikulturellen, mehrsprachigen Bevölkerungsstruktur Lembergs folgte nunmehr eine bis dahin völlig unbekannte, ethnisch weitgehend homogene Einwohnerstruktur. Die neuen, in der Mehrheit russischen Bewohner nutzten unzählige architektonisch wertvolle Gebäude zu Wohnzwecken und machten dabei auch vor kunsthistorischen Bauwerken nicht halt. Sie veränderten diese in brutaler Weise durch Renovierungen und Umbau und gaben manchem Kunstwerk ein ganz anderes Aussehen. Prächtige Kirchengebäude verloren ihre Funktion und dienten als Lagerräume, Werkstätten, Getreidespeicher oder Institutionen. Auch die Stadt Lemberg unterlag den sowjetischen Machthabern und wurde in deren unmenschliches Regime eingegliedert und von der Außenwelt auf viele Jahrzehnte ausgeschlossen.

Lemberg als Teil der Ukraine

Es sind viele Jahrhunderte vergangen, bis die Träume ukrainischer Schriftsteller, Dichter, Komponisten und Künstler wahr wurden: eine unabhängige, selbständige, freie Ukraine! Am 24. August 1991 erfüllte sich dieser Wunsch für alle Ukrainer. Ein langer, aufopferungsvoller und oft tragischer Kampf ging diesem Ereignis voraus.

Die Auseinandersetzungen mit dem sowjetischen Regime spitzten sich nach der Katastrophe von Tschernobyl im April 1986 zu. Entrüstet und aufgerüttelt über die Informationspolitik und die Hilflosigkeit der sowjetischen Behörden erzwang man in der Ukraine Veränderungen. Im Sommer 1988 entstand in Lemberg die ›Ukrainische Helsinki-Gruppe‹, zum Vorsitzenden wurde der politische Gefangene Lev Lukjanenko gewählt, der im Dezember 1988 aus der Haft entlassen wurde. Soziale Spannungen nahmen zu, Studenten traten in Hungerstreik,

Demonstration vor dem Ševčenko-Denkmal auf dem Stadtboulevard

zahlreiche Demonstrationen und Auseinandersetzungen mit der Miliz in Lemberg, Kiev und anderen Städten wurden immer gewalttätiger.

Auch diese Auseinandersetzungen wurden wie so viele vorher auf der Ebene der Kirchen geführt, und man begann, die orthodoxen Gläubigen aus ihren Lemberger Kirchen zu verdrängen. Am 28. Oktober 1989 wurde die Verklärungskirche in der vul. Krakivs'ka in Besitz genommen. Nach und nach wurde der größte Teil der orthodoxen Kirchen in Lemberg, Ivano Frankivsk und Tarnopol' in griechisch-katholische umgewandelt. Am 24. August 1991 wurde die Unabhängigkeit der Ukraine ausgerufen. Ein Referendum am 1. Dezember 1991 bestätigte den Wunsch des ukrainischen Volkes, in einem unabhängigen und selbständigen Staat zu leben. Zum ersten Präsidenten der unabhängigen freien Ukraine wurde Leonid Kravčuk gewählt.

Das junge Land hat mit erheblichen wirtschaftlichen und sozialen Schwierigkeiten zu kämpfen und befindet sich immer noch auf der Suche nach einer eigenen Identität. Die wirtschaftlichen Beziehungen zu den Ländern der ehemaligen Sowjetunion sind gestört. Die Industrieproduktion und das Finanzsystem brachen nach der Unabhängigkeit zunächst zusammen. Korruption und kriminelle Strukturen erschweren Investitionen, weite Teile der Bevölkerung leben in Armut.

So wie das Land hat auch die Stadt Lemberg ein schweres Erbe angetreten. Die in ihrer Geschichte – außer in den Jahren der Sowjetmacht – ständig westlich orientierte Stadt geht auch heute innerhalb der Ukraine eigene Wege. Vor allem die Westukraine öffnete sich nach 1991 stark nach Westen. Polen erkannte als erstes Land die unabhängige Ukraine an und ermöglichte einen visafreien Reiseverkehr. Innerhalb von zehn Jahren entwickelte sich der Tourismus, auf den Marktplätzen und in den immer mehr entstehenden privaten Geschäften gab es vorwiegend polnische Lebensmittel und polnische Waren zu kaufen. Zahlreiche Westukrainer suchten zunächst Arbeit in Polen, heute emigrieren sie auch nach Deutschland, Griechenland, Portugal oder Spanien. Viele sind in die USA und nach Kanada ausgereist. Die Arbeitslosigkeit ist sehr groß, und viele Ukrainer beschäftigen sich mit dem Handel auf polnischen und ukrainischen Märkten.

Lemberg liegt nur etwa 80 Kilometer von der polnischen Grenze entfernt. In der Stadt ist das Polnische Kulturzentrum, das 1998 gegründet wurde, sehr aktiv, und es besteht ein reger Kulturaustausch mit Polen. In den Schulen der Stadt gibt es die Möglichkeit Polnisch, Deutsch, Französisch oder Spanisch zu lernen. Leider fehlt ein Deutsches Kulturzentrum. Wobei erwähnt werden muß, daß die deutschen Städte Freiburg und Chemnitz Partnerstädte Lembergs sind.

Ein besonderer Höhepunkt war die Pilgerfahrt des Papstes Johannes Paul II. im Juni 2001 nach Kiev und Lemberg. Er wurde in Lemberg von einem Menschenmeer römisch-katholischer, griechisch-katholischer und armenisch-katholischer Gläubiger stürmisch begrüßt. Johannes Paul II. sprach zu den Menschen nicht russisch, sondern ukrainisch. Er sprach von Toleranz, vom Verzeihen – aber nicht Vergessen. Seinem Besuch in Lemberg ist es zu verdanken, daß nach über 50 Jahren die armenische Kathedrale erneut zum Zentrum der armenischen Gemeinde werden konnte. In der Stadt begegnet man immer mehr ausländischen Touristen. Die Mehrzahl der Touristen bilden polnische Reisegruppen.

Seit Mai 2004 hat die Ukraine eine gemeinsame Grenze mit der Europäischen Union, was zunächst vor allem Folgen für die Reisemöglichkeiten der Ukrainer hat, die nun ein Visum benötigen. Auch der Kleinhandel zwischen Polen und der Ukraine, der zahlreichen ukrainischen Familien ein bescheidenes Einkommen sicherte, wird seitdem rigoros unterbunden.

Am 31. Oktober 2004 fanden in der Ukraine Präsidentschaftswahlen statt. Nach einem nach Ansicht internationaler Beobachter äußerst unfair verlaufenem Wahlkampf, der in einer mysteriösen Vergiftung des Oppositionskandidaten Viktor Juščenko gipfelte, wurden Betrugsvorwürfe laut. Nach wochenlangen friedlichen Protesten der Opposition ordnete das Oberste Gericht des Landes eine Wiederholung der Stichwahl für den 26. Dezember 2004 an, aus der Juščenko als Sieger hervorging. Dies ist für die Mehrheit der Ukrainer mit der Hoffnung auf demokratische Reformen und eine Öffnung des Landes nach Westen verbunden.

Zeittafel Westukraine und Lemberg

988/89 Übernahme des Christentums von Byzanz unter der Regentschaft des Kiever Fürsten Volodymyr (980–1015).

1241 Mongolen stürmen das Fürstentum Halyč-Wolhynien des Fürsten Danylo Romanovyč und zerstören dessen Burg und Hauptstadt.

1259 Erste urkundliche Erwähnung der von Danylo gegründeten Burg und Stadt Lemberg.

1333–1370 Regierungszeit des polnischen Königs Kasimir des Großen (1310–1370).

1340 Erster Feldzug Kasimir des Großen nach Lemberg.

1349 Anschluß Lembergs an das polnische Königreich.

1356 Lemberg erhält das Magdeburger Recht.

1356 Erste jüdische Ansiedlung in Lemberg.

1359 Lemberg wird römisch-katholisches Bistum. Das Erzbistum wird zunächst in Halyč gegründet und 1412 auf Lemberg übertragen.

1360 Grundsteinlegung der Lateinischen Kathedrale.

1363 Die armenische Kathedrale wird errichtet.

1367 Kasimir der Große bestätigt den armenischen Bischof von Lemberg.

1381 Erste Erwähnung des Lemberger Rathauses.

1445 Nach 300 Jahren Beendigung des Baues der Stadtbefestigung.

1481 Weihe der Lateinischen Kathedrale.

1506–1548 Regierungszeit des polnischen Königs Sigismund I. (Zygmunt Stary, 1467–1548) Das 16. Jahrhundert ist Polens ›goldenes Zeitalter‹.

Denkmal für Ivan Fedorov, den ersten Buchdrucker in der Ukraine

1526 Der polnische König Sigismund I. Wasa übergibt das erste Lemberger Stadtwappen.

1527 Das gotische Lemberg wird durch einen verheerenden Stadtbrand vernichtet.

1548–1572 Regierungszeit des polnischen Königs Sigismund II. August (1520–1572).

1569 Die ›Union von Lublin‹, Vereinigung des Großherzogtums Lemberg mit dem Königreich Polen.

1573 Die erste ruthenische Buchdruckerei wird von Ivan Fedorov gegründet.

1582 Bau der Synagoge ›Goldene Rose‹.

1596 ›Union von Brest‹, Bildung der unierten Kirche unter der Oberhoheit des Papstes.

1597 Oberhaupt der unierten Kirche ist der Metropolit. Hauptkirche ist die St. Georgskathedrale (Sv. Jur) in Lemberg.

1620 Türken belagern Lemberg.

1626 Lemberger Armenische Union mit der römisch-katholischen Kirche.

1627 Gründung der ersten Lemberger Poststation auf dem Marktplatz Nr. 2.

1648 Höhepunkte der seit 1591 stattfindenden Kosakenaufstände gegen die Polen unter Bohdan Chmel'nyc'kyj. Lemberg wird vom Kosakenheer belagert.

1656 Ablegung des berühmten Gelöbnisses des polnischen Königs Kasimir in der Lateinischen Kathedrale; Anerkennung der Gottesmutter Maria als Königin Polens.

1661 Gründung der Lemberger Universität durch den polnischen König Kasimir.

1674–1696 Regierungszeit des polnischen Königs Jan III. Sobieski.

1695 Lemberg wird erneut von den Türken bedroht.

Das prächtige Treppenhaus der Lemberger Oper

1704 Die Schweden fallen in Ostgalizien ein. Schwedenkönig Karl XII. erorbert und zerstört Lemberg.
1740–1780 Regierungszeit Kaiserin Maria Theresias (1717–1780).
1761 Beendigung des Baues der St. Georgskathedrale.
1772 Erste Teilung Polens. Galizien wird der österreichischen Monarchie einverleibt.
1773 In Lemberg wird die Druckerei des aus Wien übersiedelten Anton Piller gegründet.
1773 Erste Reise Josephs II. nach Galizien.
1774 1. Oktober. Maria Theresias Ansiedlungspatent für Galizien.
1776 Eröffnung des ständigen deutschen Theaters.
1777 Es wird mit dem Abtragen der Stadtbefestigungsmauern begonnen.
1778 Gründung der Lemberger evangelischen Gemeinde.
1780–1790 Regierungszeit Kaiser Josephs II. (1741–1790).
1780 Kaiser Joseph II. besucht Lemberg.
1786 Gründung des Lyčakivs'ke-Friedhofs.
1793 Zweite Teilung Polens.
1795 Dritte Teilung Polens. Polen verschwand (bis 1918) von der Landkarte Europas.
1799–1801 Errichtung der Städtischen Synagoge.
1808 In Lemberg wird die deutsch-evangelische Schule gegründet.
1811 Erste Ausgabe der ›Lemberger Zeitung‹ in polnischer Sprache.
1817 Gründung des polnischen ›Ossolineums‹.
1826 Die Lemberger Universität erhält einen Lehrstuhl für polnische Sprache und Literatur.
1826 Franz Xaver, Mozarts Sohn, eröffnet in Lemberg die ›Musikalische Gesellschaft‹.
1831 Die Pestepidemie wütet in Galizien.
1835 Beendigung des neuen Rathausbaues.
1841–1844 Bau der Chasadischen (Chassidischen) Synagoge (heute Jüdisches Kulturzentrum).
1842 Eröffnung des damals größten europäischen Theaters ›Skarbek‹.
1843–1846 Bau der größten Synagoge ›Tempel‹.
1844 Gründung der Technischen Akademie (später Politechnika).
1844 Gründung der Galizischen Sparkasse.
1846 Angliederung des Gebiets Krakau als Großherzogtum an Galizien.
1853 Erfindung der ersten Petroleumlampe in Lemberg.
1858 Erste Straßengaslaterne in Lemberg.
1861 Eisenbahnlinie Przemysl–Lemberg wird eröffnet.
1861 Gründung des Galizischen Parlaments in Lemberg.
1866 Gründung des polnischen Sportvereins ›Sokol‹.
1868 Die Habsburger Monarchie gewährt Galizien die politische Selbstverwaltung mit einem eigenen Landtag und Landschulrat.

1869 Polnisch wird Dienst- und Unterrichtssprache in Galizien.
1869 Die Deutschen Lembergs gründen ihren Geselligkeitsverein ›Frohsinn‹.
1874 Gründung des Ethnographischen Museums in Lemberg.
1879 Erste Pferdestraßenbahn auf Lembergs Straßen.
1881 Erste elektrische Beleuchtung im Parlamentssaal des Galizischen Landtages.
1883 Gründung des Janivs'ke-Friedhofes.
1884 Gründung der ukrainischen Sportorganisation ›Sič‹ durch K. Trilovs'kyj.
1887 Anlegung der Parkanlagen Stryj.
1893 Eröffnung des ersten Lemberger Geschichtsmuseums im Rathaus.
1894 An der Lemberger Universität wird ein Lehrstuhl für ukrainische Geschichte eingerichtet.
1894 Allgemeine Landesausstellung in Lemberg, Eröffnung des Rundbildes ›Raclavic'ka‹.
1987–1900 Bau des Lemberger Opernhauses.
1900 Erste elektrische Straßenbeleuchtung in Lemberg.
1905 Einweihung des Adam Mickiewicz-Denkmals in Lemberg.
1905 Gründung des Ukrainischen Nationalmuseums in Lemberg.
1907 Der ›Bund der christlichen Deutschen in Galizien‹ entsteht, er wird 1923 von polnischen Behörden aufgelöst.
1907 Gründung des ›Deutschen Volksblattes für Galizien‹ als Sprachrohr des ›Bundes der christlichen Deutschen in Galizien‹.
1911 Bildung der ersten polnischen Pfadfinder-Mannschaft.
1914 Lemberg wird am 3. September von russischen Truppen besetzt und am 22. Juli 1915 von deutschen und österreichischen Truppen zurückerobert.
1918 Nationalukrainer bilden die ›Ukrainische Volksrepublik‹ und nach dem Zerfall der Donaumonarchie die Westukrainische Volksrepublik.
1918/19 Ukrainisch-polnischer Verteidigungskampf um Lemberg (Ostgalizien).
1919 Im Januar gehen polnische Truppen zur Offensive gegen die Truppen der westukrainischen Volksrepublik vor.
1920 Auszeichnung der polnischen Stadt Lemberg durch Marschall Józef Piłsudski mit dem Orden ›Virtuti Militari‹ am 22. November.
1921 Eröffnung der ›Ostmesse‹ im Stryjs'kyj-Park.
1921 Friedensschluß von Riga mit Festlegung der polnisch-sowjetischen Staatsgrenze, Anerkennung dieser Staatsgrenze durch den Botschafterrat am 15. März 1923.
1930 Erstausstrahlung des polnischen Radiosenders ›Radio Lwów‹.
1932 Erstes Fernsehgerät in Lemberg.
1934 Einweihung des polnischen Kriegsfriedhofes ›Kleine Adler‹.

1939 Einnahme Lembergs durch die russische Armee.
1941 Lemberg wird von deutschen Okkupanten besetzt, Beginn der Judenverfolgung.
1943 Errichtung des Ghettos.
1944 Erneute Machtübernahme der sowjetischen Führung in Lemberg.

Überall wird renoviert

1946 Verbot, Vernichtung und Zweckentfremdung der Lemberger unierten Kirchen.
1952 Erste Trolleybusse auf Lembergs Straßen.
1953 Eröffnung des Kulturparkes Bohdan Chmel'ny'ckyj.
1955 Eröffnung des Lemberger Flughafens.
1957 Inbetriebnahme der Lemberger Fernseh-Übertragungsstation.
1964 Einweihung des Denkmals für Ivan Franko gegenüber der Universität.
1980 Beginn des Baues der großen Neubausiedlung Sichov.
1987 Eröffnung des Polnischen Generalkonsulats.
1987 In Lemberg finden die ersten patriotischen und antikommunistischen Kundgebungen statt.
1989 Gründung der ukrainischen Unabhängigkeitsbewegung ›Ruch‹.
1989 Erneuerung der legalen Tätigkeit der unierten Kirchen.
1989 Beginn des Wiederaufbaus des 1971 total zerstörten polnischen Kriegsfriedhofes ›Kleine Adler‹.
24. August 1991 Die Ukraine wird als unabhängiger selbständiger Staat anerkannt.
1992 Einweihung des Denkmals für Taras Ševčenko auf dem pr. Svobody.
1992 Einweihung des Denkmals der Opfer des Lemberger Ghettos 1941–1943.
1998 Errichtung des Kriegs-Ehrenfriedhofes (UGA, Ukrainisch Galizische Armee) auf dem Lyčakivs'ke-Friedhof.
1998 Eintragung der historischen Lemberger Altstadt in die UNESCO-Liste des Weltkulturerbes.
2001, Juni Reise Papst Johannes Pauls II. nach Lemberg.
2001 Beendigung des Wiederaufbaus des 1971 zerstörten polnischen Kriegsfriedhofes ›Kleine Adler‹.

Das Mahnmal für die im Ghetto ermordeten jüdischen Bewohner Lembergs

Bevölkerung

Geschichte des jüdischen Lemberg

Ich bin ein Ostjude, und wir haben überall dort unsere Heimat, wo wir unsere Toten haben

Joseph Roth

Die Geschichte der Juden Osteuropas begann mit ihrer Vertreibung aus Israel und ihrer Wanderbewegung, bei der zu Beginn zwei große Züge entstanden. Die einen gelangten aus Mesopotamien und Ägypten über Nordafrika nach Spanien. Aus dem Namen des spanischen Ortes Sefarad entstand der Name dieser Juden: Sefardim. Eine andere Gruppe wanderte über die Türkei, Griechenland und Italien nach Mitteleuropa, wobei Deutschland das Hauptziel war. Diese Gruppe bezeichnete man als Aschkenasim. Aus dem Gebiet östlich der Elbe zogen die Juden zu den slawischen Stämmen und später in die ersten polnischen Marktorte bis nach Kiev und weiter ans Schwarze Meer bis nach Byzanz.

Die ältesten jüdischen Ansiedlungen entstanden bereits im 12. Jahrhundert in der heutigen Westukraine, vor allem in Wolhynien und Ostgalizien. In Lemberg siedelten sich die ersten Juden in der Mitte des 14. Jahrhunderts in der Nähe des Marktplatzes, in der Alten Jüdischen Straße (vul. Staroevrejs'ka) und in der heutigen vul. Fedorova an.

Der polnische König Kasimir der Große förderte die Ansiedlung von Juden, die vor den Pogromen 1349, im Zusammenhang mit dem ›Schwarzen Tod‹, aus Mitteleuropa und auch aus Schlesien (damals böhmisches Lehen) geflohen waren. Er förderte sie als Gegengewicht zum deutschen Bürgertum in den Städten. Der König beschäftigte beispielsweise einen jüdischen ›Hofbankier‹, dermitverantwortlich für die Steuern und die Salzgrubenverwaltung war. Juden waren als Steuerpächter, Stempelschneider und Münzmeister tätig. Mit der zunehmenden Ansiedlung und dem wachsenden wirtschaftlichen Erfolg der Juden verstärkte sich die Gegnerschaft. Christliche Kaufleute, die in die Stadt kamen, waren vor allem mit der katholischen Kirche verbunden und sahen sich von der jüdischen Konkurrenz bedroht. Es wurde verlangt, den Juden zu verbieten, Immobilien und Schutzbriefe zu beleihen und sie allgemein in ihrer Tätigkeit einzuschränken.

Trotz aller antijüdischer Maßnahmen konnten sich die Juden im polnischen Großreich überwiegend frei entfalten. Neben einer kleinen Oberschicht reicher Kaufleute, Bankiers und Pächtern bildete sich auch eine breite Mittelschicht von Kleinhändlern, Geldverleihern und Maklern heraus. Die untere Schicht bestand aus Handwerkern, Krämern, Verkäufern, Fuhrleuten, Trägern, Dienstboten bis hin zu Hausierern und Bettlern. Die meisten von ihnen waren arm, sie wohnten gedrängt in engen Stuben, sie hatten kaum etwas anzuziehen, und häufig hungerten sie. Aber sie waren stolz auf ihr Judentum und zumeist Chassidim, Anhänger einer esoterischen Auslegung des Judentums. Der Chassidismus bezog sich auf das tägliche Leben der Menschen. Seine Forderungen waren Fröhlichkeit, Frömmigkeit, Brüderlichkeit und Liebe. Diese Werte waren in der damaligen schwierigen Lage der Juden von großer Wichtigkeit.

Schon von Anbeginn lebten die jüdischen Einwohner auch in Lemberg in ihrem ›Schtetl‹, bewußt in ihrer jüdischen Gemeinschaft. Nachts wurden die Lemberger Juden in ihr ›Schtetl‹ eingeschlossen. In der Alten Jüdischen Straße (vul. Staroevrejs'ka), die an die heutige vul. Rus'ka grenzte, schloß westlich entlang der heutigen vul. Serbs'ka eine hohe Mauer das Ghetto ab.

Im Jahre 1648 brach ein Strom von Kosaken vom Unterlauf des Dnepr in die Ukraine auf. Unterwegs und in den eroberten Städten kam es zu furchtbaren Metzeleien unter polnischer, aber vor allem unter jüdischer Bevölkerung, denen über hunderttausend Juden zum Opfer fielen. Im Königreich Polen waren nun auch Juden zum ersten Mal von Pogromen bisher unbekannter Gewalt betroffen. Bis in das seinerzeit reiche Lemberg stießen die Heere unter Führung Bohdan Chmel'nyc'kyjs vor. Der Kosakenführer forderte als Preis für die Aufhebung der Belagerung der Stadt die Auslieferung der Juden. Der Magistrat wies die Kosakenforderung entschieden zurück. Sie zahlten lieber die von Chmel'nyc'kyj geforderten sechzigtausend Dukaten. Der Kosakenführer merkte sich das Verfahren. Sieben Jahre später, stand er wieder vor der Stadt. Diesmal mit den Russen, seinen neuen Verbündeten. Wieder forderte er sechzigtausend Dukaten, und wieder zahlte der Magistrat. Die überlebenden Juden in Polen mußten mit dem Schock fertig werden. Aber sie konnten auch feststellen, daß ein Teil der Polen für sie eingetreten war, sie verteidigt oder gemeinsam mit ihnen gekämpft hatte.

Die jüdischen Gemeinden vom 18. bis 20. Jahrhundert

Im 18. Jahrhundert formte sich der Typus des ›Ostjuden‹ heraus. Dieser bekannte sich bewußt zum traditionellen konservativen Judentum. Im 19. Jahrhundert entstand eine neue jüdische Siedlung am Alten Ringplatz, in den an den heutigen

Die wiederaufgebaute Krämerbastion auf dem pr. Svobody
Blick auf die Dominikanerkirche; Restaurant in der Altstadt

ВЕЖА КРАМАРІВ
РЕСТОРАН
ЛЬВІВСЬКЕ

Krakauer Marktplatz grenzenden schmalen Gassen. Ab dieser Zeit gab es in der Stadt Lemberg zwei getrennte jüdische Gemeinden, ›Konservative‹ und ›Liberale‹ sozusagen, von der jede ihre eigenen Rechte, Privilegien, eine eigene Verwaltung wie auch ihre eigenen Synagogen und Schulen besaßen. Sie lebten voneinander getrennt und hatten keinen Kontakt untereinander. Für beide jüdischen Gemeinden bestand indes ein gemeinsamer Friedhof, der sich in der bis zum Ende des 19. Jahrhunderts in der Krakauer Vorstadt, auf dem Gebiet des heutigen Krakauer Marktes befand. Danach wurden jüdische Stadtbewohner auf dem alten jüdischen Friedhof, in der Nähe des Janivs'ke-Friedhofs, begraben.

Während dieser Zeit kamen sehr viele Juden aus Deutschland, die ihre eigene Sprache mitbrachten, ›Jiddisch‹, eine Mischung von deutschen und altjüdischen Wörtern. Als deutsche Juden nach Galizien kamen, wurden zum ›Jiddisch‹ auch einige polnische sowie ukrainische Wörter zugefügt, und diese Mundart wurde zur Umgangssprache. Altjüdisch blieb die Sprache der Thora, der Schule und der gebildeten Juden.

Der größte Teil der Ostjuden lebte seit 1772 in der Habsburger Monarchie, in Galizien. Das Toleranzpatent Josephs II. 1782 brachte für die Juden die Möglichkeit, sich in die bürgerliche Gesellschaft einzugliedern. Jüdische Kinder durften weltliche Schulen besuchen. Es wurden neue Schulen für jüdische Schüler mit Deutsch als Unterrichtsfach eröffnet. In Lemberg wirkte der Philosoph Nachman Krochmal und andere bekannte Ärzte, Juristen und Pädagogen. Für viele Juden blieb Deutsch die Kultursprache, in der jüdische Dichter und Schriftsteller wie die in Lemberg lebenden Moritz Rappaport, Leopold von Sacher-Masoch und Joseph Roth schrieben. Lemberg und auch andere Städte beherbergten bedeutende Zentren rabbinischer Gelehrsamkeit. Jüdische Reformatoren errichteten im Jahre 1843 am Alten Ringplatz in der Krakauer Vorstadt die Synagoge ›Tempel‹. Sie wurde während des Zweiten Weltkrieges zerstört.

Im Jahre 1883 hatte sich in Lemberg die erste nationaljüdische Organisation gegründet. Ziele der Organisation waren die Übersiedlung der ärmeren und gefährdeten Juden als kolonisierende Bauern nach Palästina und die Pflege des Nationalgedankens in Galizien selbst. Zu Beginn des 20. Jahrhunderts wurde die ›Jüdisch Nationale Partei‹ gegründet. Ein wichtiges Ereignis im kulturellen Leben der Lemberger Juden war im Jahre 1906 die Ankunft des bekannten jüdischen Schriftstellers Scholom Alejchem, des Klassikers der jüdischen Literatur. Seine Wohnung befand sich im Haus Nr. 14 der vul. Spitalna, an dem sich heute eine Gedenktafel befindet.

Portalfries in der Altstadt; Blick vom Schloßberg auf das Rathaus
Die ehemalige Bernhardinerkirche

Während des Ersten Weltkrieges litten die Juden sehr unter der russischen Verwaltung. Zu Beginn des Ersten Weltkrieges flohen etwa vierhunderttausend Juden aus Galizien in die westlichen Gebiete der Habsburger Monarchie. Viele Synagogen wurden niedergebrannt, die jüdische Bevölkerung in die östlichen Gebiete des russischen Reiches und nach Sibirien umgesiedelt. Fast alle jüdischen Gemeinden wurden vernichtet. Nur die starke Lemberger Gemeinde blieb davon verschont.

Am 22. Juni 1941 marschierte die deutsche Wehrmacht in die Sowjetunion ein und besetzte bis September des gleichen Jahres einen großen Teil der Ukraine. Auch Lemberg geriet unter faschistische Herrschaft, und wie in anderen Städten begann auch hier der Massenmord an der jüdischen Bevölkerung. In der Krakauer Vorstadt wurde das jüdische Ghetto errichtet. Hierher wurden die Juden aus Lemberg und der Umgebung gebracht. 130 000 Gefangene wurden hier ermordet. Zum Gedenken an dieses furchtbare Geschehen wurde im Jahre 1992 das ›Denkmal der Opfer des Lemberger Ghettos der Jahre 1941–1943‹ enthüllt.

Juden in Lemberg heute

In sowjetischer Zeit wurden alle Glaubensrichtungen unterdrückt, so auch das Judentum. Nach dem Zerfall der Sowjetunion leben in der gesamten Ukraine etwa 310 000 Juden. Auch in Lemberg versucht die jüdische Gemeinde, ihre Kultur zu beleben. Die Scholom-Alejchem-Gesellschaft wurde gegründet, zu ihr gehören eine Bibliothek und eine Schule für jüdische Kinder. Von den 60 Synagogen vor dem Zweiten Weltkrieg ist heute nur eine einzige geöffnet. Der Rabbiner dieser einzigen Lemberger Synagoge in der vul. Brativ Michnovs'kich 4, Mordechaj Schlojme Bald, ist zugleich Hauptrabbiner der Stadt Lemberg und des Lemberger Gebiets. Rabbiner Bald kam in den 90er Jahren aus Brooklyn in New York nach Lemberg, um eine jüdische Gemeinde aufzubauen. Seine Großeltern waren in den 1920er Jahren aus Lemberg nach Amerika emigriert.

Trotz des Holocaust gibt es also wieder eine jüdische Gemeinde in Lemberg. Juden sind im Laufe der letzten Jahrzehnte aus der näheren und weiteren Umgebung hierher gezogen. Seit 1990 sind auch viele Juden aus Rußland hierher emigriert und haben begonnen, ihre Wurzeln und Kultur wiederzuentdecken. In den vielen Jahrzehnten Kommunismus haben die meisten der heutigen Juden verlernt, die jüdische Religion auszuüben. Sie müssen die Schrift lernen, und man muß sie lehren, in der richtigen Weise zu beten. Zwei Generationen Sowjetjuden sind nach dem Krieg ohne Wissen um ihre Kultur und ihre Wurzeln aufgewachsen.

In der vul. Muljarska 2, nördlich des pl. Staryj Rynok befindet sich das Lemberger Jüdische Kulturzentrum. Von dort werden die jüdischen Einwohner Lembergs betreut. Es finden auch Kulturabende, Konzerte und Vortragsabende statt.

Synagogen

Synagogen waren und sind Häuser der Versammlung, des Gebets und der Lehre. Aus diesem Grunde wurden sie auch ›Schul‹ genannt. Zwei Funktionen waren für den Grundriß von Bedeutung. Die Gebetachse muß zum verlorenen und wiederzugewinnenden Tempel in Jerusalem ausgerichtet sein.
Das Ende der Achse bildet der heilige Schrein mit den Thorarollen. Der Thoratisch steht mit der Achse verbunden in der Mitte des Raumes, denn das Gesetz bildet das Zentrum des Lebens.
Oftmals wurde eine Synagoge ein Stück in den Boden hinein gebaut. Damit folgte man dem Wort des Psalms 130, in dem geschrieben steht: ›Aus der Tiefe rufe ich zu dir!‹ Sehr häufig war der Grund für diesen Baustil auch ein anderer. Wie im ganzen polnischen Reich, so galt auch in Lemberg eine besondere, den Bau jüdischer Tempel normierende Vorschrift: Jene durften nicht prächtiger erscheinen als die katholischen Gotteshäuser und sollten weder die Kirche noch die Patrizierhäuser überragen.
Man unterschied zwei Haupttypen von gemauerten Synagogen. Der erste, bis zur Mitte des 17. Jahrhunderts angewandte Bautyp bestand aus einem länglichen, kleineren, manchmal einstöckigen Vorraum für Frauen, der sich vor dem Haupteingang der Westseite, manchmal auch längst der Nord- und Südseite, befand, sowie aus einem quadratischen Hauptraum mit einem erhöhten Thoraaltar beziehungsweise einer Altarnische in der Ostwand für Männer. In der Mitte des Männerraumes befindet sich stets eine freistehende, baldachinartige Sänger-

Glasfenster in der Lemberger Synagoge

tribüne, die sogenannte Bema. Den Hauptraum beleuchten hoch angebrachte, runde Fenster in der Nord- und Südwand und später zwei Fenster in der Ostwand, die sich beiderseits des Altars befanden.
Zu diesem Bautypus gehörte die allerschönste Lemberger Synagoge, die ›Goldene Rose‹. Sie wurde im Jahre 1582 aus Stiftungen des Isaak Nachman vom hiesigen Baumeister Paul dem Römer erbaut. Um den Vorschriften der äußeren Höhe zu entsprechen und doch den Innenraum proportioniert zu gestalten,

hatte man sie in den Boden eingelassen. So erschien sie im Inneren viel höher und stattlicher, als es das äußere Aussehen vermuten ließ. Durch einen kleinen, später gebauten Vorbau gelangte man in den schmalen Vorraum. Zwei niedrige elliptische Quadersteinpfeiler trugen die Frauen-Empore. Der geräumige Männerraum mit mehrkappigen, spitzbögigen Rippenkreuzgewölbe und mit Schlußsteinen war 18 Meter lang und über 9 Meter breit. Die Rippen waren auf die an den Wänden angebrachten Renaissancekonsolen gestützt, die Fenster spitzbogig. In der Mitte des Raumes befanden sich die freistehende Bema, an der Ostwand der erhöhte Thoraaltar in Form eines ornamentalen, steinernen Renaissanceportals mit mehreren Stufen. Die Synagoge ›Goldene Rose‹ wurde im Jahre 1942 von Nazi-Deutschen zerstört.

Den zweiten, jüngeren Bautypus (17.–19. Jahrhundert) bilden die Synagogen mit vier Pfeilerstützen des mehrkappigen Kreuzgewölbes in der Mitte des Männerraumes.

Die Pfeiler tragen oft einen mit elliptischen oder runden Öffnungen verzierten baldachinartigen Aufbau, der direkt in die Gewölbekappen und Rippen übergeht. Unterhalb der Pfeiler befindet sich die erhöhte Bema.

Zu diesem Bautyp gehörte die ehemalige Synagoge in der Božnicja-Gasse, die im Jahre 1630 errichtet worden war. Eine Besonderheit dieser Synagoge war eine an der Westwand, links vom Eingang angebrachte kleine Brautgalerie mit einer schmalen Aufgangstreppe.

Da in den streng orthodoxen jüdischen Tempeln kein Frauenfuß den Männer-Hauptraum betreten durfte, erlaubte es diese Konstruktion der Braut, sich während der Frauenfeier im Hauptraum zu befinden, ohne auf dem gleichen Boden mit den Männern zu stehen.

Auch die sogenannte ›Fortschrittliche Synagoge‹ am Alten Ringplatz wurde zerstört. Sie war im Jahre 1845 als ein achteckiger, bescheidener Zentralkuppelbau mit mehreren quadratischen Anbauten errichtet worden. Im Inneren befanden sich zweistöckige Frauenemporen. Gegenüber dem Haupteingang (Vorraum) mit der Orgelempore befand sich der Anbau mit der Thora-Nische in Form eines Presbyteriums und einer Apsis. Die Bema war hier eine podiumsartige, mit niedrigem Gitter abgegrenzte Erhöhung vor dem Thoraraum. In der Mitte stand ein Lesetisch. Rechts und links des Podiums an der Ostwand befanden sich die Sitze für den Rabbiner und den Kantor. Die Innengliederung ähnelte der Einrichtung einer protestantischen Kirche.

Das deutsche Lemberg

In der Zeit der Völkerwanderung im 2./3. Jahrhundert war Ostgalizien das Durchzugsland vieler Volksstämme. Es fielen Ostgoten, Tataren, Türken, Walachen, Moskowiter, Kosaken und Schweden in die Region ein.

Bereits im 10. Jahrhundert kamen vereinzelte deutsche Geistliche und Adelige in den ostgalizischen Raum. Seit dem 12. Jahrhundert sind auch deutsche kaufmännische Niederlassungen in den bedeutenderen Burg- und Marktzentren nachgewiesen. Mit dem weiteren Vordringen nach Osten erfaßte die deutsche Kolonisation auch die ruthenischen Fürstentümer Halyč und Volodymyr (Wolhynien). So sind beispielsweise in Lemberg um 1300 ein Berthold Stecher und später auch sein Sohn Matthias als Vogt bezeugt. Lateinische Urkunden trugen im 14. Jahrhundert fast ausschließlich den deutschen Namen der Stadt: Lemburga oder Lemburg. Die Anwesenheit Deutscher in den ruthenischen Städten bezeugt die Mitteilung über die Erhebung des Mycislav Danylovyč zum Fürsten von Volodymyr im Jahre 1287, die außer an die Bojaren auch an die ›ruthenischen und deutschen Städter‹ gesendet wurde. Der polnische König Kasimir der Große verlieh der Stadt Lemberg im Jahre 1356 das Magdeburger Recht.

Deutsche Kolonisten riefen an der von ihnen im Jahre 1340 erbauten Kirche Maria Schnee die ›gelehrte Bruderschaft‹ ins Leben. Sie halfen beim Bau der Lateinischen Domkirche, deren Grundsteinlegung im Jahre 1360 durch den polnischen König Kasimir den Großen stattfand und deren Bau im Jahre 1480 beendet wurde. Deutsche Ansiedler halfen im Jahre 1377 bei der Erbauung des St.-Elisabeth-Hospitals, im Jahre 1382 beim Bau einer Grammatikschule und halfen mit beim Erbauen des Lemberger Rathauses. Der Stadtbaumeister Peter Stecher, ein Nachkomme von Berthold und Matthias Stecher, legte 1407 die erste Wasserleitung der Stadt. Im Jahre 1488 wurde vom Apotheker Alexander die erste Apotheke in der Stadt errichtet.

Mitte des 15. Jahrhunderts wurde die Schützenbruderschaft ins Leben gerufen. In den Vorstädten Lembergs wurden im 14. und 15. Jahrhundert von Johann Sommerstein, Nikolaus Zimmermann, Andreas Klöpper, Paul Goldberg, Johann und Martin Hanel und Lorenz Kräbl teilweise nach ihnen benannte Vorwerke und Dörfer gegründet: Sommersteinhof, Klöpperhof, Goldberghof, Lützenhof. Im Jahre 1523 kam der Breslauer Kaufmann Wolfgang Scholz und im Jahre 1543 Stanzel Scholz nach Lemberg. Sie gehörten innerhalb kurzer Zeit zu den wohlhabendsten und angesehensten Lemberger Patrizierfamilien.

Deutsche Bürger und Bürgermeister (Konsuln) werden auch im 17. Jahrhundert genannt: Erasmus Sixt, Melchior Wolfowicz – ein geadelter Nachkomme des Wolfgang Scholz –, Jakob Scholz und Hieronymus Waldort. Bartomiej Zimorowicz – der berühmte Lemberger Chronist und Bürgermeister – würdigte die Leistungen der deutschen Lemberger in seiner 1670 geschriebenen Chronik. Drei Abschnitten in dieser Chronik gab er die Überschriften ›Leopolis ruthenica‹, ›Leopolis germanica‹ und ›Leopolis polonica‹. In der ›Leopolis germanica‹

Zahlreiche prächtige Bürgerhäuser wurden von wohlhabenden Polen und Deutschen gebaut

schreibt er über die Jahre 1340 bis 1551, daß die Ordnung der Respublica Leopoliensis vor allem der Klugheit und Umsicht der Deutschen zu verdanken war.

Deutsche Kolonisten wirkten zu jener Zeit nicht nur in Krakau und Lemberg, sondern auch in anderen Landesteilen. Im Jahre 1642 wird in Przemysl der Domherr Friedrich Alembek bezeugt, der Enkel des Johann Alnpeck, der 1567 in Lemberg das Bürgerrecht erwarb und nach seinem Tode im Jahre 1601 außer einem Vermögen auch wertvolle Kunstwerke, viele Atlanten sowie Pergamentmanuskripte alter und deutscher Klassiker und polnischer Werke hinterließ. Johann Alnpeck, der in Padua studiert hatte, war in Lemberg als Kaufmann und Bürgermeister tätig und beschäftigte sich mit Kunst und Wissenschaft. Der Name Alnpeck wird polonisiert Alembek geschrieben.

Polonisierung und Auswanderung

Die im Mittelalter und danach angesiedelten Deutschen sind später größtenteils im polnischen Volkstum aufgegangen. Eine der Hauptursachen hierfür war das gemeinsame religiöse Bekenntnis mit den katholischen Polen, was häufig zur Verbrüderung und zu Eheschließungen untereinander führte und die Polonisierung beschleunigte. Lateinisch verfaßte Urkunden zeugen davon, daß ihr Vaterland weiterhin die ›Catholicissima Patria mea Leopolis Christianissima‹ war, aber aus dem Familiennamen Scharfenberg wurde ein Ostrogórski, aus Frank wurde Frankowicz, aus Alnpeck Alembek. Die Nachkommen des Wolfgang Scholz nannten sich Wolfowicz und die des Stanzel Scholz Stanclowicz.

Nach der ersten Teilung Polens im Jahre 1772 übernahm Österreich das Land. Das Einwandererpatent Maria Theresias aus dem Jahre 1774 gewährte auch protestantischen ›Professionisten, Handelsleuten, Fabrikanten, Künstlern und Handwerkern‹ das Ansiedlungsrecht in den Städten. Im Jahre 1778 gründete Pastor Ephraim Gottlob Hoffmann (1730–1787) in Lemberg die evangelische Kirchengemeinde. Es ist nachgewiesen, daß 1850 in Lemberg von 141 vereidigten Schätzmeistern aus 57 gewerblichen Berufen 97 deutsche, 40 polnische und ukrainische sowie vier jüdische Namen trugen. Von 807 Beamten des Landesparlamentes und in den nachgeordneten Ämtern gab es im Jahre 1837 nur 220 Polen und Ukrainer, der Rest waren Deutsche. Im gleichen Jahr lehrten an der Lemberger Universität 18 deutsche Professoren neben sechs nichtdeutschen, an der Real- und Handelsakademie neun deutsche und zwei nichtdeutsche Lehrkräfte. Von 41 Ärzten waren 23, von 54 Gerichtsräten 25 Deutsche. Bis zum Jahre 1872 spielte in Lemberg ein ständiges deutsches Berufstheater. In den Jahren 1811 bis 1867 erschien die ›Lemberger Zeitung‹ mit einer deutschen und einer polnischen Ausgabe. In den Jahren 1819 bis 1843 wurde vom Universitätspedell Johann Michael Retzbach ein Taschenbuch der Universität in deutscher Sprache herausgegeben. Die Reiseschriftsteller Franz Kratter, Franz Josef Jekel, Ignaz Feßler, Heinrich Gottfried Bretschneider, Josef Rohrer und Balthasar Hacquet sowie der galizische Superintendent und evangelische Pfarrer von Lemberg, Samuel Bredetzky, befaßten sich in ihren Schriften mit der Geschichte Galiziens, Polens und Rutheniens. Johann Salzmann, Professor an der Lemberger Universität, geboren 1807 in Wien – der spätere Erbauer der Semmeringbahn – errichtete Mitte des 19. Jahrhunderts das seinerzeit größte Theater Europas, das Graf Skarbeksche Theater. Der Niederösterreicher Professor Eduard Tomaschek begutachtete zur gleichen Zeit den Plan Galiziens zum Bau der Eisenbahnlinien Bochnia–Lemberg–Brody und Lemberg–Czernowitz. Zugleich war er Mitbegründer der Galizischen Kreditgesellschaft und der Gegenseitigen Versicherungsgesellschaft. Der aus Böhmen stammende Professor Franz Adam Haindl richtete als Direktor des Allgemeinen Krankenhauses in Lemberg Mitte des 19. Jahrhunderts die erste Abteilung für Geisteskranke in Galizien ein.

Aber auch diese deutsche Kultur ist wie einst die mittelalterliche im Laufe der Jahrzehnte ausgestorben oder in der polnischen Kultur aufgegangen. Viele kehrten auch in die österreichische Heimat zurück. Obwohl die Galiziendeutschen anfänglich einen begünstigten und später gleichberechtigten Bestandteil der gesamten Bevölkerung des Landes darstellten, so brachte das Jahr 1867 für sie eine vollkommen neue Lage. Mit der Entstehung der österreichisch-ungarischen Monarchie erhielt auch Galizien eine weitgehende Landesautonomie. Die Verwaltung des Landes wurde von nun an von den Polen übernommen. Die Dienst- und Verhandlungssprache des Landtages und der Gerichte, die Unterrichtssprache an den Lemberger Universitäten und Hochschulen wurde polnisch. Das deutsche Theater in Lemberg wurde geschlossen, die deutsche Ausgabe der ›Lemberger Zeitung‹ eingestellt. Nur das evangelische Schulwesen blieb dank des Beschlusses der Superintendentialsynode von 1870 weiterhin bestehen. Der sich von Jahr zu Jahr verstärkende polnische Druck und die sich verschlechternde Wirtschaftslage der deutschen Gemeinden hatte zur Folge, daß viele Deutsche auswanderten. Ziel der Auswanderung waren zu Beginn die angrenzenden kongreßpolnischen und wolhynischen Gebiete. Stärker wurde die Auswanderungsbewegung, als sich in den 1880er Jahren die Vereinigten Staaten von Nordamerika und Kanada als Aufnahmeländer öffneten.

Bildung der deutschen Gemeinde

In dieser Situation handelten die führenden evangelischen Kreise. Im Jahre 1903 wurde auf einer Vertreterversammlung in Lemberg das ›Aktionskomitee zur Wahrung der Interessen der evangelischen Landeskirche‹ ins Leben gerufen. Im

Februar 1904 erschien das ›Evangelische Gemeindeblatt für Galizien und die Bukowina‹. Im September 1907 wurden der ›Bund der christlichen Deutschen in Galizien‹ und der ›Deutsche Volksrat für Galizien‹ vom katholischen Militärarzt Josef Schmidt ins Leben gerufen. Im August 1907 kam die erste Folge des ›Deutschen Volksblattes für Galizien‹ heraus, die die Gründung des ›Bundes‹ vorbereiten sollte. Zum Bundesobmann wurde 1910 der Lemberger Gymnasialprofessor Dr. Ludwig Schneider gewählt. Bis 1914 wurde das Organisationsnetz des ›Bundes‹ so ausgebaut, daß von ihm in 108 ländlichen und städtischen Ortsgruppen der größte Teil der deutschen Bevölkerung des Landes betreut wurde. In Lemberg betätigten sich neben den Bundesortsgruppen auch andere Kultur- und Jugendvereinigungen.

Im Dezember 1908 erteilte der ›Deutsche Volksrat‹ dem aus der Bukowina nach Dornfeld bei Lemberg übergesiedelten evangelischen Pfarrer Dr. Georg Faust den Auftrag zur Gründung deutscher Raiffeisenkassen. Schon in den Jahren 1909 und 1910 entstanden 20 Spar- und Darlehenskassen. Sie wurden im November 1910 im ›Verband deutscher landwirtschaftlicher Genossenschaften‹ zusammengeschlossen. Innerhalb von sieben Jahren wurde aus den über das ganze galizische Land zerstreuten und konfessionell voneinander getrennten Gruppen der deutschen Bevölkerung eine festgefügte, wirtschaftlich abgesicherte und sich ihrer deutschen Kultur bewußte Gemeinschaft geschaffen, die entschlossen war, diese Kultur zu bewahren und zu verteidigen.

Die deutsche Gemeinde im 20. Jahrhundert

Der Erste Weltrieg und die Besetzung Galiziens durch die Russen legte das deutsche Leben zunächst vollständig lahm. Tausende Deutsche und Nichtdeutsche flüchteten nach dem Westen oder wurden von den Russen verschleppt, zahlreiche Dörfer durch Kriegshandlungen zerstört.

Der Wiederaufbau war nach der Befreiung des Landes fast beendet, als Anfang November 1918 die österreichisch-ungarische Monarchie zerfiel und der polnisch-ukrainische Krieg um den Besitz Ostgaliziens begann. Diesem folgte der polnisch-sowjetrussische Krieg, der die sowjetischen Armeen im Jahre 1920 wieder bis fast vor die Tore Lembergs brachte. Die Weltwirtschaftskrise der Jahre 1929 bis 1935 brachte die Landwirtschaft in Polen an den Rand des Abgrunds. 1923 wurde der ›Bund der christlichen Deutschen‹ aufgelöst. Das Lemberger deutsch-evangelische Gymnasium stand in den 31 Jahren seines Bestehens zehn Jahre lang unter der Leitung polnisch-katholischer Direktoren.

Die evangelische Bevölkerung fand einen starken Rückhalt an ihrer Kirchenleitung unter Superintendent Dr. Theodor Zöckler und bei den deutschen Pfarrern und Lehrern, die katholische Bevölkerung beim 1925/26 in den Wojewodschaften Stanislau und Lemberg gegründeten ›Verband deutscher Katholiken‹ unter Leitung von Oberlehrer Jakob Reinpold. Die studierende deutsche Jugend schloß sich in Lemberg und Krakau im ›Verein deutscher Hochschüler‹ zusammen. Es setzte ein reges literarisches und wissenschaftliches Schaffen ein. Von Friedrich Rech erschienen 1924 die Werke ›Pfälzer im Osten‹ sowie seine Volksstücke ›Der Schulz von Walddorf‹ und ›Die Ansiedler‹. Rose Planner-Petelin gab 1938 den Galizienroman ›Das heilige Band‹ heraus. Der Erforschung der galiziendeutschen Vergangenheit widmete sich Dr. Ludwig Schneider, der sein Gesamtwerk, bestehend aus zahlreichen Publikationen in Büchern und Zeitschriften, mit dem 1939 in Leipzig herausgegebenen Werk ›Das Kolonisationswerk Joseph II. in Galizien‹ krönte. Der Lemberger evangelische Pfarrer Dr. Rudolf Kesselring gab 1929 in Lemberg das Buch ›Die evangelische Kirchengemeinde Lemberg von ihren Anfängen bis zur Gegenwart‹ heraus.

Im Jahre 1938 gehörten dem unter der Leitung von Rudolf Bolek stehenden Raiffeisenverband in Lemberg die Genossenschaftsbank und die Landwirtschaftliche Hauptgenossenschaft, 53 Kredit-, 15 Waren- und sechs Molkereigenossenschaften an. Im Herbst 1934 kam es zu schweren Unstimmigkeiten mit den polnischen Behörden. Dem Raiffeisenverband wurde vom Finanzministerium im Zuge der Neuordnung der Genossenschaftsorganisation in Polen das Revisionsrecht entzogen. Nach einem Jahr andauernden erbitterten Ringens gelang es der Verbandsleitung endlich, dem Raiffeisenverband eine weitgehende Selbstverwaltung im Rahmen des polnischen Zentralverbandes zu sichern und damit den deutschen Charakter der galiziendeutschen Genossenschaftsorganisation zu bewahren.

Die sogenannte vierte Teilung Polens geschah durch den im August 1939 abgeschlossenen deutsch-sowjetischen Pakt und den Ausbruch des Zweiten Weltkriegs. Die westlichen Gebiete Polens wurden von deutschen, die östlichen – darunter Ostgalizien – bis zum San von sowjetischen Truppen besetzt.

Ein vertrauliches Protokoll des deutsch-sowjetischen Grenz- und Freundschaftsvertrags vom 28. September sah die Umsiedlung der deutschen Bevölkerung aus den an die Sowjetunion gefallenen polnischen Ostgebieten nach Deutschland und der in Westgalizien lebenden ukrainischen Bevölkerung – der Lemken – in die Sowjetunion vor. Diesbezüglich begab sich im Dezember 1939 eine deutsche Umsiedlungskommission nach Ostgalizien und andere Gebiete und siedelte innerhalb von nicht ganz zwei Monaten rund 165 000 Deutsche ins Reich um, darunter 55 000 aus Ostgalizien. Sie wurden in Trecks und Eisenbahntransporten in das Wartheland gebracht, in Lagern zusammengezogen und dann teils in den Städten, teils auf Bauernhöfen angesiedelt, von denen das NS-Regime die polnischen Vorbesitzer vertrieben hatte. Viele Galiziendeutsche wurden Opfer des Kriegsgeschehens, ihre Gemeinschaft löste sich durch Umsiedlung, Flucht und Vertreibung auf.

Das polnische Lemberg

Der Schriftsteller Joseph Roth schrieb über die Stadt Lemberg: »Es ist eine große Vermessenheit, Städte beschreiben zu wollen, Städte haben viele Gesichter, viele Launen, tausend Richtungen, bunte Ziele, düstere Geheimnisse, heitere Geheimnisse. Städte verbergen viel und offenbaren viel, jede ist eine Einheit, jede eine Vielheit, jede hat mehr Zeit als ein Berichterstatter, als ein Mensch, als eine Gruppe, als eine Nation. Die Städte überleben Völker, denen sie ihre Existenz verdanken und Sprachen, in denen ihre Baumeister sich verständigt haben.«

Das Denkmal für den großen polnischen Dichter Adam Mickiewicz

Das Herz vieler Polen schlägt höher, wenn es um Lemberg (polnisch: Lwów) geht, eine Stadt mit einer langen, mehrere Jahrhunderte andauernden polnischen Epoche. Viele Lemberger Polen wurden nach Nieder- und Oberschlesien umgesiedelt, die größte Ansiedlung besteht in Breslau. Besuchern Lembergs werden in den Straßen der Stadt vor allem polnische Reisebusse und Touristen begegnen. Die meisten von ihnen werden von perfekt polnisch sprechenden Reiseführern geführt. Die ausgebildeten Stadtführer stammen aus den in Lemberg verbliebenen polnischen Familien und haben die Stadtführungen zu ihrem Hauptberuf gemacht. Dem polnischen Lemberg kommt im vorliegenden Reiseführer in der Stadtgeschichte, auf den Spaziergängen durch die Stadt und vor allem in der Geschichte der Stadtfriedhöfe sehr viel Aufmerksamkeit zu.

Der Lemberger Geist

An dieser Stelle muß unbedingt vom typischen polnischen Lemberger Geist berichtet werden. Unter den polnischen Städten galt Lemberg als kosmopolitisch, demokratisch, etwas frech und auffallend durch die fröhliche Lebenseinstellung.

Der Lemberger Geist war es auch, der Dichter, Schriftsteller und Komponisten veranlaßte, den Reiz dieser bunten Kulturlandschaft Galiziens und seiner Hauptstadt einzufangen. Die Lebensauffassung der Lemberger und ihre besondere polnische Mundart unterschieden sich in vielem von der in anderen polnischen Städten. Einen polnischen Lemberger erkennt man sofort an seinem Akzent. Lemberger Lieder, Lemberger Humor und auch der Wortschatz leben unter den auf der ganzen Welt verstreuten Lembergern und, nicht zu vergessen, in der inzwischen über zwanzigtausend Einwohner zählenden polnischen Gemeinde in Lemberg selbst weiter. Die Lemberger Mundart entstand vor allem in den Vorstädten wie Lützenhof, Klöpperhof und anderen, die vorwiegend von Polen, Ukrainern und Juden bewohnt waren. Bedeutend war auch der Einfluß der deutschen Sprache, die man sowohl den ersten deutschen Kolonisten wie auch der fast 150jährigen österreichischen Besatzung zuschreiben kann. Nachfolgend einige Beispiele für die Lemberger Mundart, denen man ihre Herkunft noch ansieht:

Begriff	**Herkunft**
a o!	deutsch: oh!
bajtlował	deutsch: beuteln (plappern)
balakał	ukrainisch: balakaty (sich unterhalten, erzählen)
baciar	ungarisch: betyar (Straßenjunge)
fajny	deutsch: fein
fest	deutsch: fest
geszeft	deutsch: Geschäft (Interesse); jüdisch: geszeft
heca	deutsch: Hetze (komisches Gefühl)
jo	deutsch: ja
joj	ukrainisch: joj (Stöhnen)
katulał	ukrainisch: katuliaty (etwas wälzen)
kikał	jiddisch: kiken, deutsch: gucken
lachował	deutsch: lachen
luftował	deutsch: lüften
rajdał	ukrainisch: rajdaty (sich unterhalten), deutsch: reden
szac	deutsch: Schatz
szlajał siź	deutsch: schleichen, ziellos gehen
szpanował	deutsch: spannen (mit etwas angeben)
zicher	deutsch: sicher

Ein wundervolles Beispiel der ›Lemberger Mundart‹ waren die Dialoge der bekannten Lemberger Originale Szczepko (Kasimir Wajda) und Tońko (Heinrich Vogelfänger), deren Sendung ›Lustige Lemberger Welle‹ in den 1930er Jahren von Millionen Zuhörern gehört wurden.

Das Stimmungsbild der Lemberger Vorstädte und Straßen, die Atmosphäre der Stadt bis zum Kriegsbeginn spiegelt sich auch in den polnischen Lemberger Liedern wieder, die noch heute in aller polnischer Munde sind, die aber fast nicht zu übersetzen sind. Eines der bekanntesten und populärsten Lemberger Lieder ist ›Lwów gibt es nur eins auf der Welt‹, bekannt auch unter dem Titel ›Nur in Lwów‹. Der polnische Text stammt von Emanuel Schlechter, die Musik von Henryk Wars.

Nur in Lwów

»Soll'n die andern doch fahr'n wohin se könn', wohin se woll'n.
Nach Wien, Paris oder London
Ich aus Lwów – ich rühr mich keen Schritt
Oh Mutter, selbst Klagen zu Gott rührt mich nicht!

Denn wo geht's den Leuten so gut wie hier?
Natürlich in Lwów!
Wo wecken Dich Lieder und bringen zur Ruh'?
Natürlich in Lwów!

Ob reich oder arm, dort ist man Pan Bruder,
und jeder hat's Lächeln im ›Ruder‹,
Und Mädchen die hat, solch süße, die Stadt,
wie Honig, Schokolade und Saft!

Denn wo geht's den Leuten ...

Und wenn ich noch einmal geboren sollt werden,
Dann sei's in Lwów!
Und mach keinen Quatsch und sag wie die Lust
aber nirgends ist so wie in Lwów!

Denn wo geht's den Leuten ...

Ist möglich, daß mehr schön're Städte bestehn,
Doch Lwów ist die einzge der Welt!
Und von ihr wegzufahren, wie könnt' ich bloß!
Oh Mutter, selbst Klagen zu Gott rührt mich nicht!

Denn wo geht's den Leuten ...«

Der polnische Lemberger Geist lebte auch nach dem Zweiten Weltkrieg bei den Menschen in vielen polnischen Städten und bei den in Lemberg verbliebenen Polen weiter fort. Aber die Stadt unterlag über ein halbes Jahrhundert den sowjetischen Machthabern und deren unmenschlichem Regime. Polnische Touristen kamen größtenteils nur mit organisierten Reisegruppen und auf vorgeschriebenen Wegen ins Land und in die Stadt. Polnischen Sowjetbürgern wurde der Kontakt mit polnischen Familienangehörigen erschwert. Für eine Reise nach Polen durfte nur Moskau die Genehmigung erteilen, und die gab es nicht oft. In die Personalausweise der verbliebenen Polen wurde eine neue Staatszugehörigkeit geschrieben: UdSSR. Die polnische Sprache als Umgangssprache war während der sowjetischen Besatzungszeit verboten, was auch für die polnischen Touristen galt. Den in der Westukraine verbliebenen Polen war die russische Sprache vorgeschrieben. Im Gebäude der ehemaligen deutschen evangelischen Volksschule in Lemberg wurde die polnische Schule eingerichtet. In den ukrainisch-sowjetischen Schulen wurde Russisch gelehrt und Ukrainisch zur Fremdsprache erklärt. Auf den Dörfern hingegen lehrte man in den Schulen die ukrainische Sprache, und die russische wurde als Fremdsprache gelehrt. Polen und vor allem Juden wurden im neuen Staatssystem diskriminiert.

Am 24. August 1991 wurde die Unabhängigkeit der selbständigen Ukraine ausgerufen. In die neuen Personalausweise der verbliebenen Polen wurde wieder eine neue Staatszugehörigkeit eingetragen: die der Ukraine.

Alle Ukrainer konnten seit dieser Zeit mit ihrem anfänglich noch sowjetischen Reisepaß und dem entsprechenden Visum endlich in alle Welt reisen. Ohne ein Visum durfte die Reise nur nach Polen gehen. Überall entstanden polnisch-ukrainische Basare und kleine Märkte. Und gerade als die Bevölkerung dieser Grenzregion wieder begonnen hatte, zueinander zu finden, wurde dieses zumindest kulturgeschichtlich zusammengehörende Land von der neuen EU-Außengrenze wieder getrennt. Seit Oktober 2003 gilt für alle Ukrainer die Visumpflicht für Reisen nach Polen, was natürlich die polnischen Ukrainer besonders hart trifft.

Die Westukraine ist Teil des alten Europas. Ihre Menschen setzen große Hoffnungen in den polnischen EU-Beitritt, Hoffnungen auf Polen, ihren einzigen Nachbarn, der sie mitziehen möge, Richtung Westen und in Richtung Europäische Union.

Das armenische Lemberg

Die Armenier gehören zu den indogermanischenen Völkern und nahmen sehr früh den christlichen Glauben an. Bedrängt durch Seldschuken, die Mongolen und das Osmanische Reich wanderten viele von ihnen aus ihren Siedlungsgebieten im

Armenischen Bergland und der Araratebene aus und siedelten sich in anderen europäischen Regionen an. Mit der Stadtgründung Lembergs kamen deutsche Handwerker und Kaufleute, Juden und aus den steppennahen östlichen Gebieten Ostslawen und Armenier, die vom Großfürsten Danylo Romanovyč und seinen Nachfolgern ins Land gerufen wurden. Die Lemberger Armenier kamen in der Mehrzahl aus der altertümlichen Hauptstadt Armeniens, aus Ani, dessen Ruinen heute in der Osttürkei liegen.

Das geistliche Zentrum der Lemberger Armenier bildete seit der Mitte des 14. Jahrhunderts die armenische Maria-Himmelfahrts-Kathedrale. 1363 hatten zwei armenische Kaufleute, die von der Krim nach Lemberg umgesiedelt waren, Akop aus Kafa (heute Feodosija) und Panos aus Haisaraz, auf eigene Kosten die

Besucher im Innenhof der armenischen Kathedrale

Ein freundlicher Lemberger

neue Kathedrale errichtet. In ihrer Urkunde stand: »... die Kirche ist gebaut nach dem Kanon des armenischen Glaubens des Heiligen Grigorijs und untersteht dem Heiligen Thron in Itschmeadzin, dem heiligen Zentrum aller Armenier«.

Das 15. und 16. Jahrhundert galt als Blütezeit im geistlichen und weltlichen Leben der Lemberger Armenier. Schon im 15. Jahrhundert besaß das armenische Viertel als einziges in der Stadt ein eigenes Wasser- und Kanalisationssystem. Die Straßen waren gepflastert, und die Häuser errichtete man mit einem speziell eingebauten Lüftungssystem. Man könnte sich davon selbst überzeugen, wenn man heute im armenischen Viertel einige mittelalterliche Keller besuchen könnte, was leider (noch) nicht möglich ist.

Im 17. und 18. Jahrhundert gab es unter den Lemberger Armeniern viele bekannte Persönlichkeiten, Schriftsteller, Wissenschaftler, Künstler und offizielle Stadtvertreter. In Lemberg befand sich im 17. Jahrhundert das Erzbischofstum der armenisch-katholischen Kirche. Zu ihm gehörten die Gebiete des Kronlandes, Litauens, Rumäniens und Moldawiens. Ab 1772 gehörten die drei Erzbischofstümer Lembergs – katholisch, uniert und armenisch – zu Galizien und der Bukowina.

Die Zahl der polonisierten armenischen Gläubigen war nicht sehr groß. Im Jahre 1843 betrug diese 4125 Einwohner, hingegen 1914 nur noch 3868. Unter den Priestern der armenischen Kirche hatte sich besonders Samuel Cyryl Stefanowicz (1752–1858) hervorgetan. Er stammte aus einer armenischen Kaufmannsfamilie. In das Amt des Erzbischofes wurde er im Alter von 80 Jahren gewählt. Dank bester Gesundheit und großer Lebensenergie leitete er die armenische Diözese mehr als ein Vierteljahrhundert. Oft besuchte er auch die entfernt liegenden Pfarrkirchen bis in die Bukowina.

Die nachfolgenden armenischen Erzbischöfe waren Georg Josef Baron Romaškan (1876–1881) sowie Isaak Nikolaus Isakovič (1882–1901). Erzbischof Romaškan leitete die Bank ›Mons Pius‹ und gehörte dem Lemberger Stadtrat an. Erzbischof Isakowič war ein sehr geachteter Priester. Seine Bemühungen galten einem Kompromiß zwischen den Gläubigen verschiedener Religionen. Im Jahre 1898 beging er sein 50jähriges Priesterjubiläum. Er war Ehrenbürger von insgesamt neun Städten, und in der Krakauer Jagiełłonski-Universität überreichte man ihm die Würde des Ehrendoktors. Der letzte Erzbischof unter österreichischer Herrschaft war Josef Teofil Teodorovič, Autor vieler theologischer Arbeiten.

Bis 1939 bildeten die Lemberger Armenier eine vorbildlich organisierte Gemeinde. Im armenischen Stadtviertel gab es ein Gericht, eine Bank, die Schule, die Kanzlei und andere wichtige Institutionen. Die armenische Gemeinde galt als eine der vermögendsten Gemeinden der Stadt. Armenier waren erfolgreiche Kaufleute. Ihre Waren, die sie aus Persien, Indien, China, der Türkei und Rußland mitbrachten, wurden auf dem Markt in Lemberg und auch in ganz Europa gekauft.

Die armenischen Handwerker waren durch ihr Kunsthandwerk aus Metall, Gold und Leder bekannt. Besonders stark verbreitet war der Beruf des Juweliers. Ende des 17. Jahrhunderts gab es in Lemberg 28 armenische Juweliere. Noch heute schmücken manche dieser Kunstwerke die Expositionen vieler Lemberger Museen und einiger Städte Europas. In der Lemberger Residenz des polnischen Königs Jan III. Sobieski – am Marktplatz 6, heute ist hier das Historische Museum untergebracht – befand sich die Juwelierwerkstatt des armenischen Meisters Bedroh Sacharievyč. Zur Zeit des 17. Jahrhunderts waren für die meisten Adeligen, Fürsten und Könige die mit Gold, Silber und Edelsteinen verzierten Säbel und Waffen die wichtigsten Attribute, die von ihrem Stand zeugten. Die Lemberger Armenier hatten als erste diese Verarbeitungstechnik verwendet.

Die armenische Gemeinde existierte in der Stadt bis zum Jahre 1939, bis die Westukraine an die Sowjetukraine angeschlossen wurde. Der letzte armenische Erzbischof Avhustynovyč wurde neben ukrainischen, polnischen und jüdischen Religionsvertretern 1940 nach Sibirien transportiert. Nach dem Krieg siedelten die meisten Lemberger Armenier nach Polen über. Die armenische Himmelfahrts-Kathedrale wurde geschlossen und bis Ende des 20. Jahrhunderts als Lagerraum verwendet. Im Jahre 2001 wurde der armenischen Gemeinde der historische Komplex der Kathedrale, eine Perle der Lemberger Architektur, nachdem sie mehr als fünfzig Jahren geschlossen war, wieder übergeben.

Das ukrainische Lemberg

Als die Stadt Mitte des 14. Jahrhunderts vom Polenkönig Kasimir dem Großen eingenommen wurde und dieser begann, die Stadt auszubauen, wurde die heutige vul. Rus'ka (Ruthenische Straße) das Ansiedlungsgebiet der ruthenischen Gemeinde. Die Religion hatte in dieser neuen Zeitepoche eine besondere Bedeutung, denn die orthodoxe Kirche wurde immer stärker von der durch die polnische Macht unterstützten katholischen Kirche verdrängt. Bereits im 15. Jahrhundert wurden in vielen Städten katholische Bistümer, Kloster und Kirchen errichtet. In der ersten Hälfte des 16. Jahrhunderts kam es in Lemberg zu einer fortschreitenden Polonisierung. Die orthodoxen Ruthenen suchten nach einer neuen Form, um ihren Glauben und ihre Identität nicht zu verlieren. Es entstanden Bruderschaften, die sich um den Zustand der Kirchen kümmerten und die Priester in ihrem Amt unterstützten. Mehr und mehr entwickelten sie sich zu öffentlichen Organisationen. Im 16. Jahrhundert erweiterten die Bruderschaften ihre Tätigkeit auf das kulturelle und politi-

Grabmal für den Metropoliten Andrej Šeptyc'kyj in der Georgskathedrale

sche Leben. Sie kämpften für die Rechte der Ruthenen in den galizischen Städten. Die Lemberger orthodoxe Bruderschaft war eine der bekanntesten.

Dennoch blieb die katholische Kirche vorherrschend, und viele der orthodoxen Gläubigen traten zum Katholizismus über. Das führte zur Idee einer Union zwischen der orthodoxen Kirche und dem Papst. Die Anhänger der Union wollten alle Christen in einer Kirche vereinigen, um so ihre Traditionen zu bewahren. Die Vereinigung erfolgte 1596 auf dem Konzil in Brest-Litowsk. Dort trennten sich die Anhänger der Union von der Orthodoxie und unterstellten sich dem Papst. So begann die religiöse Zersplitterung zwischen den Ruthenen (Ukrainern) in der Westukraine. In der Folgezeit wurde die sogenannte griechisch-orthodoxe Kirche zum nationalen Mittelpunkt des gläubigen ukrainischen Volkes in der Westukraine.

Das 17. und 18. Jahrhundert waren durch mehrere Kriege und Konflikte gekennzeichnet. Es gab erste Bestrebungen der Ruthenen, sich von polnischer Vorherrschaft zu befreien. Das größte Ereignis dieser Zeit war der Aufstand unter der Führung des Kosakenhetmans Bohdan Chmel'nyc'kyj. Am 8. Oktober 1648 belagerte er Lemberg. Kosakische Truppen unter Führung von Maksim Kryvonos (Schiefnase) erstürmten erstmals die Hauptfestung der Stadt, den Schloßberg. Das Ziel der Kämpfe war es, ein autonomes ukrainisches Hetmanat zu schaffen. Da Chmel'nyc'kyj dem Königreich Polen-Litauen nicht gewachsen war, suchte er Bündnispartner im Moskauer Reich. Die Ukraine war in den 50er und 60er Jahren des 18. Jahrhunderts ständiger Kriegsschauplatz. Im Waffenstillstand von Andusovo 1667 sanktionierten Polen-Litauen und das Moskauer Reich die Teilung der Ukraine in ein links- und ein rechtsufriges Gebiet (bezogen auf den Fluß Dnepr). In den Gebieten der Westukraine konnte sich nie eine kosakische Organisationsform entwickeln. Der polnische und polonisierte ukrainische Adel stärkte seinen Einfluß, und im Unterschied zu den Städten der Ostukraine, die um 1700 einen vorwiegend ukrainischen Charakter besaßen, waren die Städte in der Westukraine in der Mehrzahl von Nichtukrainern bewohnt.

Im geistlichen Leben spielte die griechisch-katholische Kirche in der Westukraine eine wichtige Rolle. Der Metropolit Andrej Šeptyc'kyj bezeichnete sie als eine echte ukrainische Institution. 1939 zählte die griechisch-katholische Kirche über 4 Millionen Gläubige in etwa 3000 Gemeinden. Ihnen gehörten mehrere Jugendorganisationen, Frauengesellschaften und auch eine eigene Partei, die Ukrainische Katholische Nationalpartei an.

Der Metropolit trat für die Normalisierung ukrainisch-polnischer Verhältnisse ein, pflegte Kontakte mit liberalen Kreisen und verurteilte extremistische Strömungen. Sein Nachfolger, der Metropolit Josyf Slypyj (1892–1984), war ein ebenso prominenter Vertreter der ukrainischen griechisch-katholischen Kirche des 20. Jahrhunderts.

Die Stauropigianische Bruderschaft

Im Jahre 1551 wurde vom Fürsten Konstantin Ostrogski die Stauropigianische Bruderschaft gegründet. Sie war eine Bruderschaft der orthodoxen ruthenischen Bürger und Handwerker. Sie wurde vom Kaiser Joseph II. im Jahre 1788 in eine Stiftung umgewandelt und erhielt den Namen ›Stauropigianisches Institut‹. Auf Initiative der Stauropigianischen Bruderschaft wurde zwischen 1591 und 1598 die Walachische Kirche als kirchliches und kulturelles Zentrum der orthodoxen Ruthenen errichtet. Die Bruderschaft wurde dem orthodoxen Bischof unterstellt und dem Patriarchen untergeordnet. Sie entstand nach dem Vorbild anderer mittel- und westeuropäischer Laienbruderschaften und strebte eine Reform des kirchlichen und geistigen Lebens der ruthenischen Bevölkerung an.
Im Jahre 1585 wurde ihr Status als Bruderschaft der griechisch-katholischen Kirche vom damaligen griechischen Patriarchen Joachim aus Antiochien bestätigt.
Die Lemberger Bruderschaft diente anderen Bruderschaften als Vorbild und entwickelte sich zum Zentrum einer gesamtukrainischen Bewegung. Ihr Statut wurde von anderen Bruderschaften angenommen. Ihr gehörte auch der bekannte Grieche Konstantin Korniakt an, der das Lemberger Wahrzeichen, den Korniakt-Turm stiftete und das Korniakt-Haus am Marktplatz erbauen ließ. Die orthodoxe Bruderschaft gründete auch Schulen für die Kinder aus ruthenischen Familien. Die Erziehung hatte kirchlichen Charakter. Die slawische und griechische Sprache wurde gelehrt, daneben gab es die Lehrfächer Arithmetik, Geologie, Musik, Astronomie, Rhetorik, Poetik und Philosophie.

Die Walachische Kirche war das Zentrum der orthodoxen Bruderschaft

Kirche und Religion

Die Geschichte der Stadt Lemberg ist eng verbunden mit der Entwicklung ihrer Kirchen und deren Vielzahl. Fragen der Religion hatten immer große Bedeutung, und die Lösung kirchlicher Probleme war oft mit der Lösung nationaler Probleme untrennbar verbunden.

Das Besondere an Lemberg war bis 1939 die ethnische Vielfalt seiner Bevölkerung. Die Juden fielen im Zweiten Weltkrieg dem Genozid zum Opfer. Polen und Armenier wurden zu einem großen Teil vertrieben. Die Kirchen verloren ihre Gemeinden, viele von ihnen wurden profaniert. Die mit Rom unierte griechisch-katholische Kirche, zu der sich heute drei Viertel der Lemberger bekennen, hat 45 Jahre lang im Untergrund leben müssen. Nach 1990 bekam sie ihre Gotteshäuser zurück – aber in welchem Zustand!

Es gibt auch heute in der Stadt verschiedene Glaubensrichtungen. Die katholische Kirche ist in drei Richtungen vertreten und zwar römisch-katholisch, griechisch-katholisch (uniert) und armenisch-katholisch. Alle drei Richtungen unterstehen dem Papst.

Die römisch-katholischen Gottesdienste wurden nach dem Zweiten Weltkrieg regelmäßig in der Lateinischen Kathedrale und in der St. Antoniuskirche in der vul. Lyčakivs'ka abgehalten. Auch heute werden die Gottesdienste in diesen Kirchen vorwiegend von polnischen Stadtbewohnern und den zahlreichen polnischen Touristen besucht.

Geschichte der evangelischen Kirchengemeinde

Für die deutsche Bevölkerung hatte der Anschluß Galiziens an Österreich eine große Bedeutung. Das Ansiedlungspatent Maria Theresias ermöglichte eine beträchtliche Zuwanderung von Deutschen auch in Lemberg. Viele waren evangelischen Glaubens.

Im Jahre 1778 gründete Pastor Ephraim Gottlob Hoffmann (1730–1787) in Lemberg die evangelische Kirchengemeinde. Die Beziehungen zu den Polen waren von Anfang an gespannt, was vor allem im Katholizismus der Polen begründet war. Die Lemberger evangelische Gemeinde kaufte im Jahre 1785 die im Zusammenhang mit der Säkularisierung aufgegebene ehemalige katholische Kirche St. Ursula des Dominikanerordens, die sich außerhalb der damaligen Stadtgrenze, in der Halyčer Vorstadt befand, heute vul. Zelena Nr. 11 (Grüne Straße). Die Berufung des Lemberger Superintendenten Dr. Adolf Theodor Haase in den Rat der Stadt im Herbst 1848 bewirkte, daß die Protestanten sich ab sofort

Die evangelische Kirche in der vul. Zelena

in amtlichen Angelegenheiten als Evangelische des Augsburger oder Helvetischen Bekenntnisses bezeichnen durften. Nach Haases Tod wurde Emil Grafl zum Pfarrer und später zum Senior gewählt. Dank seines Einsatzes konnte die deutsche Sprache in Kirche und Schule nach 1867 beibehalten und dadurch ihre Mitglieder vor der Polonisierung bewahrt werden. Die ehemals katholische Kirche wurde mit Spenden zur evangelischen Kirche umgebaut. Ihr Umbau und die Einrichtung wurden mit zahlreichen Spenden aus Deutschland, Schenkungen und testamentarischen Hinterlassenschaften finanziert. Anläßlich des 100. Jahrestages ihrer Gründung wurden die beiden Türme errichtet. In Innsbruck wurden die zwei Glocken von 13 und 6 Zentner gegossen.

Es gab auch polnische Protestanten in der Gemeinde. Viele von ihnen waren deutscher Herkunft, darunter die Nachkommen derjenigen Generation, die die Gemeinde gegründet hatte. Sie erreichten, daß ab 1874 einmal im Monat ein Gottesdienst in polnischer Sprache abgehalten wurde. Unzählige Deutsche aus Lemberg, den Vororten und den zugehörigen Gemeinden wurden in dieser Kirche getauft, konfirmiert, getraut und am Lebensende vom Pfarrer gesegnet und zur ewigen Ruhe begleitet. Die Kirche wurde zum Mittelpunkt des deutschen Gemeinschaftslebens, ein Ort der regelmäßigen Zusammenkünfte. Der Evangelische Frauenverein Lemberg kümmerte sich jahrzehntelang um deutsche Kinder und sozial Schwache in der Stadt. In der Kirchenchronik ist vermerkt, daß im

Jahre 1817 die 300-Jahrfeier der Reformation stattfand und im selben Jahr Kaisers Franz I. die Kirche besuchte. Jährlich fanden Feiern zur Erinnerung an das Toleranzpatent Kaiser Josephs II. statt. 1880 besuchte Kaiser Franz Joseph die Kirche. Gefeiert wurden der 300. Geburtstag König Gustav Adolfs wie auch der 400. Geburtstag von Martin Luther. Zu Beginn der 1920er Jahre wurde eine Gedenktafel im Kircheninneren mit den Namen von 63 im Ersten Weltkrieg gefallenen Gemeindemitgliedern eingeweiht. 1924 besuchte der polnische Staatspräsident Wojciechowski die Kirche, und 1929 feierte die Gemeinde ihr 150jähriges Bestehen. An der Kirchenfassade neben dem Eingang wurde eine Gedenktafel enthüllt, die heute noch zu sehen ist: »1525–1778/Wie lieblich sind Deine/ Wohnungen, Herr Zebaath/Psalm 84.2/Zur Erinnerung an die 1778 erfolgte Gründung/der evangelischen Gemeinde A. E. in Lemberg/wurde den 2. Juni 1929 als dem 150. Jahrestag/ihres Bestehens – anläßlich der 400-Jahr-Feier/der Protestation zu Speyer diese Gedächtnistafel errichtet.«

In sowjetischer Zeit wurde das Kirchengebäude als Lagerraum benutzt. Seit 1997 dient die nach 1990 restaurierte Kirche den Freien evangelischen Baptisten. Die Gottesdienste in der Kirche finden sonntags um 10 Uhr und um 18 Uhr, mittwochs um 18 Uhr statt, das gemeinsame Gebet freitags um 18 Uhr.

Im Wohnhaus in der vul. Zelena 11 befand sich in den Jahren 1925 bis 1939 die Redaktion der Wochenschrift ›Ostdeutsches Volksblatt‹.

Die Gründung der evangelischen Volksschule

Seit Bestehen der evangelischen Kirche strebte die Gemeinde nach einer eigenen Schule, in der ihre Kinder im evangelischen Glauben erzogen werden konnten. Im Februar 1808 wurde die evangelische Volksschule eröffnet. Die Kinder wurden in den Jahren 1808 bis 1878 in verschiedenen Mietshäusern untergebracht. 1874 wurde der Entschluß gefaßt, ein Schulhaus auf dem Kirchengrund hinter der Kirche (heute vul. Levyc'koho 18) zu bauen. Nach den Plänen von Baumeister Engel entstand innerhalb eines Jahres ein einstöckiges Gebäude mit sechs Klassenräumen, einem Sitzungssaal, Kanzleiräumen und Lehrerwohnungen. Durch Aufstockung des Gebäudes und Umbau gewann man im Jahre 1900 weitere Schulräume. Am 1. September 1918 nahm das neugegründete private evangelische Gymnasium seinen Schulbetrieb auf.

Die polnischen Anfangsjahre brachten unerfreuliche Auseinandersetzungen mit den Behörden des neuen Staates und den polnischen Mitgliedern der evangelischen Gemeinde, bis die Schulleitung die Weisung der polnischen Schulaufsichtsbehörde erhielt, sofort alle nichtchristlichen Kinder zu entlassen. Deutschen Schulleitern wurde die Leitung der Schule entzogen, Lehrkräften an Staatsschulen die Unterrichtserteilung am evangelischen Gymnasium verboten. Die jüdischen Kinder mußten mitten im Schuljahr auf die Straße gesetzt werden.

Im Jahre 1925 machte die Schulbehörde die Erneuerung des Öffentlichkeitsrechts vom Nachweis eines Sportplatzes abhängig. Die Lemberger Deutschen kauften daraufhin ein zwei Hektar großes Grundstück am Stadtrand und bauten es mit persönlichem Einsatz zu einem Sport- und Spielplatz aus. Die Einweihung fand 1929 statt. Der Sport- und Spielplatz wurde bald ein beliebter Treffpunkt der deutschen Sportjugend, des deutschen ›VIS‹-Fußballklubs und aller Deutschen in der Stadt. Die nächste Repressalie folgte bald mit der Forderung, die Gemeinde müsse einen eigenen Turnsaal nachweisen. Trotz herrschender Wirtschaftskrise schafften es die Lemberger Deutschen erneut, an das Schulgebäude wurde ein (nicht mehr existierender) Turnsaal angebaut und zusätzlich mit einem Bühnenraum ausgestattet. Er diente später auch den deutschem Kulturvereinen, außerdem fanden hier zahlreiche Tagungen und gesellige Veranstaltungen statt. Die Registrierungsstelle Tausender Umsiedlungswilliger zur Übersiedlung nach Deutschland im Spätherbst 1939 hatte ebenfalls hier ihren Platz.

Ein Elternbeirat kümmerte sich um eine enge Verbindung zwischen Schule und Eltern, ein ›Verein Schulhilfe‹ unterstützte minderbemittelte Schüler und organisierte Reisen während der Schulferien in deutsche Landsiedlungen. Neben Polnisch mußten am deutsch-evangelischen Gymnasium auch Geschichte und Erdkunde von Polen in polnischer Sprache unterrichtet werden. Der Lehrkörper bestand daher zusätzlich aus polnischen, ferner aus ukrainischen und jüdischen Lehrern. Nach der Besetzung Lembergs durch die Rote Armee nahm das Gymnasium letztmalig am 6. Oktober 1939 – unter Aufsicht sowjetischer Kommissare – für wenige Wochen den Unterricht auf. Er endete vor Weihnachten 1939 mit der anlaufenden Umsiedlung aller Deutschen aus der Stadt.

Die deutschen Katholiken in Ostgalizien

Nicht alle Deutschen in Ostgalizien waren evangelischen Glaubens, nahezu die Hälfte waren Katholiken. Ein Teil der deutschen Katholiken kam in der ersten Hälfte des 19. Jahrhunderts aus dem österreichischen Böhmen und dem Egerland nach Ostgalizien. Im Rahmen der Josephinischen Kolonisation wurden katholische Deutsche aus dem Westen Deutschlands in rein katholischen Dörfern Ostgaliziens angesiedelt. Diese Menschen waren sehr religiös, sie lehnten sich eng an die sie fortan betreuende Geistlichkeit an. Diese war jedoch nicht deutscher Nationalität. Die polnischen Pfarrer beherrschten oft kein deutsches Wort und lebten in der Überzeugung, nur ein Pole könne ein guter Katholik sein. Die Gottesdienste wurden nur in polnischer Sprache abgehalten, und sehr groß waren die

Bemühungen um die Polonisierung der ihnen Anvertrauten. Von den sie umgebenden evangelischen Deutschen wurden sie ferngehalten. Diese wurden als Ketzer beschimpft. Als ›Lutheraner‹ bezeichnet zu werden, galt in den damaligen katholischen Kreisen als eines der bösesten Schimpfworte. Es entstand dadurch die Situation, daß die beiden deutschen Volksteile aufgrund ihrer unterschiedlichen Konfession über Jahrzehnte Distanz zueinander hielten. Vor allem kam es zu Ehen mit polnischen Katholiken, was den Polonisierungsprozeß beschleunigte.

Die deutsche Kultur bewahrten die katholischen Siedler nur in ihren geschlossenen Dorfgemeinschaften. Ihre studierende Jugend wurde nahezu vollständig polonisiert, da ein evangelisches deutsches Gymnasium oder Schülerheim von ihnen nicht besucht werden konnte. Katholische Kinder und Jugendliche besuchten daher polnische Einrichtungen in benachbarten Städten. Dem dort herrschenden nationalpolnischen Geist konnte sich ein isoliert lebendes Kind auf die Dauer nicht entziehen. Auch der Glanz des sozial höher stehenden polnisch-städtischen Gesellschaftslebens verfehlte nicht seine Wirkung auf die aus einfachen bäuerlichen Verhältnissen stammenden Jugendlichen. Spätestens an der Hochschule und unter dem Einfluß polnischer Freunde, des polnischen Ehepartners oder des Berufsalltags ging bald der Rest an deutschem Bewußtsein verloren. Zahlreiche polnische Bürger in herausragenden Stellungen stammten denn auch von deutsch-katholischen Kolonisten ab.

Das mangelhafte deutsch-katholische Schulwesen beförderte diese Entwicklung. Von 25 deutschen Schulen in Ostgalizien im Jahre 1897/98 nahm diese Zahl auf 16 bei Ausbruch des Ersten Weltkrieges und nur noch sechs nach dem Ersten Weltkrieg kontinuierlich ab. Eine Verbesserung der Situation trat in den Jahren nach 1907 ein. Die Galiziendeutschen schufen ihre überkonfessionelle Interessenvertretung im ›Bund der christlichen Deutschen in Galizien‹. Der Schulverein in Wien stellte im Jahre 1908 zwanzigtausend Kronen für das deutsch-katholische Schulwesen in Galizien zur Verfügung. Aus Mitteln der Peter-Rosegger-Stiftung entstand eine zweiklassige Privatschule im katholischen Mariahilf, die sogenannte ›Rosegger-Schule‹, die bis 1939 bestand. Ebenso gewährte der ›Verein für das Deutschtum im Ausland‹ Zuschüsse. Der Erste Weltkrieg beendete diese Arbeit.

Sechs vom Bund getragene deutsch-katholische Privatschulen gerieten nach der Überführung Galiziens in das polnische Staatsgebiet mangelns Trägerschaft, Geld und Lehrkräften in existentielle Schwierigkeiten. Kaum an die Macht gekommen, lösten die Polen den Bund auf. Als Gegenreaktion riefen die deutschen Katholiken des neuen polnischen Staates einen ›Verband deutscher Katholiken‹, VdK, ins Leben, der 1924 die Trägerschaft über die privaten deutsch-katholischen Schulen in Galizien übernahm. Der galizische ›Verband deutscher Katholiken‹ richtete bis zum Jahre 1938 in 45 deutsch-katholischen Gemeinden

Ortsgruppen ein, gründeten weitere zwei Privatschulen, Büchereien, veranstaltete gut besuchte Versammlungen, Vortrags-, Lieder- und Schulungsabende, Theateraufführungen, gemeinsame Wanderungen, Spiele und Aussprachen aller Art. Er wurde von den polnischen Behörden verhement bekämpft, die insbesondere den dabei beteiligten Lehrern die Lehrlaubnis entzogen. Diese wurden daher vom VdK als Wanderlehrer eingesetzt und zogen lehrend von Ort zu Ort.

Die orthodoxen Kirchen

Die Vielfalt der orthodoxen Glaubensrichtungen in der Ukraine ist verwirrend. Es gibt zwei sogenannte ›autokephale‹ orthodoxe Kirchen (UAOK), die eigene Patriarchen in Kiev haben, aber von keiner Landeskirche anerkannt werden und untereinander konkurrieren, sowie eine legitimierte ukrainisch-orthodoxe Kirche (UOK) unter dem Patriarchat in Moskau. Die UOK wurde 1990 von der russisch-orthodoxen Kirche anerkannt und wird durch den Metropoliten Volodymyr in Kiev, mit Sitz im Höhlenkloster, vertreten. Nach der Lemberger Synode 1946 und nach der Abschaffung der unierten Kirche wurden die katholischen Gotteshäuser entweder den Orthodoxen übergeben oder ganz geschlossen. Die Verdrängung der Orthodoxen aus den katholischen Kirchen begann am 29. Oktober 1989. Als erstes wurde die Preobražennja-Kirche (Verklärungskirche) in Lemberg von der unierten Kirche wieder in Besitz genommen. Nach und nach wurde der größte Teil der Kirchen in Lemberg und anderen Städten der Westukraine in katholische umgewandelt.

Unterschiede in der Glaubenslehre der autokephalen und der ukrainisch-orthodoxen Kirche gibt es im Grunde genommen nicht. Die Frage ist nur, wer an der Spitze der Kirche steht, wo sie ihr Zentrum hat und in welcher Sprache der Gottesdienst abgehalten werden soll. Im August 1989 hat sich die Lemberger Peter-und-Paul-Kirche in der vul. Lyčakivs'ka als erste zu einer autokephalen Kirche erklärt.

Die unierte Kirche

Die unierte Kirche (auch als griechisch-katholische bezeichnet) ist die Glaubensrichtung zwischen orthodoxer und katholischer Kirche, die ihren Ursprung im Jahre 1054 hatte, als es zum Schisma, der Spaltung der christlichen Kirche in Ostkirche und lateinische Kirche, kam. Es gab mehrere Versuche, diese Spaltung wieder zu überwinden und zu einer Union der beiden Kirchen zu kommen. Dies führte letzlich zur Enstehung einer dritten Glaubensrichtung. Seit der Synode von

Religion ist ein wichtiges Thema

Brest im Jahre 1596, bestätigte der polnische König die Beschlüsse der Unionssynode. Im polnischen Reich zählte die unierte Kirche im 17. und 18. Jahrhundert etwa 9000 Kirchen, das waren zweimal mehr als katholische. Ende des 18. Jahrhunderts betrug die Zahl der unierten Gläubigen 4,5 Millionen, während die in der Mehrzahl polonisierten reichen Adelsangehörigen, Magnaten und das ruthenische Bürgertum Katholiken des lateinischen Glaubensbekenntnisses waren. Der Lemberger Metropolit Graf Andrej Šeptyckyj (1865–1944) reformierte in seiner Amtszeit die Kirche und versuchte, der unierten Kirche die Bedeutung einer ukrainischen Nationalkirche zu verschaffen.

Während des Zweiten Weltkrieges gab es enge Verbindungen der unierten Kirche zu den nationalistischen Organisationen OUN (Organisation Ukrainischer Nationalisten) und UPA (Ukrainische Aufstandsarmee). Nach dem Krieg wurde die Kirche durch dem Vorwurf der Zusammenarbeit mit den Deutschen unter Druck gesetzt. Viele Priester wanderten aus oder wurden inhaftiert, so auch der Lemberger Metropolit Josyf Slypyj. Viele Jahre verbrachte er im Lager, konnte 1963 die UdSSR verlassen und war bis zu seinem Tode 1984 Metropolit der ukrainischen unierten Kirche in Rom. 1993 wurde sein Leichnam in die St. Georgskathedrale nach Lemberg überführt. Die unierte Kirche wurde im Jahre 1946 in der Ukraine verboten, ihre Anhänger verfolgt. In den 1990er Jahren erstand sie erneut und erlebt vor allem in der Westukraine einen starken Zulauf.

Ein Spaziergang durch Lemberg gleicht einer Zeitreise in die Vergangenheit der einstigen Vielvölkerstadt. In der lebendigen ukrainischen Metropole finden sich zahlreiche Spuren deutschen, polnischen, armenischen und jüdischen Lebens.

Stadtspaziergänge

Das heutige ukrainische Lemberg ist das Herz der Westukraine. Auf einer Fläche von über 155 Quadratkilometern leben etwa 830 000 Einwohner. Die Ukrainer und Russen bilden in der Stadt die ethnische Mehrheit, aber mit ihnen wohnen und leben seit jeher Polen, Juden, Armenier, Deutsche und andere zusammen. Lemberg ist also weiterhin ein Beispiel des toleranten Zusammenlebens mehrerer nationaler Kulturen und verschiedenster Glaubensbekenntnisse. Die Stadt ist sich ihres kulturellen Wertes wohl bewußt und bemüht sich, trotz Mangel an finanziellen Mitteln, um Restaurierung ihrer zahllosen Baudenkmäler. Diese Entwicklung wurde entscheidend durch die Aufnahme der Altstadt in die UNESCO-Liste des Weltkulturerbes angestoßen.

Das Zentrum der Stadt liegt in einem Talkessel, umgeben von malerisch gelegenen Anhöhen, von denen wiederum jede einzelne einen spezifischen Blickwinkel auf das Stadtpanorama ermöglicht. Besonders lohnend ist der Aufstieg auf den Schloßberg. Lemberg liegt an der europäischen Hauptwasserscheide, von wo aus Bug und Dnistr in die Ostsee bzw. das Schwarze Meer fließen, zugleich aber auch an der Kreuzung wichtiger Handelsstraßen, die West- und Osteuropa verbinden. Lemberg ist auch heute ein wichtiger Verkehrsknotenpunkt für das Transportnetz per Eisenbahn, Flugzeug oder Bus. Nicht einmal 100 Kilometer von der Stadt entfernt befinden sich die Grenzübergänge von oder nach Polen: Medyka–Šehyni, Korczowa–Krakovec' oder Hrebrenne–Rava Rus'ka.

Die größte Erhöhung bildet der Schloßberg mit 413 Metern und der sich in seiner Nähe befindende Sandberg mit 389 Metern. Das Klima ist mild kontinental, etwas feucht, mit einem milden Winter. Die Stadt liegt an keinem bedeutenden Fluß, einzig der Fluß Poltva (Zufluß des Bugs) fließt einbetoniert unter der Erde durch das Stadtzentrum. Bäume, vor allem Kastanien, Ahorn, Lärchen, Linden und im Norden der Stadt Buchen, gehören zum Stadtbild. Über 250 Arten exotischer Pflanzen zieren besonders die Grünanlagen der Stadt.

Lemberg ist aber auch das wissenschaftliche Zentrum der Westukraine. Hier studieren internationale Studenten an zwölf Hochschulen. Zu ihnen gehören die 1661 gegründete Lemberger Ivan-Franko-Universität und die 1844 gegründete Lemberger Polytechnische Hochschule ›Politechnika‹, das Musikkonservatorium sowie zahlreiche wissenschaftliche Institute.

Die Erzeugnisse des Süßwarenwerkes ›Svitoč‹, des Kaffeevertriebes ›Halka‹ sowie das Lemberger Bier der Brauerei ›Kolos‹ erfreuen sich großer Beliebtheit bei den Besuchern der Stadt.

In Lemberg finden jährlich verschiedenste internationale Ausstellungen und Messen, wissenschaftliche Symposien und Künstler-Festivals statt. Papst Johannes Paul II. besuchte im Juni 2001 Lemberg auf seiner Reise durch die Ukraine. Die Partnerstädte Lembergs sind die polnischen Städte Krakau und Breslau sowie die deutschen Städte Freiburg und Chemnitz.

Der Schloßberg und seine Umgebung

Der Stadtspaziergang beginnt an den historischen Orten, die mit der Stadtgründung unmittelbar verbunden sind.

Vom Alten Ringplatz (Staryj Rynok) gelangt man durch die vul. Užhorods'ka, die vul. Zamkova und die vul. Kryvonosa direkt an den Fuß des Schloßberges. Mit dem Auto kommt man auf dem gleichen Wege direkt zum Parkplatz am Schloßberg. Bevor man sich an den Aufstieg wagt, bietet ein kleines Restaurant die Möglichkeit, sich etwas auszuruhen. Für einen ruhigen Auf- und Abstieg und den Aufenthalt auf der Plattform sollten mindestens zwei Stunden eingeplant werden.

Die Geschichte des Schloßberges

Die erste geschichtliche Erwähnung der Burganlage ›Hohe Burg‹ stammt aus dem Jahr 1259 und wurde in der Nestor-Chronik festgehalten.

Die vom Fürsten Danylo gegründete Burg mit hölzerner Bebauung war bereits von einem Erdwall umgeben, der im Jahre 1261 von den Tataren zerstört wurde.

Sein Sohn Lev ließ sie erneut im Jahre 1266 errichten. Zu dieser Zeit kamen auch die ersten deutschen Einwanderer und ließen sich am Fuße des Berges nieder. Über die Burganlage und ihre Geschichte während der Zeit des Kampfes um Rot-Ruthenien bis zur Hälfte des 14. Jahrhunderts gibt es keine Informationen. Vermutlich wurde sie während der Überfälle 1351 und 1353 zerstört.

Kasimir der Große errichtete um 1350 ein großes gemauertes Schloß, das später das ›Hohe Schloß‹ genannt wurde, zur Unterscheidung vom ›Niedrigen‹ Schloß, das sich an der Stelle des heutigen Maria-Zan'kovec'ka-Theaters befand. Dem ›Hohen Schloß‹ kam eine große Bedeutung zu: In den Jahren 1443 und 1498 hielt sie den Verteidigungskämpfen gegen die türkisch-tatarischen Eindringlinge stand, wurde jedoch bei dem Stadtbrand im Jahre 1527 zerstört. Wieder aufgebaut, war das Schloß im 16. Jahrhundert von einer starken Steinmauer umgeben. In der ältesten Stadtbeschreibung Martin Grünewegs aus dem 16. Jahrhundert kann man lesen: »Das war nicht nur ein schöner Berg, sondern ein Weltwunder. Der Berg überragt die Stadt und man kann ihn von allen Seiten von weitem sehen. Bevor das Schloß errichtet wurde, sah er wie eine Pyramide aus. Und jetzt sieht der Berg so aus, als hätte man ihn den Hut abgenommen und eine Krone aufgesetzt.«

Reste des Schloßmauer an der Südseite des Schloßberges

Das Schloß hatte ein äußeres und ein inneres Einfahrtstor, drei Bastionen und zwei Türme. Durch den großen Schloßhof gelangte man zum Wohngebäude und hinter diesem in den kleinen Schloßhof, in dem sich das Haus des Burggrafen befand. In diesem Schloßteil gab es ein Gefängnis und eine Bäckerei. Im Jahre 1410 waren im Keller des Schlosses Deutschordensritter eingeschlossen, die bei der Schlacht von Grunwald gefangengenommen worden waren. Lange Zeit war diese Festung für Feinde uneinnehmbar. Zum ersten Mal wurde sie im Jahre 1648 durch die Kosakenarmee Bohdan Chmel'nyc'kyjs erorbert. Den Sturmangriff leitete Maksim Kryvonos. Heute trägt die Straße, die zum Berg führt, den Namen dieses berühmten Feldherren.

Letztmalig wurde die Festung 1695 verteidigt. Als im Jahre 1699 das Polnische Reich die mächtige Festung in Kamjanec'-Podil's'kyj zurückeroberte, verringerte sich die Rolle des Lemburger Hohen Schlosses und es verfiel allmählich. Die Besetzung der Stadt durch Österreich im Jahre 1772 beschleunigte seinen Abbruch. Heute sind nur noch Mauerreste des einstigen Schlosses zu sehen, die Reste der südlichen Schloßwand auf der ersten ›Terrasse‹ auf dem Weg zur Plattform. Beschützt wird diese von einem Steinlöwen des Bildhauers Andreas Bemer aus dem Jahre 1591, der noch im Jahre 1874 das Lemberger Rathaus bewachte. Auf der gleichen Terrasse befinden sich seit 1957 das Übertragungsgebäude der Lemberger Fernsehstation und der Lemberger Fernsehturm.

Im Jahre 1797 bereitete der Lemberger Stadtmagistrat ein Projekt zur Befestigung des Berges vor. 1835 begann man, auf dem Berg einen Park anzulegen. Auf dem Schloßberg wurde auf Initiative Franz Smolkas (1810–1899) zu Ehren des 300. Jahrestag der Union von Lublin (1869), in den Jahren 1869 bis 1900 ein Gedächtnishügel (Kopiec) aufgeschüttet. An seinem Grundstein wurden die Wappen der drei vereinigten Länder und die Inschrift: »Freie mit Freien, Gleiche mit Gleichen, Polen, Ruthenenland und Litauen vereinigt in der Lubliner Union 11. August des Jahres 1569« vom Bildhauer Fillipe eingemeißelt.

Smolka war ein bekannter Lemberger Jurist und Politiker. In den Jahren 1881 bis 1893 war er der Präsident des österreichischen Parlamentes und erfreute sich in der Habsburger Monarchie großer Popularität. In die Errichtung des Gedächtnishügels steckte er einen beträchtlichen Anteil seines nicht geringen Reichtums. Der Hügel wurde mit Hilfe der Lemberger Bürger aufgeschüttet. Schmale, zum Teil steile Treppen führen serpentinenartig bis zum Gipfel (413 Meter). Die Belohnung für die Anstrengung des Aufstiegs ist ein phantastischer Ausblick auf das Panorama der Stadt mit seinem historischen mittelalterlichen Stadtkern, umgeben von den neuen Wohnsiedlungen und einer wunderschönen im Grünen gelegenen Stadtumgebung. Es ist seit mehreren Jahren zur Tradition aller Lemberger Abiturienten geworden, nach dem Abschlußball zum Sonnenaufgang auf die Plattform des Gedächtnishügels hinaufzusteigen und somit Abschied vom Schulleben zu nehmen.

Die Krakauer Vorstadt

Die nähere Umgebung am Fuße des Schloßberges heißt Pidzamče (Unter dem Schloß). Diesen Namen trägt auch der Bahnhof in diesem Stadtbezirk. Geschichtlich und im Volksmund ist sie heute noch als Krakauer Vorstadt bekannt. Das Zentrum der Fürstenstadt war der Staryj Rynok (Alter Ringplatz). In seiner unmittelbaren Nähe entstanden die ersten Gotteshäuser.

An der Nordseite des Platzes befindet sich die St. Nikolauskirche [1]. Die Kirche entstand als Hofkirche des galizischen Fürsten und wurde aus Quadersteinen als Kreuzkuppelbau erbaut. Ihre starken Wände und die kleinen Fenster zeugen von der Schutzfunktion der Kirche. Sie gibt ein Beispiel der byzantinischen Architektur des 13. Jahrhunderts. Zu ruthenischen Zeiten war die Kirche die fürstliche Hauptkirche. Das überhöhte Mittelschiff mit seiner unregelmäßigen, elliptischen Laternenkuppel sowie das schmale, halbrunde Presbyterium, das von einer runden Laternenkuppel gedeckt wird, bilden ihren ältesten Teil. Die Kirche wurde nach dem Stadtbrand im Jahre 1623 umgebaut. Der obere Teil des Mittelschiffes dient als Glockenturm. Die später angebauten kurzen Seitenschiffe sind für diese

Bauweise charakteristisch. Das Kircheninnere wurde im 18. Jahrhundert im Stil des Rokoko dekoriert. Der Ikonostas sowie die Wandmalereien stammen aus der Mitte des 20. Jahrhunderts. Die St. Nikolauskirche steht heute der ukrainisch-orthodoxen Seelengemeinde offen.

Eine weitere geschichtlich bedeutsame Kirche, die Kirche St. Johannes des Täufers [2], befindet sich ganz in der Nähe, in der vul. Užhorods'ka. Sie ist das älteste Kirchlein der Stadt. Gestiftet wurde sie vom Großfürsten Lev für die Dominikanermissionare, die im 13. Jahrhundert von Fürstin Konstanze ins Land gerufen wurden. Durchgeführte Untersuchungen ergaben, daß diese Kirche ein gotischer, einschiffiger Sakralbau und mit einer quadratischen Apside geschmückt war. Die beiden Seitenkapellen wurden im 17./18. Jahrhundert angebaut. Ein Brand zerstörte 1799 die Kirche, die bis 1836 eine Ruine blieb. Der Aufbau und die nächsten Renovierungsarbeiten in den Jahren 1855 und 1860 retteten das Kirchlein ebenfalls nicht. Erst der gründliche Neuaufbau und die Restaurierung nach Entwürfen des bekannten Lemberger Architekten Julian Zacharewicz gaben diesem historischen Bauwerk ein neues, neoromanisches Aussehen. Fragmente der Wandmalerei sowie einige ihrer Bilder stammen aus dem 17. Jahrhundert. Nach dem Zweiten Weltkrieg diente die Kirche als Lagerraum. Seit 1989 befindet sich in ihr das Geschichtliche Museum, das der Lemberger Kunstgalerie zugeordnet ist. Unter den Exponaten befindet sich das Modell der ursprünglichen Gestalt der Kirche sowie andere Ausstellungsstücke, die mit der Baugeschichte der Stadt verbunden sind.

In der längsten Straße der Stadt, der vul. Bohdana Chmel'nyc'koho, befindet sich die unierte Onufrij-Kirche mit ihren Klosteranlagen [3]. Sie wurde im Jahre 1550 errichtet. Die Kirche war von massiven Verteidigungsmauern umringt. In der zweiten Hälfte des 17. Jahrhunderts entstand neben dem einschiffigen Kirchengebäude die Kapelle der Heiligen Dreifaltigkeit. 1683 wurde zur Kirche das Kloster des Basilianerordens angebaut. Im Klostergebäude wohnte seinerzeit der ukrainische Erstdrucker Ivan Fedorov. Er wurde auf dem Klosterfriedhof begraben. Sein Grabmal ist nicht erhalten geblieben, dafür steht jetzt auf dem Kirchhof sein Denkmal. Nach dem Zweiten Weltkrieg befand sich bis zum Jahre 1990 im Kloster das Ivan-Fedorov-Museum. Die Basilianer ließen Ende des 20. Jahrhunderts das Klosterensemble rekonstruieren und ausbauen. Das Kircheninnere erhielt eine neue Dekoration.

In der gleichen Straße kann man noch ein prächtiges uniertes Gotteshaus bewundern. Es ist die St. P'jatnic' oder auch Paraskieva-Kirche [4] in der vul. Bohdana Chmel'nyc'koho 77. Die Kirche wurde zu Beginn des 17. Jahrhunderts errichtet. Nach dem Stadtbrand im Jahre 1623 wurde sie 1644 auf Fragmenten des ursprünglichen Fundamentes erneut aufgebaut. Die Märtyrerin Paraskieva war die Schutzpatronin des moldauischen Fürsten Lupul, der mit Chmel'nyc'kyj verwandt war und vielleicht deswegen viel Geld für den Aufbau dieser Kirche gespendet hatte. Der Stifter ließ in die Mauer der Südwand eine Gedenktafel einmauern. Auf dieser befindet sich das Wappen der Moldau: Krone, Sonne und Mond über einem Büffelkopf. Bemerkenswert ist die Innengestaltung der Kirche. Der aus Holz reich geschnitzte, vergoldete, kunstvolle Ikonostas beinhaltet in sechs Reihen 70 Ikonenbilder. Besonders bewundernswert sind die Passionsikonen. Der Ikonostas wurde im 16./17. Jahrhundert vom bekannten Lemberger Maler und Porträtzeichner F. Senkovyč geschaffen. Die Wandmalereien sind Werke von Lukas Dolins'ky aus dem 18. Jahrhundert. Ende des 20. Jahrhunderts entstand neben der Kirche ein neuer Glockenturm, der mit dem Kirchengebäude ein harmonisches Ganzes bildet.

Am Ende der vul. Chmel'nyc'koho zieht ein großes mit Löwen geschmücktes Einfahrtstor die Aufmerksamkeit auf sich. Im heutigen Herstellerbetrieb für ›Diamanten-Schneidewerkzeuge‹ befand sich bis zum Zweiten Weltkrieg der im Jahre

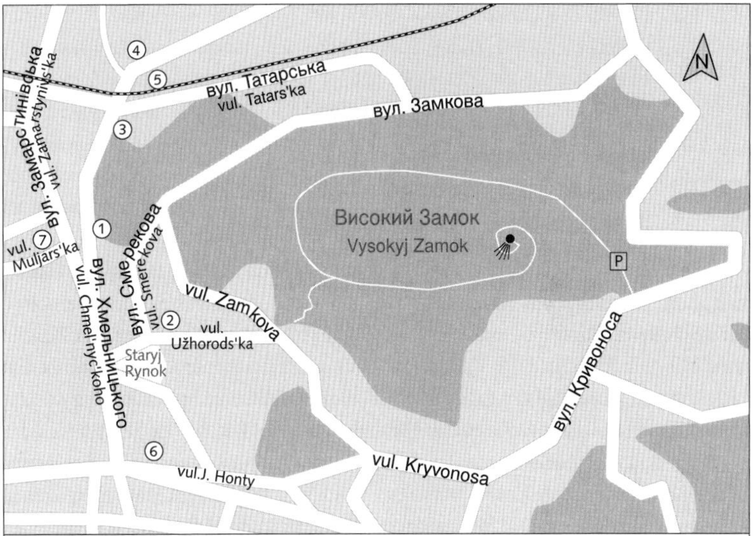

Schloßberg und Krakauer Vorstadt 0 250 m

Legende

1 St. Nikolauskirche (церква Святого Миколая)
2 Kirche St. Johannes des Täufers (костел Івана Хрестителя)
3 Onufrij-Kirche mit Basilianerkloster (храм Святого Онуфрія)
4 Paraskieva-Kirche
5 Denkmal für die Opfer des Lemberger Ghettos
6 Maria-Schnee-Kirche (костел Марії Сніжої)
7 Jüdisches Kulturzentrum

1782 von Adam Baczewski (1829–1911) gegründete Spirituosenbetrieb. Der über die Grenzen des Landes bekannte, von Baczewski persönlich signierte Likör und Wodka wurde hier hergestellt. In seinem Betrieb wurde zu seiner Zeit bereits an den neuesten technischen Anlagen produziert, gestützt auf französische und holländische Lizenzen. Er besaß eine eigene Spiritus-Raffinerie, und die abgefüllten Flaschen besaßen die verschiedenartigsten Formen und moderne graphische Etiketten. Nach seinem Tode erbten seine Söhne den Betrieb, und später leitete sein Enkel Stefan ihn weiter. Im September 1939 zerstörte eine Bombe der deutschen Luftabwehr den Betrieb, und die großen Lagerräume brannten aus. Nach dem Zweiten Weltkrieg gründete Stefan Baczewski einen Herstellerbetrieb in Wien, der ebenfalls Weltruf besaß und vielleicht noch besitzt. Adam Baczewski ließ für seine Familie ein Mausoleum auf dem Lyčakivs'ke-Friedhof errichten.

In der vul. Bohdana Chmel'nyc'koho befinden sich heute viele wichtige Lemberger Betriebe, unter anderem Lembergs größte Brotbäckerei und das Werk der über die Grenzen des Landes hinaus bekannten Glashütte ›Raduha‹. Zu Beginn des 20. Jahrhunderts hatte hier der Glasbläserbetrieb ›Leopolis‹ seinen Sitz.

Rechts hinter der Eisenbahnbrücke befindet sich das Denkmal für die Opfer des Lemberger Ghettos der Jahre 1941 bis 1943 [5]. Es wurde 1992 eingeweiht. Die Bildhauer sind L. Sternstein und J. Schmukler. In das hier 1941 eingerichtete jüdische Ghetto wurden die Juden Lembergs und seiner Umgebung gebracht und ermordet. Während der faschistischen Okkupation wurden hier mehr als 130 000 Juden umgebracht.

Zurück am Alten Ringplatz, geht es etwas südlich zum pl. Jaroslava Osmomysla, dem ehemaligen Krakauer Platz. Auf einer Anhöhe steht die ehemalige Maria-Schnee-Kirche [6], heute eine unierte Kirche. Die nicht sehr große Kirche wurde in der Mitte des 14. Jahrhunderts von den ersten deutschen Kolonisten errichtet und diente bis zur Erbauung der Marienkathedrale in der Altstadt als die Lemberger Hauptpfarre. Sie ist die älteste katholische Kirche der Stadt. Im Laufe der Jahrhunderte wurde sie mehrmals umgebaut, und ihr architektonisches Ansehen wurde verändert. Dabei büßte sie auch ihr ursprüngliches romanisches Ansehen gänzlich ein. Die Rekonstruktionsarbeiten nach Plänen des Lemberger Architekten Julian Zacharewicz verliehen der Kirche einen neoromanischen Stil. Zu sowjetischen Zeiten befand sich im Kircheninneren ein Buchmuseum. Die Kirche diente auch als Ausstellungsraum für Fotografen. Im Jahre 1990 wurde sie mit veränderter Innengestaltung an die griechisch-katholische (unierte) Glaubensgemeinde übergeben. Bewundernswert ist der neu angebrachte Ikonostas ›Letztes Abendmahl‹.

Die Krakauer Vorstadt war seit dem 14. Jahrhundert von jüdischen Ansiedlern bewohnt. Später lebten hier ruthenische, polnische, armenische und deutsche Einwanderer. Die jüdische Gemeinde gruppierte sich um die Synagogen. Nach dem verheerenden Stadtbrand im Jahre 1623 bewohnte die jüdische Gemeinde den etwas weiter nördlich gelegenen Stadtteil. Auf dem Alten Ringplatz entstand in den Jahren 1843 bis 1846 die Synagoge ›Tempel‹. Sie wurde während des Zweiten Weltkrieges zerstört. In der einzig erhaltenen chassidischen Synagoge dieses Stadtviertels, die in der Mitte des 19. Jahrhunderts in der Wengjelne-Straße, gegenüber dem Hotel ›L'viv‹ entstand, befindet sich heute das Jüdische Kulturzentrum der Stadt [7].

Der Marktplatz

Wie im 14. Jahrhundert, als in der Stadt die ersten Bebauungen entstanden, so bildet der Marktplatz (pl. Rynok) auch heute den lebendigen Mittelpunkt des Stadtlebens. Hier verabreden sich die Einheimischen ebenso wie sich die Besucher und Touristen zu Stadtführungen treffen. Dank seiner architektonischen Schönheit und dem über Jahrhunderte hindurch unveränderten Aussehen stehen die ihn umsäumenden 44 Bürger- und Patrizierhäuser nicht nur unter Denkmalschutz, sondern sind seit Dezember 1998 auch als Weltkulturerbe der UNESCO eingetragen.

Seit der Regierungszeit des polnischen Königs Kasimir des Großen gruppiert sich das öffentliche und amtliche Wirken Lembergs auf dem hiesigen Marktplatz. Nach dem vernichtenden Stadtbrand im Jahre 1527 entstand in den ehemaligen Befestigungsmauern ein städtisches Kleinod. Mit dem Bau neuer Wohnsiedlungen beauftragte Kasimir der Große Baumeister und Handwerker vor allem aus Deutschland, die nach ihrem Schema das Stadtbild schufen: in der Mitte einen rechteckigen Platz mit einer Größe von 142 mal 129 Metern, um ihn herum wie auf einem Schachbrett die Wohnblöcke, hinter denen sich dann die Befestigungsanlagen befinden. Im 14. Jahrhundert waren es Kaufleute, Handwerker und beispielsweise Ärzte, die die Erlaubnis erhielten, am Marktplatz ihre Häuser zu bauen. Diese durften nicht mehr als drei Fenster an der Hauptfassade besitzen. Eine Besonderheit bildeten die Vertreter des höheren Bürgertums und die Kirchenvertreter. Im 16./17. Jahrhundert entstand um den Markt herum ein prunkvolles Stadtgebilde von verschiedenen Herren- und Patrizierhäusern. Lemberger Patrizier ließen ihre Häuser vor allem von italienischen Architekten projektieren. Jedes der Häuser hatte nicht nur sein eigenes Aussehen, sondern auch seine eigene Farbgestaltung.

Die Gestalt des heutigen Platzes stammt aus dem 16./17. Jahrhundert. Obwohl man vorwiegend vom Renaissance- und Barockstil der Häuser spricht, sind viele von ihnen auf ihren ursprünglichen gotischen Fundamenten errichtet

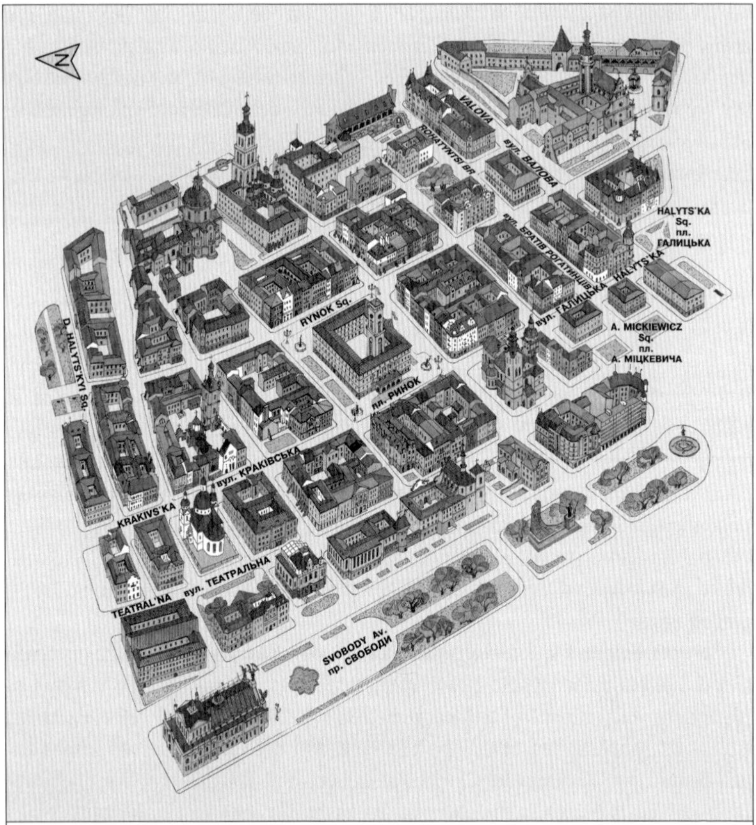

Rund um den Marktplatz

und jedes hat seine eigene, interessante Geschichte. Unter anderem auch diese, daß die hier entstandenen Bürger- und Patrizierhäuser bis zur Mitte des 18. Jahrhunderts keine Hausnummern besaßen, sondern unter dem Namen der Besitzer bekannt gewesen sind. Unter den architektonischen Kunstwerken des Marktplatzes sind einfache drei- oder vierstöckige Bürgerhäuser wie auch prächtige Residenzen von Patrizierfamilien und Magnaten. Mehrere von ihnen wurden im Laufe der Jahrhunderte mehrmals umgebaut und büßten ihren ursprünglichen Charakter ein. An manchen von ihnen, zum Beispiel an den Häusern Nr. 17, 25, 28, haben sich noch gotische, an anderen Renaissanceportale und Fensterpfeiler erhalten. Das Erscheinungsbild der Lemberger Altstadt wird vor allem von Renaissance und Frühbarock geprägt.

An der Westseite des Marktplatz befand sich noch im Jahre 1425 der Pranger. Zur Vollstreckung der Todesstrafe war neben ihm das Fallbeil aufgebaut. Neben ihm standen Rücken an Rücken zwei Steingestalten: die Gerechtigkeit mit dem Waagensymbol und verbundenen Augen sowie der Henker mit dem erhobenen Beil. Diesen Pranger kann man heute im Geschichtsmuseum besichtigen.

Der bekannte deutsche Weltreisende Martin Grüneweg schrieb bereits im 16. Jahrhundert, daß auf dem Lemberger Markt die breitesten Fußwege ganz Europas waren und auf ihnen zwei Paare bequem aneinander vorübergehen konnten. Der Marktplatz wurde Ende des 18. Jahrhunderts gepflastert, und an den Häusern wurden die ersten Petroleum-Straßenlampen angebracht. Die erste Straßenbahn überquerte im Jahr 1894 den Markt.

Auf dem Marktplatz wurden Triumphe gefeiert und verlorene Kämpfe beweint. Über viele Jahrhunderte hinweg war er das Zentrum des wirtschaftlichen, politischen und kulturellen Lebens. Hier wurde die Befreiung Lembergs im Jahre 1944, aber noch mehr die endgültige Gründung der unabhängigen, selbständigen Ukraine am 24. August 1991 gefeiert.

Das Rathaus

Das Lemberger Rathaus ist keine architektonische Perle, aber im spätklassizistischen Stil nimmt es seit dem 15. Jahrhundert den Mittelpunkt des Marktplatzes ein. Die Grundsteinlegung des ursprünglichen Baus erfolgte im Jahre 1489, der Bau wurde 1504 beendet. Durch den Stadtbrand 1527 wurden der Dachstuhl und der obere Turmteil vernichtet. Wieder aufgebaut bis zum Jahre 1532, erfolgte der Bau des neuen Westflügels, und dank des reichen Patriziers und damaligen Bürgermeisters Dr. Martin Kampian entstand ein neuer, 58 Meter hoher Turm. Vor dem südlichen Haupteingang präsentierte sich auf einem Sockel ein aus Stein gehauener, mächtiger sitzender Löwe als Zeichen der Größe und der Macht der Stadt. Mit der Zeit wurde dieser durch zwei andere ersetzt. Seit dem 15. Jahrhundert befindet sich am Rathausturm eine Turmuhr. Als die Schweden 1704 die Stadt einnahmen, endete die Prächtigkeit der Stadt. Vom Rathaus blieb eine Ruine. Nach dem Wiederaufbau stürzte im Jahre 1826 unverhofft der Rathausturm ein.

Die feierliche Grundsteinlegung für das neue Rathausgebäude fand im Jahre 1827 statt. Nach Plänen von Josef Markl und Franz Trescher entstand das heutige, etwas plumpe und kasernenhafte Rathaus im klassizistischen Stil mit 156 Zimmern und 9 größeren Sälen. Im ersten Stockwerk befindet sich seit jeher der Sitzungssaal des Stadtrates mit einem großen, allegorischen Ölgemälde der ›Polonia‹ von Johann Styka. Im Erdgeschoß des Nordteils ist das Stadtarchiv untergebracht.

Das obere, ursprünglich achteckige Stockwerk des 65 Meter hohen, quadratischen Turmes wurde nach seiner Zerstörung im Jahre 1848 in seiner heutigen Form wiederaufgebaut. Seine Plattform bietet einen einmaligen Ausblick auf das historische und moderne Lemberg.

An der Südseite des Rathauses befindet sich ein auf fünf Pfeilerrundbogenarkaden ruhender Mittelrisalit. In der mittleren, portalartig geschmückten Arkade liegt die Auffahrt mit zwei barocken Säulen an den Pfeilern und einer allegorischen Frauengestalt am Giebel. Vor den Säulen halten zwei mächtige Löwen das Wappen der Stadt fest in ihren Pranken. Geschaffen hat sie der Bildhauer Dzinder im Jahre 1948. Das große Stadtwappen Lembergs an der Hauptfassade stammt aus dem Jahre 1994. Über dem Eingang verweist ein Zeichen auf die Aufnahme der historischen Altstadt in die UNESCO-Welterbeliste im Jahr 1998.

An den Ecken des Rathauses präsentieren sich vier Empirebrunnen mit den steinernen Gestalten von Neptun, Diana, Amphitrite und Adonis. Es sind Werke von Hartman Witwer, einem Lemberger Bildhauer deutscher Herkunft, aus dem Jahr 1793.

Bürgerhäuser am östlichen Marktplatz

Die den Markt umsäumenden 44 Bürger- und Patrizierhäuser bilden zwei Hauptgruppen: die palastartigen mit ihren breiten Fassaden und mehreren Fenstern sowie die schmalen, mit nur drei Frontfenstern.

Der Spaziergang um den Marktplatz beginnt auf seiner östlichen Seite, die heute noch den größten Eindruck auf alle hier spazierenden Lemberger und ihre Besucher macht.

An der Nordostecke des Marktplatzes befindet sich das Bandinelli-Haus. Das zunächst an dieser Stelle gebaute Haus (Nr. 2) wurde Ende des 16. Jahrhunderts für den Kaufmann und ersten Lemberger Apotheker Hieronim Wedel im italienischen Renaissancestil errichtet. Im 17. Jahrhundert kam es in den Besitz des Italieners Roberto Bandinelli, dem Enkel des berühmten Bildhauers Bartolomeo Bandinelli. Robert erhielt den Titel ›Königlicher Postbote‹ und das Privileg, regelmäßig die königliche Post zu empfangen. In seinem Haus eröffnete er die erste Lemberger Poststelle. Das Haus wurde im Jahre 1737 umgebaut. Das Portal der Fassade bildete den Geschäftseingang, der Hauseingang befindet sich in der Nebenstraße.

Das neben dem Bandinelli-Haus stehende Gebäude ist das Wolf-Haus. Der Grund sowie das auf ihm stehende Herrenhaus war bereits im 16. Jahrhundert Eigentum der Patrizierfamilie Wolf. Im Jahre 1713 kam es in den Besitz des Lemberger Magnaten S. M. Rzewulski. Nach den Plänen des Architekten Peter Pole-

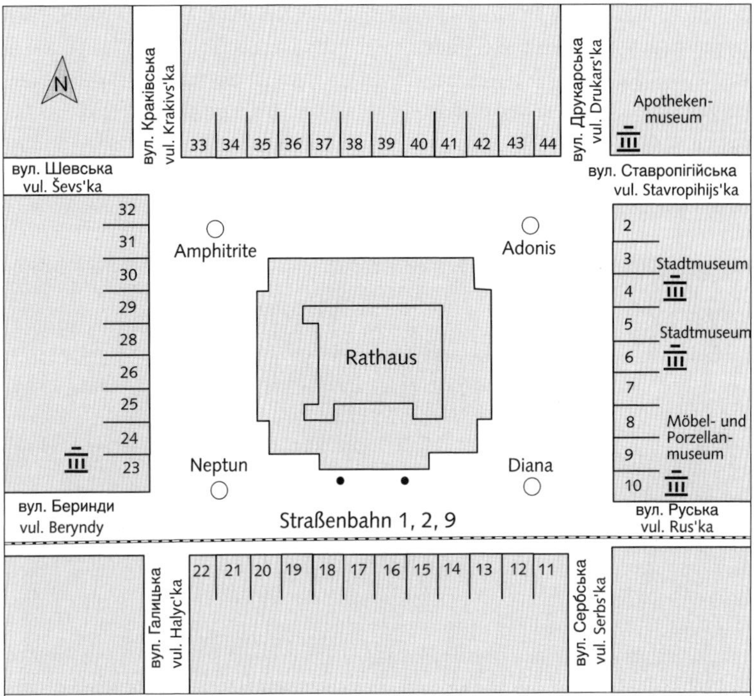

Bürgerhäuser rund um den Lemberger Marktplatz

jowski wurde das Gebäude in den Jahren 1771/72 um das dritte Stockwerk erhöht und umgebaut. Kurze Zeit wohnte hier auch Stanislaw Skarbek, der Stifter des Skarbek-Theaters. Das Haus hat eine elegant gearbeitete Fassade. Die Attika ist gekrönt mit dem Obelisk ›Ehre‹, der Balkon mit ›Genius‹. Beide Werke wurden vom Bildhauer Franciszek Oledzki geschaffen.

Das Schwarze Haus (Nr. 4), ein Patrizierhaus gehört zu den schönsten architektonischen Denkmälern Lembergs. Nach dem Stadtbrand 1527 wurde ein einstöckiges Bürgerhaus gebaut, das dem nächsten Feuer im Jahr 1571 zum Opfer fiel. Ein neues Haus entstand in den Jahren 1588/89 unter Leitung Peter Krassowskis für Thomas Alberti. 1596 erwarb es Johannes Lorencowicz, der hier eine der ersten Lemberger Apotheken eröffnete und das Haus um eine Etage erhöhte. Im 17. Jahrhundert kaufte es Dr. Martin Anczowski, Arzt und zugleich Sekretär des polnischen Königs Jan III. Sobieski, der zugleich den kompletten Umbau des Hauses finanzierte. Während der Restaurierungsarbeiten in den Jahren 1675 bis 1679 nach Plänen des Architekten Martin Gradowski erhielt die Fassade ihre rautenartige, sogenannte Diamant-Quaderstruktur. Man nennt es seit dem 19. Jahrhundert auch das ›Schwarze Haus‹, wegen des mit der Zeit gedunkelten Sandsteins, aus dem die Fassade gestaltet ist. Das Haus ist ein ausgezeichneter Lemberger Renaissancebau und es fällt gerade wegen seiner prächtigen, reich gegliederten Fassade auf. Die Tür und Fensterrahmen im Erdgeschoß sind mit Akanthus- und Weinrebenornamenten umrahmt. Das Relief über der Tür zeigt Maria mit dem Kinde. Der Fensterschmuck ist von Heiligenfiguren gekrönt, eine

Blick von Rathausturm auf die Nordseite des Marktplatzes

stellt den heiligen Martin, den Schutzpatron des damaligen Hauseigentümers dar, die andere den heiligen Stanislaw Kostka. Die barocke Attika ist mit Engelsköpfen mit Flügeln und einem Kammgesims verziert. Seit 1911 ist das Haus Stadteigentum. In ihm befindet sich das Geschichtsmuseum der Stadt, das man unbedingt besuchen sollte.

Das erste an der Stelle des Hanel-Hauses (Nr. 5) gebaute Haus wurde durch das Feuer im Jahre 1571 zerstört. Das heutige Gebäude wurde 1577 vom Architekten Peter Krasowski für Sofia Hanel gebaut, die Stifterin der heute nicht mehr existierenden St. Sofiakirche in Lemberg. Sofia Hanel war in der zweiten Hälfte des 17. Jahrhunderts durch ihre philantropische Tätigkeit bekannt. Das Haus wurde Ende des 16. Jahrhunderts von den ersten Jesuiten, die in die Stadt kamen, bewohnt. Durch spätere Umbauarbeiten verlor das Gebäude seinen reichen Fassadenschmuck.

Das architektonisch prächtige Kornjakt-Haus (Königshaus, Nr. 6) wirkt schon durch seine Größe. Es wurde 1580 vom Architekten Peter Barbone für den von der Insel Kreta stammenden reichen Patrizier Konstantin Kornjakt (1520–1603), den Stifter des schönsten Wahrzeichens Lembergs, des Kornjakt-Turms an der Walachischen Kirche, gebaut. Peter Barbone war der Schöpfer des Turmes und dieses palastartigen Bauwerkes im Stile der italienischen Renaissance. Die Patrizierfamilie Kornjakt war Ende des 16. Jahrhundert die reichste Familie in der Stadt. Kornjakt handelte mit ungarischem und moldauischem Wein, Honig, aber auch mit Gewändern, Lederartikeln und Pelzen. Er war mit Anna Dziduczycka, einer Frau polnischer Abstammung, verheiratet und war bekannt als Kunstliebhaber und Stifter mehrerer bedeutender Lemberger Bauwerke. Seit 1623 gehörte dieses mächtige Gebäude den Barfüßigen Karmelitern. Von 1640 bis 1696 war es im Besitz des Wojewoden (Feldherren) Jakob Sobieski. Sein Sohn, seit 1674 der polnische König Jan III. Sobieski, verweilte sehr oft in diesem Hause. Im Jahre 1678 wurde es restauriert und in eine prächtige Residenz umgewandelt. Im Empfangssaal des Hauses wurde im Jahre 1686 der Friedensvertrag zwischen Rußland und Polen unterzeichnet. Im Jahre 1696 kam der Palast in den Besitz der Familie Rzewuski. 1804 erwarb es der Generalleutnant des polnischen Heeres, Alexander Chodkiewicz, der sich hier eine Bibliothek, eine Gemäldegalerie sowie eine Münzsammlung einrichtete. Im Jahre 1816 gehörte der Palast Helena Ponińska, aus deren Nachlaß es die Stadt erwarb. 1910 entstand hier das Nationalmuseum zu Ehren von Jan III. Sobieski. Trotz wiederholter Umbauten sind sehr viele architektonische Elemente aus mehreren Epochen erhalten geblieben. Zu ihnen gehört unter anderem die hohe, wundervolle Renaissance-Attika mit sieben steinernen Ritterfiguren. Das rundbogige Eingangsportal an der Frontseite ist geschmückt mit zwei korinthischen Säulen, männlichen Köpfen, Engelsköpfen mit Flügeln in den Bogenwinkeln sowie mit zwei Obstgirlanden. Die zwölf Fenster der beiden Stockwerke sind mit winkligen Renaissancegiebeln geschmückt. Im Erdgeschoß werden im Geschäft ›Gotische Halle‹ Bücher, Prospekte, Souvenirs und Kunstgewerbe verkauft.

Seit 1940 befindet sich hier auch eine Abteilung des Lemberger Geschichtsmuseums. Besondere Beachtung verdient die Gestaltung des Innenhofes mit seinen zweistöckigen Arkadengängen (Blendarkaden). Der Arkadenhof wurde in den Jahren 1926 bis 1929 vom Architekten L. Gjurkovyč rekonstruiert. Die Lemberger und Besucher der Stadt kennen den Innenhof auch als ›Italienischen Hof‹. Hier läßt es sich gut eine Zeitlang bei einer Tasse original türkischen Kaffee und täglich frischem Quarkkuchen verweilen, bevor man den Stadtspaziergang fortsetzt.

Das Erzbischöfliche Haus (Nr. 9) ist mehr geschichtlich als architektonisch interessant. Das Haus an dieser Stelle war seit dem Jahre 1376 Eigentum der Halyčer Erzbischöfe. 1405 stand hier die Residenz des Fürsten Swidrigajlo, des Bruders des polnischen Königs Władysław Jagiełło. Später residierte hier der Erzbischof Jan Rzeszowski. Im Jahre 1630 ließ der Erzbischof Stanislaw Grochowski das Haus abreißen, und an gleicher Stelle entstand der heutige Palast, ein Geschenk des Fürsten Ladislaus von Oppeln. Das Gebäude war eine der repräsentativsten Residenzen der Lemberger Erzbischöfe und erfüllte diese Rolle bis zum Jahre 1832. In ihm befanden sich ursprünglich – nebst mehreren kleinen Kammern – 65 größere Zimmer sowie zwei große Säle. Das sogenannte ›Goldene-‹ oder auch ›Porzellanzimmer‹ war mit goldenen Ziegeln und Kacheln ausgetäfelt. Im Jahre 1673 starb hier König Michael Korybut Wiszniowiecki, der letzte Nachkomme einer polonisierten ukrainischen Magnatenfamilie. Erhalten geblieben ist das Eingangsportal mit zwei Säulen und der Inschrifttafel aus Marmor über dem Eingang. Erzbischof Franz Pistek übergab das Haus dem Klerikerseminar. Nur die beiden toskanischen Säulen auf beiden Seiten des Eingangs zeugen heute noch von der ehemaligen Prächtigkeit des Palastes der Lemberger Erzbischöfe.

Im Innenhof des ›Königshauses‹

Das ursprüngliche Gebäude des Lubomirski-Palasts (Nr. 10) wurde im Jahre 1695 errichtet. Der Architekt Jan de Witte erbaute 1744 das Gebäude anstelle mehrerer kleiner Häuser. Namhafte Bildhauer wie Bernard Meretyn und Johann Fessinger wirkten an der Ausgestaltung dieses repräsentativen Eckgebäudes mit und gaben seinem Äußeren im Rokokostil den Einfluß französischer Kunst zu spüren. In den Jahren 1772 bis 1821 befand sich hier die Residenz des österreichischen Gouverneurs Galiziens. Im Hause befindet sich heute das Möbel- und Porzellanmuseum, in dem eine Sammlung von Stilmöbeln aus dem 15. bis 19. Jahrhundert sowie Glas- und Porzellangegenstände zu bewundern sind.

Bürgerhäuser am südlichen und westlichen Marktplatz

Der Erstbau des Venezianischen Hauses (Nr. 14) war ein gotischer Bau. Das Haus wurde 1589 im Stil der italienischen Renaissance vom Architekten Paul dem Römer umgebaut. Im 17. Jahrhundert gehörte es dem venezianischen Botschafter und Kaufmann Antonio de Massaro. Hier war die einzige Botschaft des Polnischen Reiches zu jener Zeit untergebracht. Im 19. Jahrhundert wurde das Haus teilweise umgebaut. Erhalten geblieben ist das Flachrelief mit dem Wappen Veneziens über dem Eingang: ein Löwe mit Flügeln und einem geöffneten Buch und der Inschrift: ›Pax tibi Evangelista Marce 1600‹ (Friede sei mit dir, Evangelist Markus, 1600).

Der Erstbau des Wening-Hauses (Nr. 17) stammt aus dem 15. Jahrhundert. Im 16. Jahrhundert war es Eigentum des Ratsmitglieds und Lemberger Bürgermeisters Franz Wening. In den Jahren 1655 bis 1771 war das Haus Eigentum der Stadt. Im Gebäude hat die Gesellschaft der Lemberger Polen ihren Platz, in den Kellerräumen befindet sich ein gemütliches Restaurant.

Auf der Westseite des Marktplatzes befindet sich das Scholz/Wolf-Haus (Nr. 23). Erbaut im Jahre 1630, war das Haus Eigentum der mächtigen und reichen Familie Scholz/Wolf. Oftmals bezogen durchreisende Magnaten und weltliche Würdenträger hier Quartier. Die Fassade besitzt eine starke Betonung der vertikalen Gliederung der Wände des ersten und zweiten Stockwerks. Diese weisen auf deutsch-flämische Einflüsse hin. Im Parterre sind die Wände mit rustikalen Pilastern und klassizistischem Gebälk geschmückt. Im dritten Stockwerk, in einer Ecknische, befindet sich ein Gruppenrelief, die ›Taufe Christi‹. An den Gesimsen steht die lateinische Inschrift ›Ubi caritas, ibi deus‹ (Wo Liebe ist, dort ist Gott) sowie ›Time dominum et recede a malo‹ (Fürchte den Herrn und widerstehe dem Bösen).

Das Massar-Gordon-Haus (Nr. 24) entstand ursprünglich im 15. Jahrhundert. Nach dem Stadtbrand im Jahre 1527 wurde es erneut im Renaissancestil um- und aufgebaut. Über dem Eingang befindet sich das Relief eines auf einem Löwen sitzenden Jungen. Im Jahre 1707 wohnte hier der russische Zar Peter der Große, als er mit den Polen über eine gemeinsame Kampagne gegen die Schweden verhandelte. Mitte des 18. Jahrhunderts war dieses Haus Eigentum der Familie Šeptyc'ki, der auch der spätere unierte Lemberger Metropolit angehörte. Anfang des 20. Jahrhunderts wurden am Haus Veränderungen vorgenommen, unter anderem wurde die ehemalige Renaissance-Attika durch einen Dachstuhl ersetzt. Heute befindet sich im Hause eine Filiale des Geschichtsmuseums der Stadt.

Das Heppner-Haus (Nr. 28) wurde im Jahre 1510 für den Bürgermeister Paul Dominik Heppner gebaut. Neben dem Haus Nr. 4 ist es eines der schönsten und interessantesten Bauwerke der italienischen Renaissance. Das Eingangsportal und die Fenster sind mit zierlichen, kannelierten, kleinen Säulen und winkligen Giebeln geschmückt.

Das Andreolli-Haus (Nr. 29) entstand durch den Zusammenschluß zweier Häuser, des Zimorowicz-Hauses mit dem Dybowicki-Haus. Es befindet sich an der Stelle eines ersten Hauses, das im 16. Jahrhundert für die berühmte Patrizierfamilie Kampian gebaut wurde. Im Patrizierhaus wohnte der polnische Dichter, Historiker und bekannte Lemberger Bürgermeister Johannes (Jan) Zimorowicz. Den zweiten Teil bewohnte Stanislaw Dybowicki, der persönliche Arzt des polnischen Königs Sigmund II. Wasa. Dieses Haus gehörte ebenfalls zu den schönsten Häusern der Stadt, es wurde aber Ende des 18. Jahrhunderts abgetragen. In den Jahren 1766 bis 1778 wurde aus beiden Gebäuden der Palast für Felician Korytowski, den Lemberger Garnisonskommandanten und letzten Kommandanten der Lemberger polnischen Besatzungstruppen, errichtet. Die Passage des Hauses verbindet den Marktplatz mit der Jesuitenkirche. Das Haus wurde nach dem berühmten Lemberger Konditoren Dominik Andreolli benannt, der seit 1803 Eigentümer des Hauses war und der in der Passage eine Konditorei besaß.

Das Mazanczow-Haus (Nr. 31) ist ein typisches Renaissance-Bauwerk, erbaut im 16. Jahrhundert. Während der Zwischenkriegszeit gehörte es der Lemberger Familie Baczewski, Besitzer des berühmten Wodka- und Likörbetriebes. Sein heutiges Aussehen verdankt das Haus seinem Umbau im Jahre 1923. Der Architekt war Bronislaw Viktor. Die Fassade zieren Skulpturen des Bildhauers Sigmund Kurczynski.

Das Zipper-Haus (Nr. 32) wurde anstelle des ursprünglichen Gebäudes im Jahre 1912 nach Plänen von Michael Lušec'ky im modernen Stil erbaut. Heute befindet sich hier das Kaufhaus ›Univermah‹.

Bürgerhäuser am nördlichen Marktplatz

Das Kilianst-Haus (Nr. 33) entstand im 17. Jahrhundert und gehörte dem Apotheker Jan Kilianst. Sein heutiges Aussehen im Stil des Rokoko erhielt es im 18. Jahrhundert nach Plänen von Bernard Meretyn.

Bereits im Jahre 1767 entstand das Avenštok-Haus (Nr. 34) nach Plänen von J. Kosinski für die Familie Avenštok, die in Lemberg eine bekannte Pelznäherei betrieb.

Das Glazunów-Haus (Nr. 36) wurde im Jahre 1781 im Stil des Spätbarocks erbaut und war Eigentum der ukrainischen Lebensmittel-Kooperation.

Im Haus Nr. 39 befand sich seit 1900 die ukrainische Frauenkooperation, seit dem Jahre 1914 ›Trut‹ (Beschäftigung) genannt. Es war eine industrielle Frauenkooperation, die sich vor allem in den Jahren 1900 bis 1913 und 1941 bis 1944 mit der Organisation des Schneiderhandwerks befaßte.

Das Rottendörfer Haus (Nr. 43) gehörte ursprünglich verschiedenen armenischen Familien. Es wurde 1778 im Barockstil erbaut.

Durch die Straßen der Altstadt

Lemberg war bereits im 14. Jahrhundert über eine bloße Ansiedlung hinausgewachsen. Vom Marktplatz und den angrenzenden Häusern aus dehnte sich die Stadt zunächst nach Süden, später auch in alle anderen Himmelsrichtungen aus.

Der Plan der Stadt war wie ein Schachbrett gekennzeichnet, der die Gassen und Straßen in Ansiedlungen teilte, die den zentralen Handelsplatz – den Marktplatz – umgaben. Für den Ausbau der Stadt hatte dieser Platz eine wichtige Bedeutung. Von jeder seiner Ecken verlaufen zwei Straßen, von denen andere Gassen, Straßen und die feinsten Verästelungen in das Stadtzentrum außerhalb des mittelalterlichen Stadtkerns führen.

Mit der Zeit siedelten sich fremdländische Kolonisten in der Stadt an, und Handwerker wie Schuster, Bäcker, Schneider nahmen ganze Straßen oder Stadtviertel ein. Von ihnen ableitend erhielten die Straßen ihren Namen wie beispielsweise die Straßen vul. Rus'ka (Ruthenische Straße), vul. Virmens'ka (Armenische

Fassade am Marktplatz

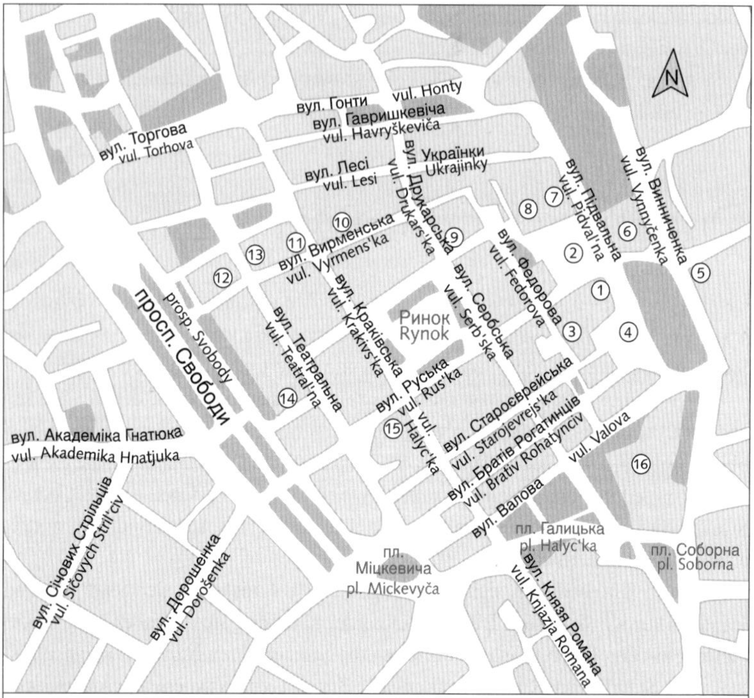

Die Altstadt

0 150 300 m

Legende

1 Haus der Versicherungsgesellschaft ›Dnistr‹
2 Maria-Entschlafens-Kirche (Свято-Успенська церква)
3 Einstiger Standort der Synagoge ›Goldene Rose‹
4 Städtisches Waffenarsenal (Міський арсенал)
5 Michaelskirche (храм Святого Михаїла)
6 Pulverturm
7 Ivan-Fedorov-Denkmal und Arsenal
8 Dominikanerkirche (Домініканський собор)
9 Apothekenmuseum (Аптека-музей)
10 Armenische Kirche (Вирменська церква)
11 Verklärungskirche (храм Преображення Господнього)
12 Skarbek-Theater
13 Haus der Offiziere
14 St.-Peter-und-Paul-Kirche (церква святих Петра і Павла)
15 Marienkathedrale (Lateinische Kathedrale) (Катедра латинського обряду)
16 Bernhardinerkloster (Бернадинський монастир)

Straße), vul. Staroevrejs'ka (Alte jüdische Straße), vul. Ševska (Schusterstraße), Piekarska (Bäckerstraße) und viele andere. Der mittelalterliche Grundriß ist durch viele Jahrhunderte hinweg unverändert geblieben und bestimmt noch heute das Bild der Lemberger Altstadt.

Der Spaziergang durch die Altstadt beginnt in einer der ältesten Straßen der Stadt, der vul. Rus'ka. Sie verbindet den Marktplatz mit der vul. Pidval'na (Wallstraße). Ihren Namen verdankt sie den hier bereits im 14. Jahrhundert angesiedelten Ruthenen (Ukrainern). Am Beginn der Straße stehen in ihrer architektonischen Schönheit erhalten gebliebene Bauwerke aus dem 16. bis 18. Jahrhundert. Das im Barockstil errichtete Gebäude Nr. 1 wurde im 18. Jahrhundert umgebaut. Mitte des 16. Jahrhunderts befand sich hier die vom Fürsten Konstantin Ostrogski 1551 gegründete Lemberger ›Stauropigia‹, eine Bruderschaft der orthodoxen Bürger und Handwerker. Diese wurde von Kaiser Joseph II. im Jahre 1788 in eine Stiftung umgewandelt und erhielt den Namen ›Stauropigianisches Institut‹. Am Renaissancehaus Nr. 4 fallen wunderschöne Steinportale an der Hauptfassade auf.

Das im Barockstil gehaltene Haus Nr. 8 zieren Flachreliefs von Delphinen und Segelschiffen, die Symbole des erfolgreichen Handels sowie das Horn als Symbol des Wohlstandes. Das Haus wurde im 18. Jahrhundert errichtet. Es wurde vom Handelsberater des Stadtmagistrats bewohnt. Die Häuser Nr. 12 und Nr. 14 entstanden im 17. Jahrhundert und sind Denkmäler jener Zeit. Bei späteren Umbauten verloren sie jedoch viele ihrer einst stilreichen Ornamente. An das Haus Nr. 14 schloß im 16. Jahrhundert ein Tor an, das die Grenze des jüdischen Ghettos darstellte. Das Haus Nr. 20 war einst die Residenz der russischen Bischöfe. Im Jahre 1905 entstand das Gebäude der Ukrainischen Versicherungsgesellschaft ›Dnistr‹ auf einer Fläche, auf der zuvor vier mittelalterliche Steinhäuser ihren Platz gehabt hatten [1]. Es gehört zu den besten Beispielen des Lemberger Jugendstils. Der Architekt ist Jan Lewinski. Besondere Beachtung verdienen die am Haus eingearbeiteten Keramikornamente sowie volkstümliche Elemente. Heute befinden sich hier die Lemberger Poliklinik sowie die Medizinische Bibliothek.

Die Maria-Entschlafens-Kirche

Am Schnittpunkt der vul. Rus'ka mit der vul. Pidval'na begegnet man dem prachtvollen Sakralkomplex der Walachischen Kirche (Maria-Entschlafens-Kirche), die einst das Zentrum des ruthenischen Lebens war [2].

Anstelle der heutigen autokephalen orthodoxen Kirche stand zu Beginn des 15. Jahrhunderts eine gotische Kirche. Sie wurde bei dem Stadtbrand 1527 zerstört und durch Spenden des walachischen Hospodaren Alexander Lopuschanin vom Baumeister Peter dem Römer erneut aufgebaut, aber nochmals durch ein Feuer im Jahre 1571 vernichtet. Auf Initiative der Stauropigianischen Bruderschaft begann man im Jahre 1591 mit dem Errichten einer neuen, schöneren Kirche, deren Projektant und zugleich Baumeister Paul der Römer war. Unter seiner

Die einstige Walachische Kirche mit dem Kornjakt-Turm

Leitung wurde der Bau mit Hilfe der Bauherren Adalbert Capinos und Ambrosius Przychylny im Jahre 1598 vollendet.

Der älteste der drei erhalten gebliebenen Sakralbauwerke ist der Glockenturm. Der einzelnstehende 66 Meter hohe Turm wird nach seinem Stifter Kornjakt-Turm genannt. Der Architekt, der anerkannte Baumeister Peter der Römer, errichtete ihn in den Jahren 1572 bis 1578. Seine große Glocke von zwei Metern Durchmesser trägt den Namen ›Kiryl‹. Sie ist ein Kunstwerk des Lemberger Glockengießers Teodor Polanski. Im Jahre 1783 wurde sie neu gegossen und schlägt seit dieser Zeit bis zum heutigen Tage. Dank seiner architektonischen Schönheit und Größe bildet der Turm das Wahrzeichen der Stadt.

Die im Renaissancestil gebaute Maria-Entschlafens-Kirche enthält mehrere Elemente, die für die altrussische Architektur charakteristisch sind. Zu den künstlerisch wertvollsten Werken im Kircheninneren gehört das Gemälde der Heiligen Jungfrau mit dem Jesuskind. Es wurde im Jahre 1635 von Nikolaus Pietrachnowicz gemalt. Der Hauptaltar, die Seitenaltäre sowie der prächtige Ikonostas sind wundervolle Schnitzwerke im Rokoko-Stil der Meister M. Filewicz und F. Olendzki aus dem Jahre 1773. Von hohem künstlerischen Wert sind die Altargemälde der Gottesmutter, des heiligen Nikolaus sowie das Madonnenbild. Die Passionsbilder des Kreuzweges aus den Jahren 1807 bis 1852 sind Kunstwerke des Lemberger Porträtmalers Martin Jablonski.

Unmittelbar an die Kirche und den Kornjakt-Turm grenzt die zierliche, dreikupplige Dreiheiligen-Kapelle, die in den Jahren 1578 bis 1590 nach Plänen von Peter Krasowski und durch die finanzielle Unterstützung K. Kornjakts erbaut worden ist. Die Kapelle wurde nach einem Brand im Jahre 1671 vom Lemberger Alexius Balaban restauriert. Die Kapelle besitzt sowohl innen als außen einen reichen und sehr schönen Bildhauerschmuck.

Die Synagoge ›Goldene Rose‹

Von der vul. Rus'ka geht die vul. Fedorova ab. Auch diese Straße ist eine der ältesten der Stadt. Von 1387 bis 1871 befand sich hier die Jüdische Straße. Bis zum Jahre 1949 hieß sie vul. Blachars'ka, dann erhielt sie ihren heutigen Namen.

Dieser südwestliche Teil der Altstadt war bereits im 14. Jahrhundert von jüdischen Einwohnern bewohnt. Zu dieser Zeit war ihre Anzahl noch gering. Später bildete die jüdische Lemberger Gemeinde den zweitgrößten Bevölkerungsanteil in der Stadt. Im mittelalterlichen Lemberg mußten die Juden in der Vorstadt leben.

Das Zentrum des jüdischen Ghettos bildete die Synagoge ›Goldene Rose‹ [3]. Der Vorsitzende der jüdischen Gemeinde, Isaak Nachmanowicz, ließ im Jahre 1580 das Haus Nr. 27 erbauen, das heute leider nicht mehr besteht.

Auf seinem Hinterhof errichtete der Architekt Paul der Römer im Jahre 1582 die private Familiensynagoge ›Goldene Rose‹ (hebräisch ›Turesahaw‹) als Stiftung, die bis zum Jahre 1604 Familieneigentum war und dann die städtische Synagoge wurde. In die Synagoge gelangte man durch das Wohnhaus in der vul. Fedorova. Während der Nazi-Okkupation wurde sie im Jahre 1942 vollständig zerstört. Heute weisen eine Gedenktafel sowie Mauerfragmente auf die Stelle hin, an der sich einst die Synagoge befand. Diese historische Stelle kann im Hinterhof besichtigt werden. Auf der Gedenktafel steht geschrieben: ›An dieser Stelle befand sich die Synagoge ›Goldene Rose‹, genannt zu Ehren der Frau Nachmanowitsch. Sie wurde in den Jahren 1580 bis 1595 nach Plänen des Architekten Paul der Römer gebaut. Abgebrannt und zerstört durch nazistische Okkupanten im Jahre 1942‹.

In unmittelbarer Nähe der vul. Fedorova befindet sich die vul. Starojevrejs'ka (Alte Jüdische Straße). Bereits im 14. Jahrhundert wurde in dieser Straße mit Vieh gehandelt. In ihr entstanden die ersten höher gebauten Wohnhäuser, um den vielen hier lebenden Menschen Unterkunft zu gewähren. Noch im 18. Jahrhundert standen in der Straße vereinzelte Bauten wie eine Badeanstalt, ein Gefängnis, eine Schule sowie Marktstände. Anstelle des Hauses Nr. 54 befand sich hier im 16. Jahrhundert ebenfalls eine Synagoge. Auch sie wurde während der Nazi-Okkupation, im Jahre 1942, zerstört.

Mauerreste auf dem Gelände der Synagoge ›Goldene Rose‹

Befestigungsanlagen und Städtisches Arsenal

Am Ende der vul. Rus'ka befindet sich die vul. Pidval'na. Die heutige vul. Pidval'-na verlief im Mittelalter westlich der Stadtbefestigung. Diese bestand aus zwei Mauern, einer niedrigeren und einer höheren, 18 Türmen, zwei Waffenarsenalen, einem mit Wasser gefüllten Graben sowie einem aufgeschütteten Erdwall mit Bastionen. Die Stadtbefestigungsmauern entstanden in einem Zeitraum von über 300 Jahren. Zwischen der Stadtmauer und den Erdwällen entstand Ende des 18. Jahrhunderts mit der vul. Pidval'na und der vul. Vynnyčenka ein neuer Straßenkomplex. In der vul. Pidval'na befinden sich die meisten erhalten gebliebenen Spuren der mittelalterlichen Stadt und der historischen Befestigungsanlagen, dazu gehören auch die beiden Waffenarsenale.

Von der Kreuzung mit der vul. Rus'ka geht es zuerst etwas nach rechts. Das lange, massive, rötliche Gebäude ist das Städtische Waffenarsenal [4]. Es entstand an derselben Stelle des hier im Jahre 1430 errichteten Arsenals. Das heutige wurde von Geldern Lemberger Bürger gebaut, daher auch sein Name: städtisch. Angeschmiegt an die höhere, innere Stadtmauer, hatte es zwei Türme, den ›Sattler-‹ und den ›Schuster-Turm‹. Der erneuerte Sattler-Turm befindet sich am Eingang des Arsenals, Fragmente des Schuster-Turmes wurden am Ende des Gebäudes rekonstruiert. Im Turm, der zur Sattler-Zunft gehörte, wohnte im Mittelalter der städtische Scharfrichter mit seiner Familie und seinen Gehilfen. Im 18. Jahrhundert befand sich in ihm ein Gefängnis. Eine Gedenktafel erinnert daran, daß in diesem damaligen Gefängnis Kolijivščyna-Hajdamaken, Teilnehmer des ukrainischen Volksaufstandes von 1768 bis 1770, eingekerkert waren.

Nach Restaurierungsarbeiten im Jahre 1981 hat heute im unteren Teil eine Verkaufshalle für Kircheninventar der unierten und orthodoxen Kirche ihren Platz. Dort kann man Meßbecher, Meßgewänder, Heiligenfiguren, Gebets- und Gesangbücher sowie andere kirchliche Artikel kaufen.

Im oberen Teil wurde das Museum für Waffen- und Munitionssammlungen sowie Kriegsausrüstungen eingerichtet. Das Museum ist das einzige dieser Art in der Ukraine und zeigt Waffen und Munition aus der ganzen Welt und aus verschiedenen Epochen.

Ende des 18. Jahrhunderts wurde mit dem Abriß der Stadtbefestigungsmauern begonnen. Im Städtischen Arsenal befanden sich längere Jahre Lagerräume. Auch der Verteidigungswall wurde abgetragen, und die Erde zum Zuschütten des Stadtgrabens verwendet. Anstelle des Grabens entstand ein Boulevard, die näher an der ehemaligen Stadtmauer gelegene Fahrbahn wurde zu einer Straße, an der neue Häuser entstanden und damit auch die vul. Valova (Wallstraße). Zu Beginn des 19. Jahrhunderts wurde die Wallfläche eingeebnet, und es entstanden Grünanlagen. Die neu entstandene Kreuzstraße erhielt den Namen Gouverneurswälle, der man aber schon im Jahre 1871 den Namen Pidval'na gab. Die Gouverneurswälle verliefen zwischen der heutigen vul. Pidval'na und der vul. Vynnyčenka. Sie wurden im Jahre 1816 vom Gouverneursrat Reitzenheim anstelle alter Befestigungen (Erdwälle) vom Bernhardinerkloster aus bis zum Fuße des Schloßberges errichtet.

Es ist empfehlenswert, auch die hinteren Fassaden des Städtischen Arsenals mit ihren originalen mittelalterlichen Holzgängen zu bewundern. Dazu biegt man ein kurzes Stück in die vul. Brativ Rohatynciv (Gebrüder-Rohatyn-Straße) ein. Zurück auf der vul. Pidval'na, wird der Spaziergang auf der gegenüberliegenden Straßenseite fortgesetzt.

Die Vynnyčenka-Straße

Die vul. Vynnyčenka ist die höher gelegene Parallelstraße zur vul. Pidval'na. Bennant ist sie nach dem ehemals deutschen Ort Weinbergen, heute Vynnyky. Bevor man zu ihr gelangt, begrüßt einen linker Hand auf der Anhöhe das im Jahre 2002 eingeweihte Denkmal V. Čorovils. Geschaffen hat es der ukrainische Künstler V. Kamenčyk. Čorovil war ein berühmter ukrainischer Dissident, Politiker und Kämpfer für eine unabhängige Ukraine. Er gehörte als aktiver Deputierter und Mitbegründer der nationalen Bewegung ›Ruch‹ an und kam auf seltsame Weise bei einem Verkehrsunfall im Jahre 2000 ums Leben. Am Denkmal befindet sich die Inschrift: ›Wir Ukrainer waren, sind und werden frei sein!‹

Bis zum Jahre 1871 trug die vul. Vynnyčenka den Straßennamen Pans'ka (Herrenstraße). In den Jahren 1871 bis 1944 erhielt sie den Namen des ehrwürdigen Kommandanten, Feld-Hetmanns und Kiever Wojewoden Stefan Čarniecki. Später, bis zum Jahre 1991 trug sie den Namen vul. Radjans'ka (Sowjetische Straße). Sie verläuft am Parkboulevard entlang und ist nur auf einer Seite bebaut. An ihrem Ende auf der rechten Seite befand sich der ehemalige Palast der römisch-katholischen Erzbischöfe. Er wurde im Jahre 1844 aus der Stiftung des Bischofs Franz Pistek, nach Plänen des Architekten J. Salzmann im Stil des Klassizismus gebaut, aber bereits im Jahre 1886 umgebaut. In der heutigen vul. Vynnyčenka gibt es mehrere historische Bauwerke zu besichtigen.

Die Michaelskirche

Die Kirche mit den beiden Türmen auf der Anhöhe ist die unierte Kirche des heiligen Michael mit Studitenkloster [5], eine ehemalige Karmeliterkirche mit Kloster. Diese Kirchenanlage befand sich ursprünglich außerhalb der Stadtmauern und

Die Michaelskirche

wurde im Jahre 1634 für die Barfüßigen Karmeliter gegründet. Die Kirche wurde im Barockstil erbaut, die Bauarbeiten vom Architekten J. Pokorowicz geleitet. Die Westfassade mit dem Haupteingang schmücken zwei quadratisch angelegte Türme nach den Entwürfen von A. Wondraszka aus dem Jahre 1835. Zu Baubeginn entstand nur ein Turm, der zweite wurde erst im Jahre 1906 vom Architekten Vladyslav Halyc'ky vollendet.

Die Wände und das Gewölbe der dreischiffigen Kirche bemalte 1731/32 der italienische Maler G. C. Pedretti mit seinem Schüler B. Mazurkiewicz mit Fresken. Im Presbyterium befindet sich unter der mittleren Kuppel ein freistehender, barocker Hochaltar aus schwarzem Marmor mit korinthischen Säulenkapitellen aus der Mitte des 17. Jahrhunderts. Er wurde vom Bildhauer A. Prochenkowicz, einem Schüler des Bildhauermeisters Johann Pfister, geschaffen. Das Kircheninnere zieren Gedenktafeln vom Ende des 19. Jahrhunderts. Der Kirchen-Kloster-Komplex besaß eigene Verteidigungsmauern, deren Fragmente sich bis heute erhalten haben. Sie sind seitlich der Straße, an der rechten Seite des Klosters, ersichtlich. In ihnen befand sich eine Stadtpforte, die die ›Barfüßige Pforte‹ genannt wurde.

Bürgerhäuser auf der Vynnyčenka-Straße

Die im klassizistischen Stil errichteten Häuser Nr. 24 und 26 gehören zur Wissenschaftlichen Ševčenko-Gesellschaft. Diese wurde anfangs als eine Literaturvereinigung gegründet, die im Jahre 1892 zu einer wissenschaftlichen Institution erweitert wurde. Ihr gehörten zwei Forschungsinstitute, drei Museen, eine Bibliothek sowie eine Druckerei an.

Die Statthalterei hatte im Haus Nr. 18 ihren Sitz. Es wurde in den Jahren 1877 bis 1880 erbaut. Heute befindet sich hier der Wojewodschaftsrat des Lemberger Gebiets. Das Gebäude Nr. 14 war das ehemalige Statthalterpalais, das im Jahre

1821 im Stil des Klassizismus entstand. Während der Zwischenkriegszeit diente das Haus als Residenz der Lemberger Wojewoden. Das Bürgerhaus Nr. 8 wurde zu Beginn des 19. Jahrhunderts im Empire-Stil gebaut. Der bekannte Lemberger Bildhauer Anton Schimser schuf die prächtige Fassade mit Flachreliefs zu mythologischen Themen. In dem Haus wohnte die Familie des bekannten Lemberger Verlegers, Litographen und Druckers Anton Piller.

Der Pulverturm

Auf der Anhöhe, mehr in Richtung vul. Pidval'na, hat sich ein Rest Mittelalter erhalten. Der bis heute an der gleichen Stelle verbliebene Pulverturm [6] ist die einzig erhaltengebliebene Bastion in Originalzustand. Der Turm entstand in den Jahren 1554 bis 1556, er wurde aus unbehauenen rechteckigen Steinen erbaut, wobei die Vorderseite als Halbrund entstand. Die starken Mauern, die im Fundament eine Stärke bis zu drei Metern aufzeichnen, besaßen nur kleine Fensterluken. Den Eingang ins Innere sicherten drei eiserne Türen. Bei Gefahrens- und zu Kriegszeiten diente diese Bastion als Befestigung und zur Lagerung von Kriegsmaterialien sowie Proviant. Zu Friedenszeiten wurde sie von den Kaufleuten als Getreidelager benutzt. Seit dem Umbau im Jahre 1959 hat hier der Lemberger

Auf dem Büchermarkt vor dem Arsenal

Architektenverband seinen Sitz. Seit dieser Zeit schmücken zwei mächtige Steinlöwen den Eingang zum ›Haus der Architekten‹.

Büchermarkt und Arsenal

Es geht nun die Treppen hinunter auf die vul. Pidval'na und zurück auf die andere Straßenseite. Auf dem Platz vor dem Königlichen Arsenal grüßt Ivan Fedorov von seinem Denkmal [7]. Fedorov war ein zwar russischer Buchdrucker, aber auch ukrainischer Erstdrucker. Das Denkmal wurde im Jahre 1977 enthüllt. Beim Bau wurden Mauerfragmente einer Bastion entdeckt, die heute zu besichtigen sind.

Auf dem Platz um das Denkmal herum läßt sich auf dem sogenannten Lemberger Büchermarkt zu phantastisch niedrigen Preisen manch gute neue, aber auch alte und sogar historische Literatur finden, allerdings dürfen Bücher, die vor 1945 erschienen sind, nicht aus der Ukraine ausgeführt werden.

Hinter dem Ivan-Fedorov-Denkmal, befindet sich das Königliche Arsenal. Es wurde in den Jahren 1639 bis 1649 vom Architekten P. Grodzitzki gebaut. Dieses Arsenal ist einer der wenig erhalten gebliebenen Schutzbauten der mittelalterlichen Befestigungsanlagen. Es wurde an die hohe innere Mauer angebaut. Es erhielt den Namen ›königlich‹, da der größere Teil seines Baus vom polnischen König Władysław IV. Wasa gespendet worden war. Im Arsenal hat heute das Lemberger Gebietsarchiv seinen Platz.

Das Dominikanerkloster

Im Hintergrund sind bereits die Mauern und das grüne Kuppeldach der ehemaligen Dominikanerkirche [8] zu sehen, heute die unierte St. Fronleichnam-Kirche mit dem Dominikanerkloster. Die ersten Dominikanermissionare kamen bereits im Jahre 1234 nach Lemberg. Als erste entstand die Kirche St. Johannes des Täufers am Alten Ringplatz. Später gründeten die Dominikaner hier an dieser Stelle ein Kloster und errichteten eine Holzkirche, die jedoch Mitte des 13. Jahrhunderts abbrannte. Das gleiche Schicksal traf auch die im Jahre 1378 vom Fürsten Władysław Opolczyk gestiftete gemauerte Kirche. Ein Feuer zerstörte sie im Jahre 1407.

Der heutige Sakralkomplex stammt aus der Mitte des 18. Jahrhunderts und ist einer der majestätischsten Barock-Kirchenbauten der Stadt. Sein Stifter ist Jean Potocki. Den Entwurf für den Kirchenbau schuf Johannes de Witte. Der Bau wurde in den Jahren 1749 bis 1764 von Martin Urbanik geleitet. An sein Hauptschiff schließt sich ein rechteckiges Presbyterium an. Die monumentale Westfas-

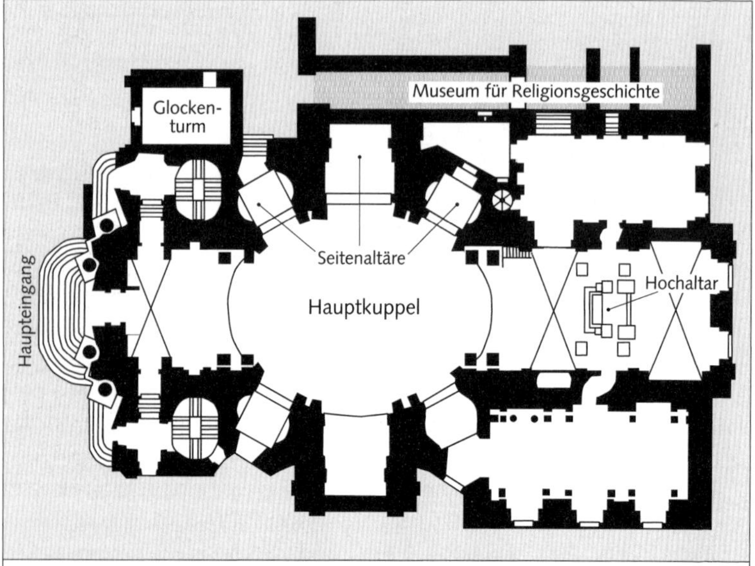

Grundriß der Dominikanerkirche

sade sowie das architektonisch interessant gegliederte und künstlerisch gearbeitete Äußere, insbesondere ihr Kuppelaufbau, erinnert an die Wiener Karlskirche. Das gut proportionierte, vergoldete Innere hat eine ideale Raumwirkung. Der freistehende, barocke Säulen-Hochaltar mit den Rokoko-Holzfiguren der vier Evangelisten und dem byzantinischen Madonnenbild krönt die Mitte des Presbyteriums. Die Heiligenfiguren schuf der Bildhauer S. Fessinger. Aus der ursprünglichen gotischen Kirche sind die Alabaster-Grabmäler aus dem 16. Jahrhundert erhalten geblieben.

Von den später geschaffenen Bildhauer-Kunstwerken sind die wertvollsten im Kircheninneren zu bewundern. Das Marmor-Grabmal der Gräfin Julia Dunin Borkowski ist ein Werk des bekannten dänischen Bildhauers Bertel Thorvaldsen aus dem Jahre 1816. Das Denkmal des Gouverneurs Franz von Hauer schuf Anton Schimser im Jahre 1824, das des polnischen Malers und Grafikers Arthur Grottger stammt von W. Gadomski aus dem Jahre 1880. Zum Kirchenensemble gehört das Klostergebäude und der Glockenturm aus dem Jahre 1865 nach Plänen von J. Braunseis.

Nach dem Zweiten Weltkrieg, bis zum Jahre 1990, befand sich im Klostergebäude das Museum der Religion und des Atheismus unter dem Motto: ›Religion – Opium für das Volk‹. Aus diesem Anlaß entfernte man gleich vor seiner Eröff-

Eine der schönsten Barockkirchen der Stadt: die Dominikanerkirche

nung das Kreuz, das ein Schutzengel an der Hauptfassade in seinen Händen hielt. Das Kirchengebäude diente nach dem Kriege als Zementlager. Die Kirche ist jetzt den Gläubigen der unierten Glaubensgemeinschaft geöffnet. In einem Teil des ehemaligen Klosters befindet sich das Museum der Geschichte der Religion.

Das Apothekenmuseum

Von der Dominikanerkirche geht es durch die vul. Stavropihijs'ka zum Marktplatz zurück. Im Eckgebäude zur vul. Drukars'ka befindet sich im Erdgeschoß Lembergs älteste und heute noch geöffnete Apotheke [9]. Sie wurde im Jahre 1735 eröffnet. Seit dem Jahre 1966 befindet sich hier das erste Apothekenmuseum der Ukraine. Das Museum zeigt wertvolle Sammlungen und Ausstellungsstücke, die die Geschichte der Lemberger und der galizischen Pharmazeutik vom 16. bis 19. Jahrhundert vorstellen. In den Ausstellungsräumen kann man historisches Apothekengeschirr, alte Rezepte sowie ein Alchimistenlabor besichtigen. In der Apotheke sollte man sich unbedingt den nur hier erhältlichen ›Eisernen Wein‹ kaufen, ein nach spezieller Rezeptur hergestelltes Vorbeugungsmittel für viele kleine Beschwerden.

Das Alchimistenlabor im Apothekenmuseum

Im Haus Nr. 3 der vul. Drukars'ka steht in einer Nische eine Marienplastik. Dieses Haus wurde in der Mitte des 16. Jahrhunderts für die in Lemberg bekannte Patrizierfamilie Scholz gebaut und trug den Namen ›Zur Gottesmutter‹. Seine heutige Gestalt erhielt es im Jahre 1897 nach den Entwürfen des Architekten J. Lewinski. In Lemberg sind häufig Nischen an Häusern zu sehen, in denen sich erneut seit den 1990er Jahren oft mit Blumen geschmückte Marienplastiken befinden. Diese Tradition entstand in der Mitte des 17. Jahrhunderts, als der polnische König Kasimir in der Lateinischen Kathedrale sein berühmtes Gelöbnis ablegte, in dem er die Gottesmutter Maria zur Königin der polnischen Krone ernannte und somit auch die Stadt Lemberg für immer unter ihre Obhut gab.

Armenische Straße und armenische Kathedrale

Von der vul. Drukars'ka sind es nur ein paar Schritte bis in die vul. Virmens'ka (Armenische Straße). Sie war die Hauptstraße im armenischen Stadtteil, die die Armenier bereits im 14. Jahrhundert bewohnten. Zuvor wohnten die ersten armenischen Ansiedler, die während der Zeit der Stadtgründung nach Lemberg gekommen waren, in der Nähe des Alten Ringplatzes und des Schloßberges.

Die Armenische Straße verströmt noch heute einen Hauch des Mittelalters. Die ersten armenischen Einwanderer kamen aus der Hauptstadt des altertümlichen Armenien, der Stadt Ani, und beschäftigten sich vorwiegend mit dem Handel und dem Kunsthandwerk der Goldverarbeitung. Die armenische Kolonie hatte ihr eigenes Gericht, eine eigene Schule, ein Spital sowie eine eigene Bibliothek. Vor allem aber errichteten sie bereits in den Jahren 1356 bis 1363 die architektonische Perle der Stadt, die armenische Kathedrale [10]. Das anfangs kleine Kirchlein wurde nach den Plänen der Stifter und nach dem Muster der Kirche von Ani vom schlesischen Baumeister Doring gebaut.

Ein Eingang führt von der vul. Virmens'ka unter dem Glockenturm durch auf den Klosterhof, der mit alten armenischen Grabsteinen gepflastert ist. Im frühen Mittelalter befand sich hier ein armenischer Friedhof. Die ehemaligen Grabsteine, über die man jetzt läuft, stammen aus verschiedenen Epochen, die ältesten sind 600 Jahre alt. Der Glockenturm wurde 1571 nach Plänen von Peter Krasowski gebaut. Links an der Mauer des angrenzenden Hauses befindet sich eine Holzkapelle, in deren Zentrum Christus am Kreuz und die beiden Marien zu sehen sind. Dieses flach gearbeitete prächtige Rokoko-Schnitzwerk stammt aus dem 18. Jahrhundert.

Die Kathedrale vereint in sich drei Teile verschiedener Epochen. Zu ihnen gehören das ursprünglich im 14. Jahrhundert im armenisch-orientalischen Stil aus Quadersteinen erbaute Kirchlein, das im 17. Jahrhundert angebaute Langschiff sowie dessen Verlängerung, die bis zur heutigen vul. Krakivs'ka reicht und die dort ebenfalls Eintritt in die Kathedrale gewährt. Am Schnittpunkt des Hauptschiffes mit dem Seitenschiff erhebt sich die zwölfwändige Kuppel mit ihren (unsichtbaren) gebrannten Tontöpfen, die mit steinernen Platten überdeckt sind. Dank dieser Kon-

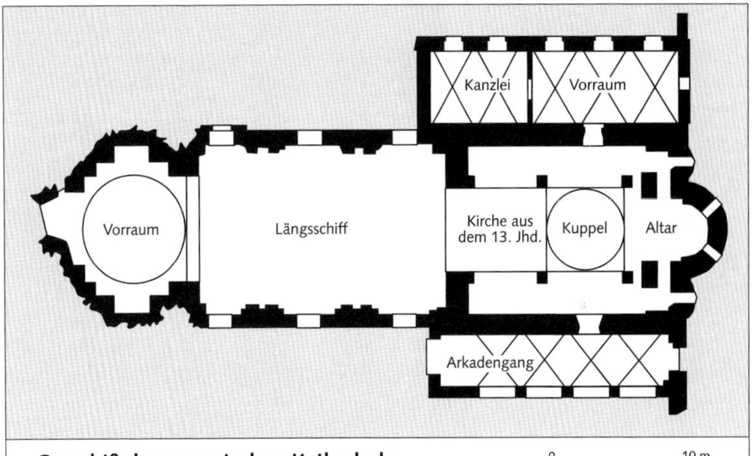

Grundriß der armenischen Kathedrale

struktion besitzt der Kirchenraum eine wundervolle Akkustik. An den Kirchenwänden sind Freskenmalereien aus dem 14. und vom Anfang des 15. Jahrhunderts zu bewundern. Die Ornamente sind armenische Motive. Zu Beginn des 15. Jahr-

In der Armenischen Straße

hunderts wurde an der Südseite ein vierjochiger, niedriger, rundbogiger Säulen-Arkadengang angebaut. Die ältesten Denkmäler der Lemberger monumentalen Malerei sind die erhaltengebliebenen Fragmente, die während der Restaurierung der Kathedrale aufgedeckt wurden. Die Restaurierungsarbeiten wurden vom Architekten F. Monczynski im Jahre 1908 begonnen und in den 1920er Jahren beendet.

Holzaltar im Innenhof der armenischen Kathedrale

Im Jahre 1928 wurden der Altar, der Bischofsthron sowie die Marmor-Ambone (Pult für Lesungen) und die Balustrade neu errichtet. Noch vor dieser Zeit, im Jahre 1912, wurde die Kuppel mit Mosaiken nach Plänen von Jozef Mehoffer geschmückt. Der Malermeister Johann Heinrich Rosen schuf in den Jahren 1925 bis 1929 das Wandgemälde ›Hirtenehre‹. In der Kathedrale befindet sich das eingemauerte Epithaph des armenischen Patriarchen Stefan V., der im Jahre 1551 in Lemberg verstorben war. Dieses Grabmal ist das älteste erhalten gebliebene Denkmal dieser Art der Lemberger Bildhauerei.

Während der sowjetischen Zeit befand sich in der Kathedrale ein Lagerraum des Theaters. Nachdem der gesamte historisch einmalige Kirchenkomplex fast 50 Jahre absolut unzugänglich war, wurde er im Jahre 2001 für die Gläubigen der armenischen Gemeinde erneut geweiht und geöffnet. Bis zu diesem Moment konnte man nur durch ein verriegeltes Eisentor von weitem auf den Innenhof mit dem genannten Holzaltar schauen. Die Besichtigung der Kathedrale ist kostenlos, am Kiosk neben dem Eingang können aber die dünnen Kirchenkerzen gekauft werden. Wer diese Kerzen anzündet und in den dafür vorgesehenen Sandbehälter steckt, tut dies im Gedenken an diese historische Stätte und mit persönlichen Wünschen für seine Familie und Freunde.

Die Häuser Nr. 20, 25 und 31 in der vul. Virmens'ka gehören zu den ältesten Häusern im armenischen Stadtviertel. An ihnen haben sich Schmuckelemente aus dem 16. Jahrhundert erhalten. Das Haus Nr. 20 ist eines der wertvollsten Renaissancebauten dieser Straße. Es wurde im 16. Jahrhundert vom italienischen Baumeister Peter de Lugano errichtet, aber im Jahre 1898 umgebaut. Besondere Beachtung verdient das Renaissance-Portal mit seinen ionischen Pilastern. Das Haus Nr. 21 zieren Flachreliefs mit mythologischen Themen. Sie wurden vom Bildhauer Hartman Witwer, einem Lemberger deutscher Herkunft, zu Beginn des 19. Jahrhunderts geschaffen.

Das Haus Nr. 27 erhielt sein einmalig schönes Aussehen im 17. Jahrhundert. Im 19. Jahrhundert wurde es im Empirestil umgebaut. Es wird auch das ›Haus der Vier Jahreszeiten‹ genannt. Frühling, Sommer, Herbst und Winter werden durch Reliefs mit Szenen aus dem täglichen Leben dargestellt. Der Bildhauer Gabriel Krasutzki schuf dieses Baukunstwerk im Jahre 1882. Der Saturn mit Flügeln im Mittelfeld symbolisiert den Zeitverlauf. Die linke lateinische Inschrift lautet: ›Nuntiat ver‹ – Er meldet den Frühling. Die rechte Inschrift bedeutet ›Reducit hiemem‹ – Er bringt den Winter wieder. Am Gesims zwischen dem ersten und zweiten Stockwerk sind die Plastiken von Störchen ersichtlich.

Bis 1946 hatte in diesem Haus Janusz Witwicki sein Atelier, in dem er das einzigartige Modell des Lemberger Stadtpanoramas aus dem 18. Jahrhundert im Maßstab 1:200 schuf. Das riesige Original dieses Modells kann man heute im Münzmuseum in Breslau bewundern.

Die Verklärungskirche

Von der vul. Virmens'ka ist es nicht weit zur vul. Krakivs'ka. In ersten Lemberger Chroniken wird sie Tatarenstraße genannt. Es ist anzunehmen, daß im Mittelalter hier eine tatarische Ansiedlung lag. Seit dem 15. Jahrhundert trägt die Straße schon ihren heutigen Namen. Die Straße führte zum im Jahre 1386 erbauten Krakauer Stadttor und von da aus auf die Handelsstraße nach Krakau und weiter. Das Krakauer Tor befand sich an der Stelle, wo sich heute die vul. Krakivs'ka und die vul. Lesi Ukrajinky kreuzen. Es war, wie auch das Halyc'ka-Tor, ein Teil der Befestigungsanlagen der Stadt.

In der Straße kann man von weitem die weiß-grünen Kuppeln der unierten Verklärungskirche [11] erkennen. Bereits im 18. Jahrhundert entstand neben dem Krakauer Stadttor das Trinitarierkloster mit seiner Kirche. Diese galt als einer der schönsten Bauten des Lemberger Barock. Sie war ein Werk der in Lemberg wirkenden berühmten Architekten Bernard Meretyn und Jan de Witte. Nach der Auflösung des Ordens wurde das Kirchengebäude in eine Universitätsbibliothek

Brotkiosk in der Innenstadt
Bahnhofsgebäude im Jugendstil; Außenwand der Boim-Kapelle

ХЛІБ
СВІЖИЙ ХЛІБ

10
ЗДОРОВЕ
волосся

4

umgewandelt. Im Kloster wurde ein Gymnasium sowie ein Teil der Universität untergebracht. Durch Artilleriebeschüsse wurden Teile der Gebäude im Jahre 1848 zerstört. Ende des 19. Jahrhunderts entstand auf den Fundamenten der Trinitarierkirche das heutige Gotteshaus nach Plänen von S. Havryškievyč. Die Kirchenweihe fand im Jahre 1906 statt. Einer besonderen Bedeutung fällt der Lichteinwirkung in das Gotteshaus zu. Das Licht fällt hauptsächlich durch die Fenster des Kuppeldaches ins Kircheninnere und gibt den vergoldeten Figuren der Evangelisten sowie der Wandbemalung in der Kuppel eine besondere Schönheit. Die Heiligenfiguren sind Werke Leonard Marconis. An der künstlerischen Gestaltung des Kircheninneren wirkten bekannte Lemberger Meister wie T. Popiel, K. Ustyjanovyč und A. Pilichovs'ky mit. Im Jahre 1990 wurde die Kirche als erste wieder geöffnete unierte Kirche den Lemberger Gläubigen übergeben.

In der vul. Krakivs'ka wohnten sehr viele Lemberger Handwerker und Maler. Besonders berühmt waren die Schmiedehandwerker, die die schönsten Schwerter herstellten. Die Wohnhäuser der Straße entstanden im 18./19. Jahrhundert. An vielen Hausfassaden befinden sich Schmuckdekorationen. Am Haus Nr. 2 kann man einen Zentauren mit einem Weinglas bewundern. Die Fassade des Hauses Nr. 4 ziert die im Empirestil geschaffene Gestalt Amors, ein Werk von Pawel Eutele. Das Haus Nr. 22 stammt aus dem 17. Jahrhundert. Seine Stirnwand schmückt die Steinplastik des Evangelisten Lukas, des Schutzpatrons der Maler.

Das Skarbek-Theater

Gleich hinter der Kirche befindet sich die vul. Lesi Ukrajinky, benannt nach der bekannten ukrainischen Schriftstellerin. Früher trug sie den Namen des Lembergers Graf Stanislav Skarbek. Der polnische Graf Skarbek hatte zu Beginn des 19. Jahrhunderts den großen Platz in der Nähe des Schloßberges für den Bau eines multifunktionellen Gebäudes gekauft, dessen größeren Teil ein Theater einnehmen sollte. Das heute weiterhin als ›Skarbek-Theater‹ bekannte Haus [12] entstand in den Jahren 1837 bis 1842 nach dem Entwurf des Architekten Johannes (Jan) Salzmann im klassizistischen Wiener Stil. Mit mehr als 1450 Sitzmöglichkeiten war es seinerzeit das größte europäische Theater. Da das Gebäude auf einem sumpfigen Boden gebaut wurde, steht es auf einer Fundamentsverstärkung von 16 000 Eichenpfosten. Im April 1842 fand die Uraufführung statt. Aufgeführt wurde die Komödie ›Mädchengelöbnisse‹ des bekannten polnischen Komödien-

Die Michaelskirche von der vul. Rus'ka aus gesehen
Das Schwarze Haus am Marktplatz

Das Feuerwehrgebäude in der vul. Lesi Ukrajinky

schriftstellers Alexander Fredros. Im Theater gastierten berühmte Schauspieler, Opernsänger und Dirigenten. Unter ihnen bekannte Komponisten wie Franz Liszt und Mykola Lysenko. Auf der Bühne dieses Theaters begann die Karriere der unübertrefflichen ukrainischen Sopran-Opernsängerin Salomea Krušel'nyc'ka. Heute trägt das Theater den Namen der ukrainischen Schauspielerin Maria Zan'kovec'ka.

Mit diesem Ort ist wiederum ein Stück mittelalterliche Geschichte verbunden. Bis zum Ende des 19. Jahrhunderts stand an der Stelle des heutigen Theaters das ›Niedere Schloß‹. Es gehörte seit dem 14. Jahrhundert zum historischen Stadtbild Lembergs. Verbunden mit den Befestigungsanlagen der Stadt bildete es seine nordwestliche Eck-Bebauung. Nach dem Stadtfeuer im Jahre 1381 erbaute es der polnische Fürst Ladislaus von Oppeln. Seinerzeit befand sich hier ebenfalls die kleine gotische St. Katharinen-Alexandria-Kirche. Das ›Niedere Schloß‹ war nach dem ›Hohen Schloß‹ die zweite königliche Residenz. Hier weilten die polnischen Könige von Władysław Jagiełło bis zu Sigismund III. Wasa im Jahre 1621. Nach dem Stadtbrand 1573 wurde sein Anbau im Renaissancesstil beendet. Mit der Zeit verlassen, verfiel es. Nach der Besetzung der Stadt durch die Österreicher 1772 wurde es Ende des 18. Jahrhunderts endgültig abgetragen.

Salomea Krušel'nyc'ka

In der gesamten klassischen Musikwelt war Salomea Krušel'nyc'ka (1872–1952) seit Ende des 19. Jahrhunderts das Symbol der Herrlichkeit und des Unerreichbaren. Ihr unvergleichlich dramatischer Sopran – ihr Stimmenvolumen umfaßte drei Oktaven – war in der damaligen Opernkunst eine seltene Erscheinung. Sie war unübertroffen in den Opern von Puccini, Wagner, Moniuszko, Strauß, Picetti und vielen anderen. Vor der Kunst der ukrainischen Sängerin verbeugten sich die bedeutendsten Opernsänger der Welt, Enrico Caruso, Mattia Battistini, Titto Ruffo, Fëdor Šaljapin, M. Mencynskyj und viele andere.
Salomea Krušel'nyc'ka lebte in Italien und gastierte auf den Bühnen der Mailänder Scala, der Philharmonie in New York, in den Opernhäusern von Warschau, Paris, Rom, Buenos Aires und vielen anderen Städten. Ohne diese große Künstlerin würden wir die Weltoper ›Butterfly‹ nicht kennen. Erst die zweite Uraufführung dieser Oper im Mai 1904 – die erste fand im Januar desselben Jahres mit einer anderen Künstlerin und endete mit einem Fiasko – brachte dem Komponisten Giacomo Puccini und Salomea Krušel'nyc'ka, aber vor allem der Opernaufführung ›Madame Butterfly‹ den Welterfolg. In Warschau war sie zur 500. Aufführung der polnischen Nationaloper ›Halka‹ eingeladen. Aus diesem Anlaß machte sie die erste Darstellerin der ›Halka‹ in einem Altersheim ausfindig, und bei der 500. Aufführung war zugleich die erste ›Halka‹ in der Loge des Warschauer Opernhauses anwesend. Und so wie einst Johann Sebastian Bach durch Felix Mendelssohn-Bartholdy neu entdeckt wurde, so wird auch heute diese große Sängerin erneut ›entdeckt‹. Mehr über diese interessante Persönlichkeit von Weltruf kann man im ›Gedächtnismuseum Salomea Krušel'nyc'ka‹ in der vul. Salomea Krušel'nyc'koji Nr. 23 im Stadtzentrum erfahren. Das Grabmal von Salomea Krušel'nyc'ka befindet sich auf dem Ličakivs'ke-Friedhof.

Salomea Krušel'nyc'ka

Die Theaterstraße

Nachdem der Bau des Theaters abgeschlossen war, erhielt die Straße, die sich an dessen Seitenfassade befindet, den Namen vul. Teatral'na. Bestimmt hatte keine Lemberger Straße so viele Namen wie sie. Einst führte sie durch verschiedene Stadtteile, in denen sie jeweils ihre eigene Bezeichnung hatte. Ihr ältester Teil hieß zu Beginn des 15. Jahrhundert Pekars'ka (Bäckerstraße), zu der ein Teil der heutigen vul. Virmens'ka (Armenische Straße) gehörte. In der Bäckerstraße befand sich die Bäckerzunft. Seit dem Jahre 1871 besitzt sie ihre heutige Gestalt und auch Länge sowie ihren Namen Theaterstraße. Damals – genau wie heute – war sie die längste Straße des Stadtzentrums. Sie führt zum pl. Mickevyča und weiter bis zum pl. Soborna (ehemals Bernhardinerplatz).

In der vul. Teatral'na stand an der Stelle des heutigen Hauses Nr. 22 zu Beginn des 18. Jahrhunderts das Trinitarierkloster, das später zur Lemberger Universität gehörte. In den Jahren 1852 bis 1862 wurde es nach den Entwürfen von W. Schmidt und mit Beteiligung S. Havryševyčs umgebaut. Im neuen Gebäude errichtete man das ukrainische ›Volkshaus‹, das das akademische Männergymnasium, eine Bibliothek und das ukrainische Theater ›Rus'ka Besida‹ (Ruthenisches Gespräch) beherbergte. Im Volkshaus wurde am 1. November 1918 die Westukrainische Volksrepublik proklamiert. Heute ist es das ›Haus der Offiziere‹ [13]. Hier befindet sich auch das modern eingerichtete Filmtheater ›Kinopalast‹.

Das dreistöckige Haus Nr. 18 ein Stück weiter südlich wurde 1830 im eleganten klassizistischen Stil nach Plänen W. Rawskis errichtet. Anfangs befand sich in ihm das Dzieduszycki-Museum. Der polnische Graf Wladimir Dzieduszycki besaß es seit dem Jahre 1868. Er war ein anerkannter Lemberger Politiker, Marschall des Galizischen Landesparlamentes, aber vor allem Zoologe, Archäologe und Ethnograph. Das heutige Staatliche Ukrainische Naturwissenschaftliche Museum setzt eigentlich die Tradition des Museums der Grafenfamilie Dzieduszycki fort, das aus der Stiftung des Grafen gegründet worden war. Dieses Museum war das erste und einzige dieses Types im damaligen polnischen Reich. Es besaß etliche wertvolle, oft einmalige Ausstellungsgegenstände, unter ihnen ein Nashorn, interessante Vogel- oder Mineralsammlungen. Leider ist es seit vielen Jahren wegen Renovierungsarbeiten geschlossen.

Die ehemalige Jesuitenkirche

Die vul. Teatral'na schmückt einer der sehenswertesten Sakralbauten Lembergs, die St.-Peter-und-Paul-Kirche des Jesuitenstiftes mit dem ehemaligen Jesuitenkolleg [14]. Leider ist sie seit über 50 Jahren geschlossen. Die ersten Jesuiten kamen im Jahre 1584 nach Lemberg. Im Jahre 1610 legte der damalige Erzbischof Johann Zamojski den Grundstein für den heutigen Kirchenkomplex, der im Jahre 1635 fertiggestellt wurde. Die Barockkirche war eine der größten in der Stadt und konnte samt ihren Emporen über den Seitenschiffen 5000 Personen Platz bieten. An die Nordwand der Kirche grenzt das im Jahre 1723 erbaute Kloster mit dem barocken Eingangsportal. Hier befand sich das Jesuitenkolleg, das der polnische König Kasimir 1661 als Lemberger Universität beim Jesuitenstift gegründet hatte. Seit dem Jahre 1778 befand sich im gesamten Gebäude ein Zivilgericht. Die einst größte und schönste Barockkirche Lembergs wurde nach dem Zweiten Weltkrieg in ein Lager für Bücher und Zeitschriften umgewandelt, in dem sich auch ein erheblicher Teil der polnischen Ossolinski-Sammlungen befinden soll.

Vor der St.-Peter-und-Paul-Kirche befinden sich zwei moderne Straßencafés, die zu einem schmackhaften Lemberger Bier, einer Tasse Kaffe oder etwas anderem Guten einladen, um für den weiteren Spaziergang neue Kraft zu schöpfen.

Gegenüber dem Haus Nr. 10 der vul. Teatral'na liegt der pl. Ivana Pidkovy. Sein Zentrum nimmt das Ivan-Pidkova-Denkmal ein. Pidkova war ein bekannter Kosakenführer aus dem 16. Jahrhundert. Er mischte sich mit seinem Kosakenheer in den moldauischen Bürgerkrieg ein. Es gelang ihm sogar, die damalige moldauische Hauptstadt Jassy (heute Rumänien) zu erobern. Pidkova wurde zum Hospodar (Herrscher) des Landes ernannt. Später mußten die Kosaken auf polnisches Territorium fliehen, wo Ivan Pidkova von den Türken verhaftet und auf Befehl des polnischen Königs in Lemberg auf dem Marktplatz im Jahre 1578 hingerichtet wurde. Das originelle Denkmal wurde an dieser Stelle im Jahre 1982 als Spende des Schöpfers, des Bildhauers Petro Kulyk, errichtet.

Die Marienkathedrale

Zurück auf der vul. Teatral'na, sind es nur ein paar Schritte bis zum pl. Katedral'na (Domplatz). Von weitem ist schon den Turm der Kathedrale [15] zu sehen.

Zu jeder mittelalterlichen Stadt gehörten traditionell zwei Bauwerke: das Rathaus und die Kathedrale. Für letztere wurde in Lemberg sehr viel Geld ausgegeben. Sie sollte das Herrliche und Majestätische über den lokalen Patriotismus der hier lebenden Bevölkerung zum Ausdruck bringen. Die Lemberger Marienkathedrale – auch Lateinische Kathedrale genannt – ist seit jeher das Zentrum des religiösen Lebens der in der Stadt lebenden und sie besuchenden Polen. Sie gehört zu den ältesten ursprünglich gotischen Sakraldenkmälern Lembergs. Der polnische König Kasimir der Große stiftete den Bau einer neuen Basilika, für die er im Jahre 1360 den Grundstein legte. Der Baumeister N. Niczko leitete die Bauarbeiten, die im Jahre 1493, nach über 100 Jahren, vom Architekten H. Blecher beendet wurden.

Grabmal an der Nordseite der Lateinischen Kathedrale

Nach dem Stadtbrand im Jahre 1527 mußte auch die Kirche erneuert werden. In den Jahren 1760 bis 1768 wurde auf Initiative des Erzbischofs Wacław Sierakowski die Kathedrale nach Plänen von Peter Polejowski im Barockstil umgebaut. Der 64 Meter hohe Turm erhielt einen barocken Helm. Das Kircheninnere wurde in den Jahren 1771/72 vom Malermeister Stanislav Stroinski mit Fresken geschmückt. Die spätgotische Orgel [8] stammt von der Lemberger Firma Duchenski. Die bemalten Glasfenster im Presbyterium entstanden nach Plänen von Jozef Mehoffer und Jan Matejko. Im Laufe der Jahrhunderte veränderte sich die Kathedrale mehrmals, sowohl außen als auch innen. Elemente der Gotik, Renaissance, des Barock, des Rokoko, des Klassizismus und des Jugendstil lassen sich finden. In den Jahren 1970 bis 1980 wurden verschiedene Erneuerungen im Hauptschiff und in den Seitenschiffen vorgenommen. In den Jahren 1999 bis 2001 wurde das Presbyterium restauriert. Papst Johannes Paul II. besuchte am 26. Juni 2001 die Marienkathedrale. Zu Ehren des Besuches wurde im Juni 2003 neben dem Haupteingang [4] eine Gedenktafel enthüllt. In der Gruft der Kathedrale ruhen die Leichname Lemberger römisch-katholischer Metropoliten und Erzbischöfe.

Dominierend zeigen sich im barocken Hauptaltar [12] die vier meisterhaft gemeißelten, übergroßen Figuren der heiligen Kirchenväter Augustin, Georg, Ambrosius und Hieronimus. Sie wurden vom Bildhauer Maciej Polejowski in den Jahren 1768/69 geschaffen. Über dem Hochaltar befindet sich das sogenannten Domagalicz-Madonnen-Wunderbild. Es ist ein Werk von Josef Scholz-Wolf aus dem Jahre 1598. Es befand sich ursprünglich in der gleichnamigen Kapelle an der Außenmauer der Kathedrale als Epithaph der Katarina Domagalicz. Nach der Zerstörung der Domagalicz-Kapelle im Jahre 1756 erhielt das Madonnenbild seinen ehrenhaften Platz im Hauptaltar der Kathedrale. Vor dem Madonnen-Wunderbild legte am 1. April 1656 der polnische König Kasimir das berühmte Gelöbnis der Nation ab, in dem er die Heilige Jungfrau Maria zur Königin der polnischen Krone krönte. An der linken Wand des Presbyteriums befindet sich das bronzene Grabmal des Nikolaus Herburt in Form einer liegenden Rittergestalt, ein Werk des Nürnberger Meisters Pankraz aus dem Jahre 1551. Rechts befindet sich das barocke Marmor-Bronze-Epithaph der fürstlichen Familie Saphieja. Es ist ein Werk des bekannten Lemberger Bildhauers Anton Popiel aus dem Jahre 1904.

Neben der Innengestaltung der Kathedrale hinterlassen ebenso die Seitenkapellen einen tiefen Eindruck auf ihre Besucher. Die erste Seitenkapelle rechts des Haupteinganges ist die Kapelle des leidenden Christus [9]. Sie wurde im 16./17. Jahrhundert errichtet und 1904 restauriert. Die Kapelle der Madonna von Częstochowa [10] entstand ebenfalls in dieser Zeit. Die letzte Kapelle auf der rechten Seite ist die Kapelle des gekreuzigten Christus [11], die im 17./18. Jahrhundert im Rokoko-Stil entstand. Links des Presbyteriums befindet sich die im

17./18. Jahrhundert im Rokoko-Stil gestaltete Kapelle des heiligen Sakraments [7]. Neben ihr hat die Kapelle der Heiligen Madonna [6], ehemals die Kapelle der Literaten-Brüderschaft, ihren Platz.

Die architektonische Perle der Marienkathedrale bildet die Kapelle der Familie Campian [5], ein Grabdenkmal im Renaissancestil. Die Kapelle wurde Ende des 16. Jahrhunderts von Dr. Paul Campian als Familien-Mausoleum errichtet und von seinem Sohn Martin Anfang des 17. Jahrhunderts vollendet. Der Patrizierfamilie Campian gehörten anerkannte Lemberger Mitglieder des Stadtrates, Gelehrte, Ärzte und Bürgermeister an. Die Altarnischen zieren zwei Figuren der Evangeli-

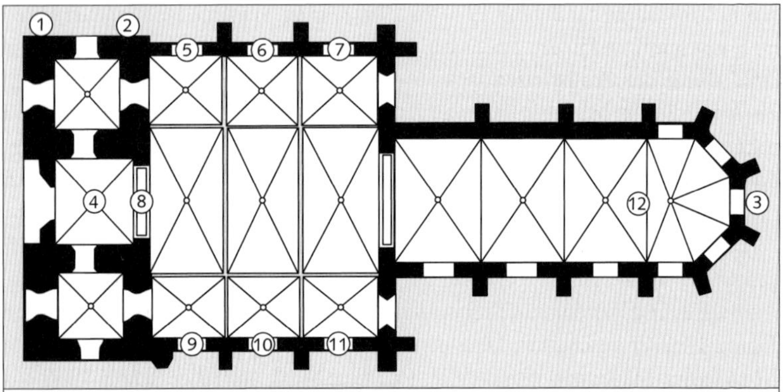

Grundriß der Lateinischen Kathedrale

sten Peter und Paul. Sie sind das Werk des Bildhauers Heinrich Horst. Die ovalen Kartuschen an den Seitenwänden schmücken vier Epithaphe mit Apostelgestalten. Die Wände wurden mit Marmor und Alabaster vom Bildhauer Johann Pfister gestaltet und sind als große Epithaphe gedacht, die im italienischen Renaissancestil mit deutsch-flämischen frühbarocken Ornamenten geschaffen wurden.

An der Außenwand der Kathedrale kann man drei in Sandstein gemeißelten Reliefs [1] bewundern. Im mittleren Teil ist Christi Auferstehung zu sehen, links die Grablegung und im rechten Teil Christus als Gärtner vor Maria Magdalena.

An der Westseite der Außenwand befand sich die bereits erwähnte, bis zur vul. Halyc'ka hinausragende Kapelle der Familie Domagalicz. Zur Erinnerung an sie befindet sich an der Giebelmauer der mittleren Apsiswand das Porträt ihres Stifters Adalbert Domagalicz [3]. Das barocke ›Grabmal Christi‹ [2] an der Nordwand war ursprünglich ein freistehendes Monument. Es gehörte zum einstigen Friedhof, der sich hier bis zum Ende des 18. Jahrhunderts befand. Im Jahre 1783 wurden die Beerdigungsstätten neben den Kirchen abgeschafft.

Die Boim-Kapelle

Die Boim-Kapelle ist ein in seiner Prächtigkeit erhalten gebliebenes Kunstwerk des ehemaligen Friedhofs neben der Lateinischen Kathedrale. Die gesondert stehende Kapelle befindet sich neben der Kathedrale auf dem pl. Katedral'na. Die Rückseite dieser Kapelle grenzt an die vul. Halyc'ka. Dieses Mausoleum ist die Familiengruft der reichen und einflußreichen Kaufmannsfamilie Boim. Sie wurde in den Jahren 1609 bis 1615 im Stil der Spätrenaissance vom Architekten Andreas Bemer und den Bildhauern H. Scholtz und Johann Pfister errichtet. Die Laterne unter dem Kreuz krönt die Figur des sitzenden, leidenden und nachdenklichen Christus. Auf dem Fries unter der auf dem runden Tambour ruhenden Laternenkuppel ist nur noch schwach die Inschrift zu erkennen: »O vos omnes, qui transitis per vitam, attendite et videte si est dolor, sicut dolor meus« (Oh, ihr alle, die ihr das Leben durchwandert, haltet inne und schauet, ob es ein Leid wie meines gibt). Die Fassade erweckt den Eindruck eines in Skulpturform übertragenen, riesigen Kupferstichblattes mit Passionsbildern.

Nachdenkliche Christusfigur auf der Kuppel der Boim-Kapelle

Im Inneren wurde ein hoher, mit fünf Reihen bis in die Kuppel reichender und mit Figuren und Ornamenten überladener Altaraufsatz ausgeführt. Es sind Steinreliefs, die das Leiden Christi darstellen. An der Südseite befindet sich ein in Alabaster geschnitztes Epitaph der Familie Boim. Die Mitte dieser Wand ziert ein von Johann Pfister im Jahre 1617 geschaffenes Alabasterrelief, eine Pietà. Aus der Mitte des 17. Jahrhunderts stammen die beiden Porträts der Familie Boim über der Eingangstür, die der Lemberger Malermeister J. Gallus schuf. Die Boim-Kapelle besitzt nicht nur einen lokalen, sondern vor allem einen außerordentlichen kunsthistorischen Wert. Außerhalb der Kapelle, an der Außenwand zur vul. Halyc'ka kann man die gemalten Porträts von Georg und Jadwiga Boim bewundern. Sie sind das Werk von Johannes (Jan) Gian aus dem 17. Jahrhundert.

Die vulycja Halyc'ka

Die vul. Halyc'ka gehört zu den ältesten Straßen der Stadt. Im Jahre 1382 wurde sie erstmals schriftlich erwähnt. Ihren Namen erhielt sie von der Stadt Halyč (26 Kilometer von Ivano Frankivs'k entfernt), in deren Richtung sie führte. Als das Befestigungssystem der Stadt Mitte des 14. Jahrhunderts errichtet wurde, existierte bereits das Halyc'ka-Stadttor. Es stand am Schnittpunkt mit der vul. Brativ Rohatynciv. Der Name der vul. Halyc'ka ist seit ihrem Bestehen noch nie geändert worden, jedoch hat sich ihr Straßenbild stark verändert. Heute finden sich hier moderne Geschäfte. Einige architektonisch interessante Details sind aber erhalten, zum Beispiel am Haus Nr. 10, über dessen Eingang ein Steinemblem auf den einstigen Namen ›Zum Schwan‹ hinweist. Das Haus Nr. 11 hatte den Namen ›Zum Löwen‹. Oben am Gebäude erinnert die Gestalt eines ungewöhnlichen Löwens mit zwei Rümpfen daran.

Am Ende der vul. Halyc'ka sieht man linker Hand das im Jahre 2002 eingeweihte Denkmal des Großfürsten und späteren Königs Danylo, des Begründers der Stadt. Dem Denkmal gegenüber befindet sich der pl. Halyc'ka, der im 18. Jahrhundert nach dem Abriß der Befestigungsmauern und der Zuschüttung des Stadtgrabens entstand und einer der wichtigsten Plätze der Stadt war und auch heute noch ist. Von diesem Platz aus kann man mit den verschiedenen Transportmitteln – Straßenbahn, Kleinbus (Marschrouten-Taxi) oder Bus – zu allen in- und außerhalb der Stadt gelegenen Orten gelangen.

Das Bernhardinerkloster

Schon von weitem ist die elegante Silhouette der heute unierten St. Andreaskirche mit dem Bernhardinerkloster [16] zu sehen, die sich auf dem heutigen pl. Soborna befindet. Von 1650 bis 1946 trug er den Namen Bernhardinerplatz. Die einst römisch-katholische Bernhardinerkirche mit ihrem Kloster gehörte zu den schönsten Sakralbauten Lembergs im polnischen Reich. Die reich dekorierte Fassade erinnert an die italienische und niederländische Architektur.

Bernhardinermissionare erbauten im 15. Jahrhundert in der Stadt ihre erste Kirche sowie das Bernhardinerkloster. Im 17. Jahrhundert entstand der heutige Kirchenkomplex nach Plänen der Architekten Paul Domicin und Ambrosius Przychylny sowie des Breslauers Andreas Bemer. Seit dem Jahre 1990 befindet sich in der ehemaligen römisch-katholischen Bernhardinerkirche die unierte St. Andreaskirche. Das an das Kirchengebäude anschließende Bernhardinerkloster sowie der freistehende Glockenturm, umgeben von den Verteidigungsmauern und Bastionen, gehörten einst zu den Anlagen des Stadtbefestigungssystems. Trotz mehrerer Umbauten sind am und im Kirchenensemble viele seiner architektonischen Elemente erhalten geblieben. Nach dem Zweiten Weltkrieg waren in den Gebäuden eine Musikschule sowie das städtische und ukrainische Archiv mit Teilen der Ossolineum-Sammlungen und anderer Bibliotheken untergebracht.

Das Kirchengebäude ist ein dreischiffiger Basilikabau. Das hohe Mittelschiff ist auf beiden Seiten durch drei mächtige Pfeiler von den niedrigeren Seitenschiffen getrennt. Der 38 Meter hohen Glockenturm sowie die architektonisch kunstvoll gestaltete Fassade ist ebenfalls ein Werk Bemers. Die hervorragend gearbeitete Giebelfassade wurde durch Heiligenskulpturen des Bernhardinerordens bereichert.

Ebenso imponierend ist die barocke Innengestaltung mit den 15 Altären und den wertvollen Fresken, die von den Lemberger Malern Bartnicki, Mazurkiewicz und Stoczynski geschaffen wurden. In der rechten Seitenkapelle befindet sich das Madonnenstandbild, das einst den Brunnen auf dem Stadtboulevard krönte.

Auf dem südlich gelegenen Kirchhof steht noch der Rokoko-Brunnen aus dem 18. Jahrhundert. Rechts des Kirchhofes ist die alte Kloster-Befestigungsmauer mit Fragmenten der hölzernen Schützenstandgalerien zu sehen. Die im Jahre 1761 vor der Kirche aufgestellte Säule trug einst die Statue des heiligen Jan von Dukla, der seine letzten Jahre im Bernhardinerkloster verbrachte. Diese Plastik wurde zu sowjetischen Zeiten zerstört. In der Sakristei ist die Grabplatte des Jan von Dukla erhalten geblieben. Sie ist das Werk des Bildhauers W. Kapinos aus dem Jahre 1608. An den Wänden des Presbyteriums befinden sich große quadra-

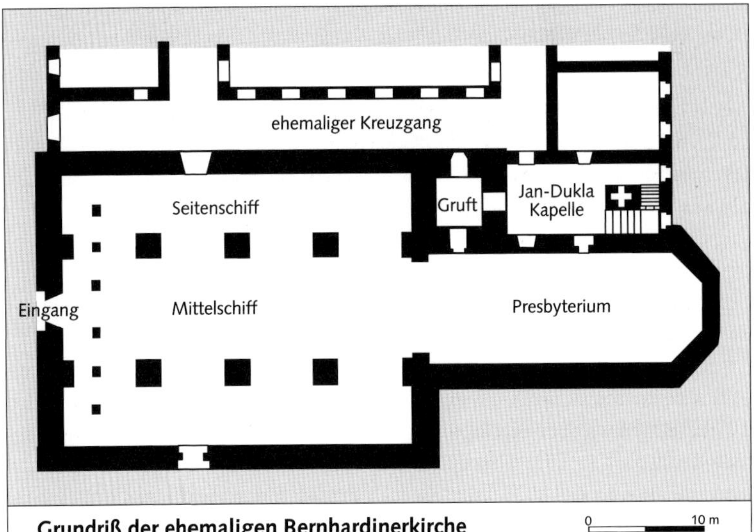

Grundriß der ehemaligen Bernhardinerkirche

Deckenfresko in der ehemaligen Bernhardinerkirche

tische Holztafeln mit Ölbildern der Wunder des gesegneten Jan von Dukla aus dem Jahre 1483.

Den Kircheninnenhof verläßt man durch das Glinianski-Tor. Das ehemals verschüttete Steinmauerwerk mit dem Tor wurde bei Restaurierungsarbeiten in den 1970er Jahren wieder freigelegt. Aus dem Stadttor kommend nach links, gelangt man durch die vul. Valova zurück zum Stadtzentrum. Die vul. Valova selbst entstand zu Beginn des 20. Jahrhunderts. Sie wird vorwiegend von Gebäuden im Jugendstil geprägt.

Vom Mickiewicz-Platz zum Opernhaus

Das mittelalterliche Lemberg entwickelte sich zu einer feudalen Stadt von wirtschaftlicher und militärischer Bedeutung sowie zu einem wichtigen Zentrum des religiösen Lebens verschiedener Glaubensbekenntnisse. Die Lemberg kreuzenden Handelsstraßen, vor allem die aus dem Orient nach Mitteleuropa führenden Warenwege, verhalfen der Stadt zu Wohlstand und Macht. Vor allem im 19. Jahrhundert begann man die Stadt von seinem bisherigen Zentrum aus zu vergrößern. Die Straßen und Wege wurden in einem strahlenähnlichen System ausgebaut. Die Bereiche zwischen ihnen wurden nach und nach mit dem Stadtzentrum verbunden. Dieses Schema ist bis heute erhalten geblieben.

Aus der historischen Altstadt verlaufen strahlenförmig auch Straßen, die diese mit der erweiterten Altstadt verbinden.

Der erste Spaziergang außerhalb der Altstadt beginnt auf dem prospekt Svobody, dem Stadtboulevard Dort befinden sich zahlreiche Traditionshotels, moderne Hotels, Cafés, Restaurants, Banken, Museen und Einkaufszentren.

Der Mickiewicz-Platz

Der pl. Mickevyča befindet sich am Beginn des pr. Svobody. Von ihm verlaufen die malerisch angelegten Promenaden und belebten Nebenstraßen. Das Denkmal des polnischen Dichters Adam Mickiewicz [1] krönt den Platz seit dem Jahre 1905. Es wurde anläßlich des 50. Todestages des Dichters vom Lemberger Bildhauer Anton Popiel geschaffen. Auf einer Granit-Kolumne steht die Bronzefigur Adam Mickiewiczs im Gespräch mit dem Genie mit Flügeln, dessen Hände eine Leier halten. Den Abschluß der Kolumne ziert eine kunstvoll aus Stein geschaffene Feuerschale, die das ewige Licht symbolisiert. Bis zur Enthüllung des Denkmals krönte das nun in seiner Nähe aufgestellte Madonnenstandbild den Platz, das ihm seinen früheren Namen – Marienplatz – verliehen hatte.

Das ›Sprecher-Haus‹ nennt man das hohe Eckgebäude hinter dem Denkmal. Es ist das erste private Mietshaus der Stadt, das in den Jahren 1912 bis 1921 von den Architekten Julian Cybulski und F. Kassler für Jonatan Sprecher gebaut wurde. Zu Beginn des 20. Jahrhunderts war es das höchste Gebäude der Stadt. Vor dem Zweiten Weltkrieg befanden sich hier die Botschaften Ungarns und Rumäniens. Im Erdgeschoß des Hauses haben die größten Buchhandlungen der Stadt ihren Platz. Hier kann man die schönsten Ansichtskarten, Stadtpläne, Alben,

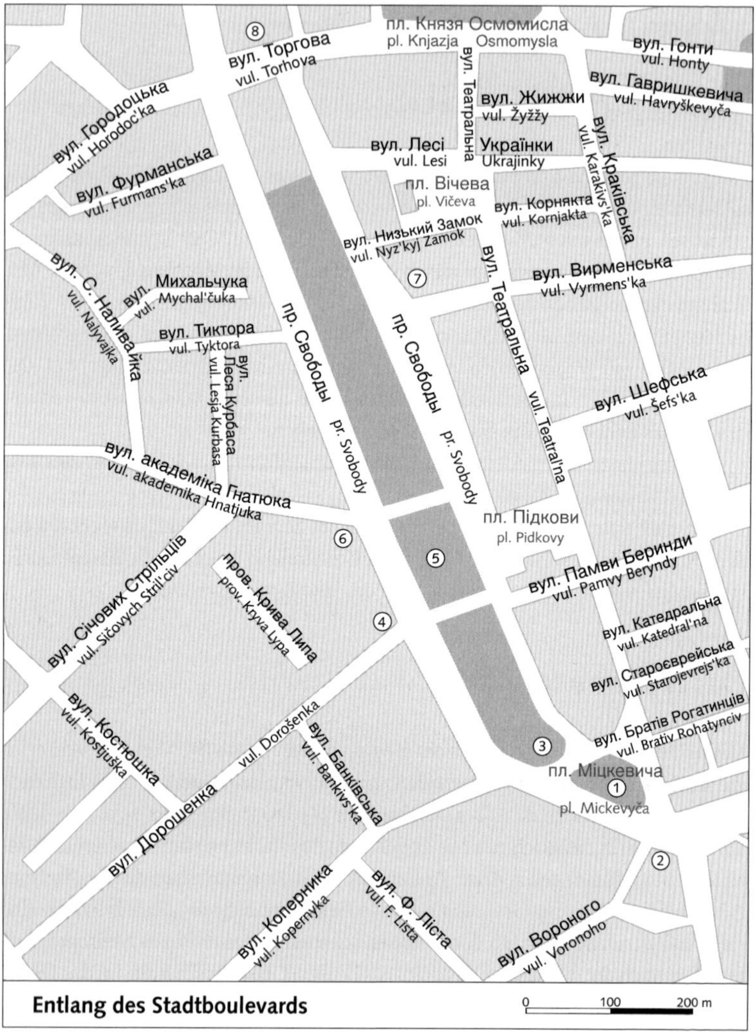

Entlang des Stadtboulevards

Legende

1 Adam-Mickiewicz-Denkmal
2 Hotel ›Žorž‹ (готель Жорж)
3 Madonnenbrunnen
4 Grand-Hotel (Гранд готель)
5 Taras-Ševčenko-Denkmal (пам'ятник Шевченка)
6 Ethnographiemuseum (музей Етнографії)
7 Nationalmuseum (Національний музей)
8 Opernhaus (Театр опери та балету)

Bücher und Wörterbücher kaufen. Die ebenfalls im Parterre gelegene Apotheke wurde in den 1920er Jahren gegründet. Ihr Eigentümer war Stefan Stenzel. Die Innengestaltung besitzt heute noch ihren ursprünglichen Biedermeierstil.

Auf der gegenüberliegenden Straßenseite des Denkmals präsentiert sich Lembergs älteste Hotel [2], das ›Žorž‹ (George). Seinen Namen verdankt es dem Gründer des im Jahre 1793 an gleicher Stelle erbauten Gasthofes: Georg Hoffmann. Das heutige Gebäude entstand im Jahre 1901, es wurde im Neorenaissancestil von den Wiener Architekten Hermann Helmer und Ferdinand Fellner entworfen. Die Seitenfassaden werden von den allegorischen Statuen Amerika, Afrika, Europa und Asien geziert. Das Flachrelief des heiligen Georg schmückt die Mitte der Hauptfassade am Dachgesims.

Der Stadtboulevard

Der Stadtboulevard, prospekt Svobody, befindet sich über dem im 19. Jahrhundert einbetonierten Flußbett der Poltava. Er trennt die Allee in zwei gleichlaufende Fahrstraßen. In der Nähe des Mickiewicz-Denkmals steht ein umzäunter Brunnen mit einem Madonnenstandbild [3]. Die Gottesmutter Maria ist die Beschützerin der Stadt. Das heutige Standbild ist eine Kopie, es wurde 1997 geweiht und an der gleichen Stelle aufgestellt, an der es sich bis zum Zweiten Weltkrieg befunden hatte. Das Original-Marmorstandbild, das von Gräfin Seweryna Baden, der Gattin des Gouverneurs von Galizien Kasimir Baden gestiftet wurde, ist ein Kunstwerk des Münchner Bildhauers J. N. Haulmann von 1862. Dieses Madonnenstandbild wird von den Bürgern und Besuchern der Stadt in der St. Andreaskirche, die seit Jahrhunderten den pl. Soborna krönt, verehrt und angebetet.

Gegenüber dem Brunnen mit der Madonnenplastik sieht man rechter Hand eines der schönsten Steinhäuser, die zu Beginn des 19. Jahrhunderts im Empirestil gebaut wurden. Bis zum Jahre 1939 befand sich in diesem Gebäude die ›Kreditgesellschaft der Grundstückbesitzer‹. In den Jahren 1853 bis 1855 wohnte hier der österreichische Erzherzog Karl Ludwig. Ihm zu Ehren hieß der linke Teil des heutigen pr. Svobody bis zum Jahre 1918 Karl-Ludwig-Straße. Die rechterseits verlaufende Straße trug den Namen Hetman-Wälle.

Rechts daneben, auf der linken Straßenseite, befindet sich das im Jahre 2002 eröffnete moderne Restaurant ›Niagara mit eleganter und interessanter Innengestaltung. Besonderen Eindruck hinterläßt ein Aufenthalt in den historisch eingerichteten Kellerräumen, den sogenannten Rittersälen. Gutes Essen und eine herzliche Atmosphäre machen einen Besuch in diesem Lokal lohnenswert.

Vor dem Überqueren der kleinen, den Boulevard teilenden Straße sollte man unbedingt einen Blick nach rechts werfen. Eine malerisch angelegte schmale Straße ermöglicht einen Blick in die mittelalterliche Altstadt. Den Horizont krönen die Silhouetten des Kornjakt-Turmes und etwas höher die zwei schlanken Türme der St. Michaelkirche inmitten historischer Stadtbauten.

Linker Hand nimmt die bergaufwärts führende vul. Dorošenka ihren Anfang. Weit oben sind auf der rechten Straßenseite die weißen Türme der St. Maria-Magdalena-Kirche zu sehen. Links des Stadtboulevards schmückt das eleganteste Hotel der Stadt den pr. Svobody. Es ist das traditionsreiche, 1992 nach Rekonstruktionsarbeiten als Luxusunterkunft eröffnete ›Grand Hotel‹ [4]. Es entstand Ende des 19. Jahrhunderts nach Entwürfen des Architekten E. Hertmanik. Der in Lemberg tätige Bildhauer Leonard Marconi schuf die Dekorationen der Fassade. Ende des 19. Jahrhunderts besaß das Hotel als eines der ersten Lemberger Gebäude elektrische Beleuchtung.

Das Eckgebäude vor dem Grand Hotel besitzt eine besondere Geschichte. Sie ist verbunden mit Leopold von Sacher-Masoch, dem bekannten österreichischen Schriftsteller, der in diesem Hause geboren wurde. Sein Vater war in den Jahren 1836 bis 1848 der Leiter der Lemberger Polizeikommandantur, die sich im Gebäude des heutigen Restaurants des ›Grand Hotels‹ befand. Seine Mutter war die Tochter des bekannten Lemberger Arztes Dr. Franz Masoch, des späteren Rektors der Lemberger Universität. Einen Teil seiner schriftstellerischen Werke widmete Leopold von Sacher-Masoch seinen Erinnerungen an das Land Galizien. Dazu gehören unter anderem seine Werke ›Eine galizische Geschichte‹, ›Erinnerungen an Galizien‹, ›Don Juan aus Kolomyja‹ und ›Venus im Pelz‹.

Das Bronzedenkmal des ukrainischen Nationaldichters Taras Ševčenko schmückt das Zentrum des Boulevards [5]. Es wurde 1992 von den Lemberger Bildhauern W. und A. Suchorski geschaffen. Links neben dem Dichter erhebt sich eine zwölf Meter hohe Stele mit Flachreliefs, die die Welle der nationalen Erneuerung des ukrainischen Volkes symbolisieren. Taras Ševčenko (1814–1861) gilt als einer der Begründer der ukrainischen Literatursprache und ist berühmt als Dichter und auch Maler. Er entstammt einer Kosakenfamilie, die auf dem Territorium der Ostukraine durch die Zarin Katharina in die Leibeigenschaft getrieben wurde. Er gehört zu den größten Dichtern des ukrainischen Volkes, der in seinen Werken trotz Verbot und Strafen das schwere Leben seines Volkes darstellt. Sein Buch ›Kobzar‹ (Sänger) ist weltweit bekannt. In seinen Gedichten, Balladen, Poemen und Novellen in ukrainischer Sprache schreibt er über ukrainisch-volkskundliche, geschichtliche und auch politische Themen seines Landes. Er verstarb in St. Petersburg. Sein Leichnam wurde noch im gleichen Jahr in die Ukraine, nach Kaniv in der Nähe von Kiev, überführt. Mit seinen Gedichten stärkte er das ukrainische Nationalgefühl. Seine Bedeutung als großer ukrainischer Freiheitskämpfer wurde verschwiegen und alle seine Werke verboten. In der Zeit der Perestrojka wurde er zur Kultperson des ukrainischen Volkes.

Das Ethnographiemuseum

Anzeige der Galizischen Volksbank vom Ende des 19. Jahrhunderts

Nur ein paar Meter weiter befindet sich das Museum der Ethnographie und des Kunstgewerbes [6]. Das Eckgebäude gehört zu den schönsten Bauwerken dieser verkehrsreichen Hauptstraße. Es wurde in den Jahren 1874–1891 im Stil der Neorenaissance vom Lemberger Architekten Julian Zacharewicz für die ›Galizische Volksbank‹ gebaut. Der Eingang wird durch ein Barockportal geschmückt. Die Eckfassade schließt ein Kuppeldach und eine Attika mit der Komposition ›Sparsamkeit‹ des Bildhauers Leonard Marconi. Im Erdgeschoß des Gebäudes kann man das Standbild ›Fortuna‹, ein wunderschön gearbeitetes Kunstwerk des Bildhauermeisters Julian Markowski bewundern. Die Reliefarbeiten an gleicher Stelle stammen aus der Werkstatt von Marconi. In den Ausstellungssälen des Museums geben mehr als 12000 Exponate Auskunft über ukrainische Sitten und Bräuche, Handwerk, Volkstrachten und volkstümliches Gewerbe. Gezeigt werden Kunstschätze der Weberei, Stickerei, Keramik, Holzschnitzerei sowie traditionelle Pissanki (bemalte Ostereier) aus verschiedenen Epochen. Interessant ist auch die Uhrensammlung, die älteste hier ausgestellte Uhr stammt aus dem Jahr 1562.

Das Eckhaus gegenüber vom Ethnographischen Museum wurde1912 für die Lemberger Filiale der Prager Kreditbank gebaut. Bis 1939 befand sich hier die Allgemeine Landesbank, heute ist hier die ›Prominvest-Bank‹ untergebracht.

Rechts hinter dem Ševčenko-Denkmal wird der pl. Pidkova von den Fassaden des im Jahre 1998 wiedereröffneten traditionellen ›Wiener Cafés‹, eines der ersten Cafés in der Geschichte der Stadt, geschmückt. Das Haus wurde im Jahre 1829 nach Entwürfen von M. Brezani gebaut und 1880 im Renaissancestil umgebaut. Das Café besitzt eine typische warme Kaffeehaus-Atmosphäre und ein großes Angebot an frischem Gebäck, Kuchen sowie Torten und Eis.

Die Silhouette des Rathausturmes auf der linken Seite und der Turm der Marienkathedrale auf der rechten Seite verleihen dem Platz einen weiteren wunderschönen Akzent.

Auf der gleichen Straßenseite grenzen an die hinteren Fassaden der Jesuitenkirche die Fragmente der rekonstruierten mittelalterlichen Stadtmauer und die ›Krämer-Bastion‹, in der sich ein modernes Restaurant gleichen Namens befindet.

Das Nationalmuseum

Etwas weiter hat auf der linken Seite am Stadtboulevard das Nationalmuseum [7] mit der Hausnummer 20 seinen Platz. Sein Bau ist ein Beispiel der Architektur der späteren Neorenaissance. Die Architekten Leonard Marconi und J. K. Janowski sind die Baumeister des in den Jahren 1898 bis 1903 erbauten Gebäudes. Das Museum wurde 1913 geöffnet. Zu den Kunstschätzen des Museums gehören ukrainische Ikonen des 14. bis 18. Jahrhunderts sowie Gemälde berühmter ukrainischer Meister des 19. bis 20. Jahrhunderts. In der Abteilung für ukrainische Volkskunst haben sowohl Kunstwerke vergangener Epochen als auch Werke der modernen angewandten Kunst ihren Platz.

Gegenüber vom Nationalmuseum verrät die goldene Aufschrift ›Svitoč‹ auf dunkelrotem Grund, daß sich hier das Geschäft des Lemberger Süßwaren- und Schokoladenbetriebes ›Svitoč‹ befindet. Ein süßer Einkauf in diesem Geschäft lohnt sich sehr. Schöne Pralinenkästen, schmackhafte Pralinen nach Gewicht, verschiedene bunte Bonbons und Teegebäck gehören zum Angebot der Verkaufsstelle.

Das Ethnographiemuseum, links das Grand Hotel

Das Opernhaus

Der Boulevard endet am imponierenden Operngebäude [8]. Einstmals ›Großes Theater‹ genannt, heißt es heute wörtlich das ›Theater der Oper und des Balletts‹. Das Lemberger Opernhaus trägt den Namen der weltberühmten ukrainischen Sopran-Opernsängerin Salomea Krušel'nyc'ka. Die Lemberger Oper gehört auch heute zu den schönsten Opernhäusern Europas. Es beeindruckt durch seine reiche bildhauerische Gestaltung im Stil der Renaissance sowie durch seine prächtigen barocken Innendekorationen. Das Projekt und die Aufsicht über den Bau selbst übernahm der bekannte, nicht nur in Lemberg schaffende Architekt Sigmund Gorgolewski, der auf dem hiesigen Lyčakivs'ke-Friedhof begraben wurde. Das Opernhaus entstand in den Jahren 1897 bis 1900. Den Haupteingang zieren drei Portale, die eine Loggia mit korinthischen Säulen überdeckt. Die Nischen rechts und links werden durch die allegorischen Statuen ›Komödie‹ und ›Tragödie‹ bereichert. Die mythologischen Szenen am Giebelfeld sowie die Plastiken ›Ruhmesgöttin‹, ›Poesie‹ und ›Musik‹ schuf der ukrainische Bildhauer P. Vijtoyyč.

Die Innengestaltung des Opernhauses ist reich an prunkvollen Dekorationen. Die Gestaltung mit Marmor in verschiedenen Farben, wunderschöne Stuckornamente und Malereien verleihen dem Inneren ein prachtvolles Aussehen. Insbesondere der Vorraum mit seinen prächtig verzierten großen Kristallspiegeln und den kunstvollen Deckengemälden sowie seiner gesamten barocken Gestaltung zieren die erste Etage des Opernhauses. Der Zuschauerraum bietet über 1000 Zuschauern im Parterre, in den Logen sowie auf den mehrreihigen Balkonplätzen Platz. Atemberaubend ist die elf Tonnen schwere eiserne Kurtine, der eiserne Vorhang, mit dem Gemälde ›Parnas‹, ein Kunstwerk H. Siemiradzkis. Diese Kurtine kann von den Opernbesuchern zur Saisoneröffnung, zu Premieren und besonderen Anlässen bewundert werden, denn nur dann wird sie offiziell dem Publikum gezeigt. Zu jeder anderen Bühnenaufführung wird der Zuschauerraum durch einen Vorhang von der Bühne getrennt.

Zum Repertoire des Opernhauses gehören weltbekannte Opern wie ›Aida‹, ›Nabucco‹, ›Giselle‹, ›Schwanensee‹, ›Carmen‹, ›Rigoletto‹ und viele andere. Und nur im Lemberger Opernhaus wird die Oper ›Moses‹ aufgeführt. Diese Oper hatte ihre Uraufführung im Jahre 2001, zu Ehren des Besuches von Papst Johannes Paul II., der auf seiner Fahrt in die Ukraine am 25./26. Juni 2001 Lemberg besuchte. Es war eine große Überraschung, als unangemeldet und unverhofft Papst Johannes Paul II. während der Generalprobe im Opernhaus erschien. Der Direktor selbst wollte es nicht glauben. Aber der Papst Johannes Paul II. fuhr von der geplanten Strecke auf dem pr. Svobody ab und stand plötzlich im Opernhaus. Die vom Besuch völlig überraschten Künstler sowie die Direktion und das gesamte Musiktheater nahmen mit unbeschreibbaren Gefühlen den Segen des Papstes entgegen.

Vom Mickiewicz-Platz nach Süden

Vom Mickiewicz-Platz verläuft entlang der Seitenfassade des Hotels ›Žorž‹ der pr. Ševčenka. Im 16. Jahrhundert war diese Straße unter dem Namen Garbars'ka (Gerberstraße) bekannt. Bis zum Jahre 1962 trug sie den Namen vul. Akademic'ka. Sie wird auch heute noch von den meisten einheimischen Lembergern so genannt. Ende des 19. Jahrhunderts wurde auch hier der durch diese Straße fließende Fluß Poltava einbetoniert. Über seinem Flußbett entstand die zweite, kleinere Stadtpromenade, die vor dem Zweiten Weltkrieg auch als ›Boulevard der Eitelkeit‹ bekannt war.

Zu den historischen Bauten der Straße gehört das zweite ›Sprecher-Haus‹ [1]. Es wurde im Jahre 1929 vom Architekten F. Kassler für Jonatan Sprecher im Stil des Funktionalismus gebaut. Ebenso wie das ›Sprecher-Haus‹ am pl. Mickevyča 8 zählt dieses zu den ersten Lemberger ›Wolkenkratzern‹. Heute befindet sich in seinem Erdgeschoß ein ›McDonald's‹-Restaurant.

Die Philharmonie

Begibt man sich kurz in die nächste rechte Seitenstraße, die vul. Čajkovs'koho, so trifft man nur ein paar Schritte entfernt auf der linken Straßenseite auf die Lemberger Philharmonie und Musikhochschule ›Stanislav Ludkevyč‹ [2]. Das Gebäude wurde im Jahre 1907 im Sezessionsstil vom Architekten Vladimir Sadlovski für die Galizische Musikgesellschaft gebaut. Die Fassade zieren Balkongeländer, die mit Musikornamenten geschmückt sind.

Beeindruckend präsentieren sich die beiden kunstvollen Metallschwäne auf dem Dach des Gebäudes, die vom Lemberger Bildhauer P. Harasymovyč geschaffen wurden. Der Konzertsaal ist mit Ornamenten im volkstümlichen Stil geschmückt und besitzt eine reiche und interessante Innenausstattung. Die barocke Konzertorgel von 1880 stammt aus der Lemberger Werkstatt Jan Sliwinskis und befand sich bis nach dem Zweiten Weltkrieg in der Dominikaner-Kirche.

Wer eine kleine Pause einlegen und sich etwas erholen möchten, kann sich in das schicke, gemütliche Café ›Kaffee auf Lemberger Art‹ begeben, das sich hinter der Philharmonie in der nächsten Seitenstraße rechts (vul. Kovžuna) befindet. Unmittelbar neben dem Café kann man aromatischen und schmackhaften Kaffee im Geschäft des Kaffeevertriebes ›Halka‹ kaufen. Aus verschiedenen Kaffeeländern wird auf Wunsch die beste Mischung zusammengestellt.

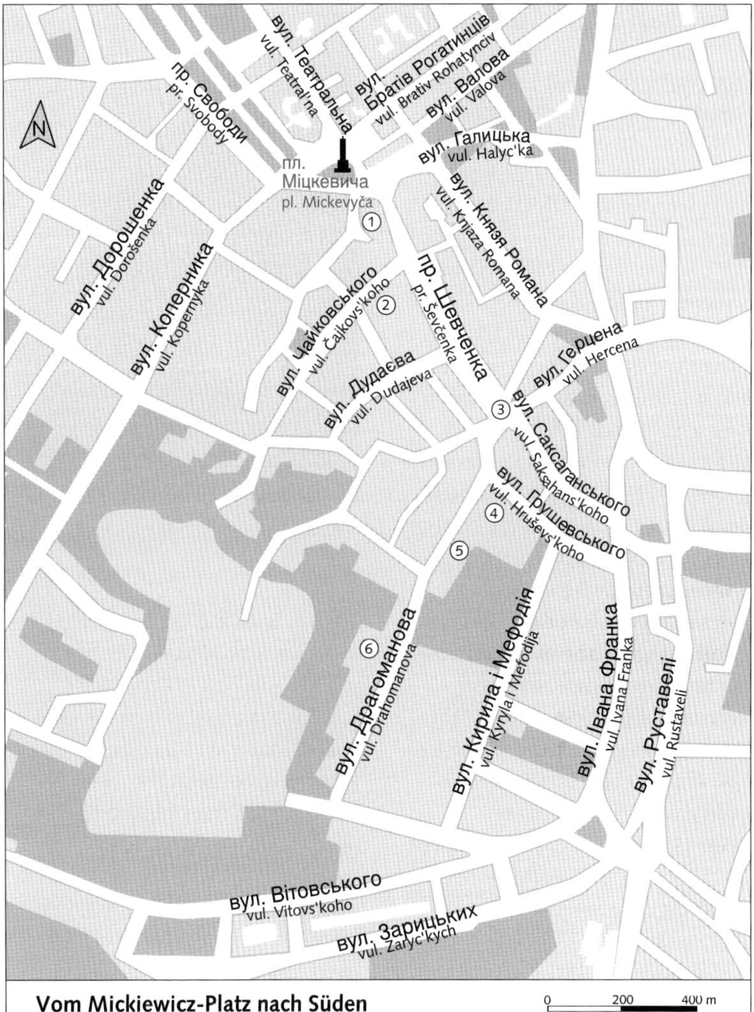

Vom Mickiewicz-Platz nach Süden

Legende

1 Sprecher-Haus
2 Philharmonie (філармонія)
3 Mychajlo-Hruševs'kyj-Denkmal (пам'ятник Михайла-Грушевського)
4 Maria-Schutz-Kathedrale (собор Покрови пресвятої Богородиці)
5 Universitätsbibliothek (Бібліотека Львівського Університету)
6 Nationalmuseum (Šeptyc'kyj-Sammlung) (Національний музей)

Mychajlo Hruševs'kyj

Mychajlo Hruševs'kyj

Mychajlo Hruševs'kyj (1866–1934) war der bedeutendste ukrainische Historiker und der erste Präsident der Ukraine im Jahre 1918. Erst nach 1991 wurden der Öffentlichkeit seine großen Werke zur Geschichte der Ukraine zugänglich gemacht. Zu seinem Schaffen gehören zahlreiche Bände zur Geschichte der Ukraine, in denen er die Existenz des ukrainischen Staates mit seinem Zentrum in Kiev wissenschaftlich begründet, wie auch Bände über die ukrainische Literatur. Seine Doktorarbeit hatte er an der Kiever Universität geschrieben, aber solche Untersuchungen wurden auf dem Territorium des zaristischen Rußland nicht unterstützt. Darum zog er auf Einladung ukrainischer Wissenschaftler nach Lemberg und leitete 20 Jahre lang den neugegründeten Lehrstuhl für ukrainische Geschichte. Seine Werke wurden nach seinem Tode 1934 verboten. Erst im Jahre 1991 wurde sein Schaffen erneut gewürdigt. Er war einer der Mitbegründer der Ukrainischen Nationaldemokratischen Partei Galiziens (1899). Im März 1917, kehrt er nach etwa dreijähriger Haft in Moskau nach Kiev zurück und wurde als eine der anerkanntesten Persönlichkeiten und Ideologen im politischen Leben der Ukraine zum Ersten Vorsitzenden des neuen Ukrainischen Zentralrates gewählt. In dieser Funktion wirkte er bis April 1918. Er mußte das Land im Herbst 1919 erneut verlassen. Er lebte zeitweilig in Prag, Wien, Berlin, schließlich siedelte er sich bis 1924 in Baden-Baden an. Nach seiner Rückkehr nach Kiev setzte er seine wissenschaftliche Tätigkeit als Historiker an der Akademie der Wissenschaften fort. 1931 wurde er vom KGB verhaftet und lebte seine letzten Jahre in Moskau. 1934 verstarb er unter ungeklärten Umständen an den Folgen einer Operation.

Sein Wohnhaus (vul. Ivana Franka 154) dient als Museum; es liegt direkt neben dem Ivan-Franko-Museum und zeigt zahlreiche Exponate über den Wissenschaftler sowie aus den Jahren 1917/18. Ivan Franko und Mychajlo Hruševs'kyj waren zu Lebzeiten eng befreundet.

Der Ševčenko-Prospekt

Zurück auf dem pr. Ševčenka, entzückt das Haus Nr. 10 mit seinen zwei Türmchen auf dem Dach. Es wurde im Jahre 1894 im Stil des Neobarocks vom Architekten J. Schulz und dem Bildhauer P. Marasimovič gebaut. Die eleganten Beschriftungen der Tafeln vor dem Eingang zum Hinterhof, weisen darauf hin, daß dort der exklusive ›Grand-Club Sofia‹ seine Gäste erwartet. Die moderne Innengestaltung des Clubs ist das Werk des Architekten E. Sobolevs'kyj aus dem Jahre 1997.

Das mit wunderschönen Ornamenten dekorierte Gebäude links der Straße unterscheidet sich von den anderen Bauwerken auf diesem Prospekt. Im ehemaligen Gebäude der Industrie- und Handelskammer befindet sich heute die Lemberger Gebiets-Staatsanwaltschaft. Den Bau projektierte der in Lemberg bekannte Architekt A. Zacharewicz. Links des Einganges sieht man einen Kranz aus Dornenzweigen mit einer Fotografie in seiner Mitte. An dieser Stelle wurde im Jahre 2000 der bekannte ukrainische Komponist Ihor Bilosir Opfer eines Überfalls. In einem der zentral gelegenen Lemberger Cafés hatte er mit Anhängern der russischen Sprache gestritten. Nach dem Verlassen des Cafés wurde er von zwei jungen Männern überfallen und geschlagen. Zwei Wochen später verstarb er im Krankenhaus, ohne zuvor sein Bewußtsein wiedererlangt zu haben. Seine Beerdigung war eine große Demonstration. Ihor Bilosir wurde auf dem Lyčakivs'ke Friedhof zu Grabe getragen. Jeden Tag besuchen nicht nur Lemberger, sondern auch viele Touristen seine Grabstelle.

Nebenan lädt das kleine, moderne Café ›Veronika‹ zum Verweilen ein. In gemütlicher Atmosphäre kann man hier bei gutem Kaffee und noch etwas Süßem oder auch bei Bier oder Cognac über den Fortgang des Spazierganges plaudern.

Im Eckgebäude am Ende der Straßenseite trafen sich die Lemberger Künstler, Schriftsteller und Universitätsprofessoren im populären Café ›Roma‹. Zu den Stammgästen gehörte der Schriftsteller Joseph Roth während seiner Studienjahre in Lemberg. Heute befindet sich hier das Café ›Akademic'ka‹.

Das Eckhaus auf der gegenüberliegenden Straßenseite entstand im Jahre 1909 nach Plänen des Architekten Z. Brochwicz-Lewinski. In den Jahren 1909 bis 1944 befand sich hier das berühmte Café ›Škots'ka‹, das Schottische Café. Es ging in die Geschichte als beliebtester Treffpunkt und Austragungsort großer Diskussionen der Lemberger Mathematiker Stefan Banach, Hugo Steinhauser und deren Kollegen H. Auerbach, S. Ulam und anderer Professoren ein. Sie alle sind die Gründer des ›Schottischen Buches‹, der berühmten Sammlung von Aufgaben und mathematischer Probleme, die im Notizbuch des Cafés eingetragen sind. Die Aufgabensammlung selbst eröffnet die Eintragung Stefan Banachs im August 1935 und endet mit einem mathematischen Problem H. Steinhausers im Mai 1941. Heute befindet sich im ehemaligen Café die ›Universal'nyj Bank‹.

Auf dem Ševčenko-Prospekt, besser bekannt als vul. Akademic'ka

Der pr. Ševčenka schließt mit einem kleinen Platz, der bis zum Jahre 1962 den Namen pl. Akademic'ka trug. In der Mitte des Platzes steht das monumentale Denkmal des ukrainischen Historikers und ersten Präsidenten der Ukraine, Mychajlo Hruševs'kyj. Das Denkmal wurde im Jahre 1994 von den ukrainischen Bildhauern D. Krvavyč, A. Posikira und L. Jaremčuk geschaffen. Es ähnelt in seiner Form dem Denkmal des polnischen Schriftstellers A. Fredro, das der Bildhauer Leonard Marconi schuf. Es stand in den Jahren 1897 bis 1946 an gleicher Stelle und verschönert seit 1956 den Marktplatz in Breslau.

Die Maria-Schutz-Kathedrale

Hinter dem Hruševs'kyj-Denkmal kreuzen sich die vul. Drahomanova und die vul. Hruševs'koho. Hier befindet sich der interessante architektonische Komplex der ehemaligen Pfarrkirche St. Nikolaus mit Kloster, das nach Plänen des Architekten F. Placidi errichtet wurde [4]. Die Kirche, die heute Sitz des ukrainisch-orthodoxen Bischofs ist, steht an der Stelle einer alten Holzkirche aus dem Jahre 1694. Sie trägt heute den Namen Maria-Schutz-Kathedrale (sobor Pokrovy).

Der zweite Trinitarier-Konvent in Lemberg entstand dank der Stiftung Nikolaus Strzalkowskis im Jahre 1694. Neben dem Trinitarierkloster entstand in den

Jahren 1739 bis 1745 eine gemauerte Barockkirche. Das dreischiffige Innere ist reich mit Stuckarbeiten geschmückt, die in der Mitte des 18. Jahrhunderts entstanden. Aus dieser Zeit stammt auch der Hauptaltar von Sebastian Fessinger. Die Rokoko-Kanzel wurde in Form des Schiffes des heiligen Peters gebaut. Von besonders hohem künstlerischen Wert ist der prächtige Altar aus dem Jahre 1595. Die in Alabaster gearbeiteten Flachreliefs stellen Passionsszenen dar. Der Alabaster-Altar stammt aus der Werkstatt Hermann von Hutte und ist eine Arbeit des Bildhauers Jan Saremba. Er befand sich bis zum 18. Jahrhundert in der Lateinischen Kathedrale.

Nach Aufhebung des Trinitarier-Ordens im Jahre 1784 wurde die Kirche 1786 in eine Pfarrkirche umgebildet. In den Jahren 1842 bis 1844 entstand nebenan das Universitätsgebäude und in dieser Zeit wurde aus der Pfarrkirche die Universitätskirche. Pastor der ehemals römisch-katholischen Kirche St. Nikolaus war Zygmunt Gorazdowski (1845–1920), der Gründer des Schwesternordens St. Josef. Nach dem Zweiten Weltkrieg wurde die Kirche in eine orthodoxe Kirche umgebildet und danach geschlossen. Im Jahre 1990 wurde der gesamte Sakralkomplex der ukrainisch-orthodoxen Kirche übergeben.

Im Nebengebäude befindet sich eine Abteilung der Lemberger Universität Ivan Franko. Die im Jahre 1661 gegründete Universität hatte ihren Sitz in den Jahren 1848 bis 1918 an dieser Stelle.

Die Universitätsbibliothek

In der vul. Drahomanova 5 hat die Wissenschaftliche Ivan-Franko-Universitätsbibliothek [5] ihren Sitz. Sie besitzt eine der ältesten und reichsten Buchsammlungen der Ukraine. Die ältesten Bücher stammen aus den Sammlungen des Jesuiten-Kollegiums vom Beginn des 17. Jahrhunderts. Die Bibliothek besitzt Sammlungen seltener Dokumente aus dem 15. bis 17. Jahrhundert, unter ihnen die Ostroger-Bibel aus dem Jahre 1581, sowie Handschriften aus dem 19. Jahrhundert. Seit 1990 befindet sich eine Abteilung der Bibliothek in dem neuen, fünfstöckigen Gebäude in der vul. Drahomanova 17.

Weiter bergauf gelangt man zu einem barocken Palast, der in den Jahren 1897 bis 1898 nach Plänen des Architekten Rausch umgebaut wurde. Seit dem Jahre 1912 gehört das Gebäude dem Nationalmuseum mit einer der reichsten Sammlung ukrainischer Kunst, die dank der Bemühungen des Metropoliten Andrej Šeptyc'kyj zusammengetragen wurde [6]. In dieser Abteilung des Nationalmuseums werden die größten Meister der ukrainischen bildenden Kunst des 20. Jahrhunderts wie Ivan Truš, O. Novakivs'kyj, O. Kulčyc'ka und andere Künstler ausgestellt, vul. Drahomanova 42.

Vater der Armen

Zygmunt Gorazdowski (1845–1920) wurde in Sanok geboren. Von Kindheit an litt er an einer schweren Lungenkrankheit. Nach Beendigung des Gymnasiums in Przemysl nahm er ein Jurastudium an der Lemberger Universität auf, das er im zweiten Studienjahr abbrach. Er trat dem geistigen Seminar in Lemberg bei. Wegen seines schlechten Gesundheitszustandes empfing er erst im Juli 1871, zwei Jahre nach Beendigung des Theologiestudiums und nach intensiver Therapie, die Priesterweihe in der Lateinischen Kathedrale.
Im Jahre 1877 begann Gorazdowski seine Tätigkeit als Priester und Wohltäter in Lemberg. In mehreren Schulen nahm er die katechetische Arbeit auf und betätigte sich als Verleger. Von ihm wurden ›Katechismus – Grundsätze und Bestimmungen einer guten Erziehung für Eltern und Erzieher‹, erarbeitet und herausgegeben sowie die ›Ratschläge für Jugendliche‹ und andere Artikel.
Er war Gründer einer Reihe karitativer Einrichtungen wie beispielsweise des ›Freiwilligen Arbeitshauses für Bettler‹. Priester Gorazdowski holte Bettler von den Straßen und brachte sie in Häusern unter, in denen sie wohnen und sich durch Arbeit selbst unterhalten konnten. Diese Gebäude aus gelb-roten Ziegelsteinen, die sich an der Friedhofsmauer hinter dem Baczewski-Mausoleum des Ličakivs'ke-Friedhofs befinden, gehören heute zu den Einrichtungen der ukrainischen Armee. Priester Gorazdowski gründete und unterhielt auch eine ›Volksküche‹. Im heutigen Krankenhaus oberhalb der Kirche St. Antonius, in der vul. Lysenka 45, richtete er ein ›Heim für unheilbar Kranke‹ ein. Auch die Einrichtungen ›Internat für arme Studenten‹, das Haus ›Christkind‹ für alleinstehende Mütter und verlassene Kleinkinder sowie die katholische polnisch-deutsche Schule, die sogenannte St. Josefschule waren Früchte seines Schaffens.
Er benannte am 17. Februar 1884 den Schwesternorden ›St. Josef‹. Schwestern dieses Ordens pflegen Schwerstkranke, Leidende, Arme und ältere verlassene Menschen, denen keine Hilfe von anderer Seite gewährt wird. Heute finden sich Missionsschwestern des St. Josef-Ordens in der Ukraine, in Polen, Deutschland, Frankreich, Italien sowie auch in Afrika und Südamerika. Priester Zygmund Gorazdowski wurde am 26. Juni 2001 während des Besuches von Johannes Paul II. in Lemberg heiliggesprochen. Das Lebensmotto des ›Vaters der Armen‹ war: ›Alles sein für alle, um wenigstens einen zu erlösen‹. Die Grabstätte von Gorazdowski befindet sich auf dem Ličakivs'ke-Friedhof.

Rund um die Universität

Am Madonnenstandbild am pr. Svobody befindet sich linker Hand die Kopernikusstraße (vul. Kopernyka). Seit der zweiten Hälfte des 19. Jahrhunderts bildet sie eine der Hauptadern des Lemberger Stadtzentrums. Die Straße besteht bereits seit dem 15. Jahrhundert. Das sogenannte ›Mykolaš-Haus‹ ist das Eckhaus auf der linken Straßenseite. Es entstand 1892 und wurde vom Architekten Jan Schulz errichtet. Die ›Mykolaš-Passage‹ befand sich zwischen der vul. Kopernyka und der heutigen vul. M. Voronoho. Der Architekt A. Zacharewicz baute sie 1900. Die gesamte Passage war mit einem Glasdach überdeckt, das von einer leichten Stahlkonstruktion gestützt war. Im Winter war die Passage beheizt. Innen erwarteten eine Ladenkette, kleine Cafés und Kinos die Besucher. Die berühmte ›Mykolaš-Passage‹ wurde während des Zweiten Weltkrieges zerstört.

Die Kopernikusstraße

Im Gebäude der vul. Kopernyka 1 befindet sich die im Jahre 1828 von Peter Mykolasz (1805–1873) gegründete Apotheke [1]. Im Frühjahr 1853 leuchtete im damaligen Apothekenraum die erste Petroleumlampe der Welt, eine Erfindung des Pharmazeutiker I. Lukasiewicz. Die Petroleumlampe selbst wurde von A. Bratkowski konstruiert. Die heutige Innengestaltung der Apotheke stammt vom Ende des 19. Jahrhunderts.

Auf der gegenüberliegenden Straßenseite beeindruckt das massive Gebäude der heutigen Ukrainischen Nationalbank [2]. Der Bau wurde auf Bestellung der Kreditgesellschaft der Grundbesitzer nach Plänen des Architekten A. Zacharewicz im Jahre 1914, noch vor Ausbruch des Ersten Weltkrieges, errichtet und als ›Zentrale Landesbank des Königreiches Galizien und Lodomerien samt dem Großherzogtum Krakau‹ eröffnet. Das fünfstöckige Gebäude wurde im Stil der Spätsezession mit neoklassizistischen Einfügungen errichtet. Die Fassade schmücken Nischen mit Vasen und ionische Pilaster. An der Attika sind plastische Darstellungen von Pferdeköpfen und eine Merkurstatue sichtbar.

Der ehemalige Palast des Grafen Potocki [3] präsentiert sich in seiner eleganten Form auf der gegenüberliegenden Straßenseite. Er ist einer der schönsten Lemberger Paläste. Erbaut im Stil des frühen französischen Klassizismus, wurde er in den Jahren 1889/90 vom Lemberger Architekten Julian Cybulski im Stil der Neorenaissance nach Plänen von Ludwig d'Auvergne umgebaut. Bis zum Jahre 1999 wurden im damaligen Standesamt (Hochzeitspalast) Ehen geschlossen. Vor nicht all zu langer Zeit wurde er nach einer gründlichen Renovierung wieder geöffnet.

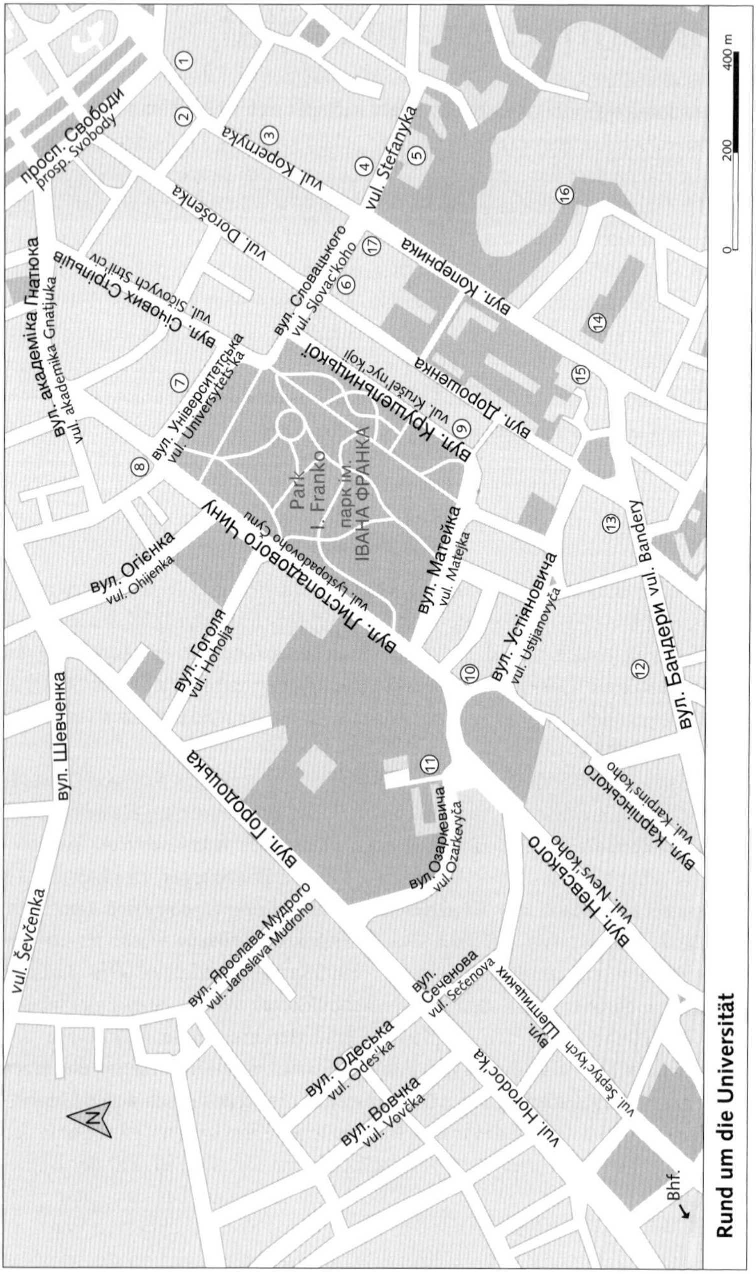
просп. Свободи
prosp. Svobody
вул. академіка Гнатюка
vul. akademika Gnatjuka
вул. Січових Стрільців
vul. Sičovych Stril'civ
vul. Dorošenka
vul. Kopernyka
vul. Stefanyka
вул. Коперника
вул. Словацького
vul. Slovac'koho
вул. Університетська
vul. Universytets'ka
вул. Крушельницької
vul. Krušel'nyc'koji
вул. Дорошенка
Park I. Franko
парк ім. ІВАНА ФРАНКА
вул. Огієнка
vul. Ohijenka
вул. Листопадового Чину
vul. Lystopadovoho Čynu
вул. Матейка
vul. Matejka
вул. Гоголя
vul. Hoholja
вул. Устіяновича
vul. Ustijanovyča
вул. Бандери vul. Bandery
вул. Шевченка
vul. Ševčenka
вул. Городоцька
вул. Озаркевича
vul. Ozarkevyča
вул. Карпінського
vul. Karpins'koho
вул. Невського
vul. Nevs'koho
вул. Ярослава Мудрого
vul. Jaroslava Mudroho
вул. Сеченова
vul. Sečenova
вул. Шептицьких
vul. Šeptyc'kych
вул. Одеська
vul. Odes'ka
вул. Вовчка
vul. Vovčka
vul. Horodoc'ka
Bhf.
N
0
200
400 m
Rund um die Universität

Neben dem Palast entstand im Jahre 1996 der ›Kunstpalast‹. Die Eckfassade schmückt die Figur des heiligen Lukas – der Schutzpatron der Maler. Im Palast finden verschiedene Ausstellungen und Veranstaltungen von Künstlern statt.

Den unteren Teil der vul. Kopernika beschließt das Empirehaus mit der Hausnummer 20.

Kunstgalerie und Nationalbibliothek

Der Spaziergang führt nach links in die vul. Stefanyka. Gleich zu Beginn der Straße hat die Lemberger Kunstgalerie [4] ihren Platz. Diese Gemäldegalerie entstand dank einer im Jahre 1902 gegründeten Stiftung. Bereits 1907 wurde sie der Öffentlichkeit zugänglich gemacht. Innerhalb von mehreren Jahren wurden hier über 10 000 Gemälde, Skulpturen und Grafiken aus dem 15. Jahrhundert bis zur heutigen Zeit gesammelt. Früher unter dem Namen ›Gemäldegalerie‹ bekannt, trägt sie seit 1998 den Namen ›Lemberger Kunstgalerie‹. Sie gehört zu den größten dieser Art in der Ukraine und unterhält einige Filialen. Die Kunstgalerie besitzt eine großartige Kunstsammlung westeuropäischer Werke: italienische, flämmische, spanische, französische, niederländische, deutsche, österreichische und auch russische Werke. Sie besitzt außerhalb Polens die größte Kollektion polnischer Kunstwerke an Gemälden, Plastiken, Grafiken aus der Zeit der Gotik bis zum 20. Jahrhundert. In den Ausstellungsräumen sieht man Werke berühm-

Legende

1 Apotheke (аптека)
2 Nationalbank (Національний України)
3 Potoc'kyj-Palast (палац Потоцьких)
4 Kunstgalerie (Картинна галерея)
5 Nationalbibliothek (Національна бібліотека)
6 Hauptpostamt
7 Ivan-Franko-Universität (Університет ім. І. Франка)
8 ›Haus der Gelehrten‹ (Будинок вчених)
9 Salomea-Krušel'nic'ka-Museum (музей Соломії Крушельницької)
10 Olek-Novakivs'kyj-Museum (музей Олекси Новаківського)
11 Georgskathedrale (собор св. Юра)
12 Polytechnische Hochschule (Політехніка)
13 Maria-Magdalena-Kirche (костел Магдалини)
14 Ehemaliges Kloster und Spital des heiligen Lazarus (костел св. Лазара)
15 Haus des Lehrers (Будинок вчителя)
16 Zitadelle
17 Museum ›Rusalka Dnistrova‹ (музей Русалки Дністрової)

ter großer Meister wie Leonardo da Vinci, Lucas Cranach, J. Kossak, J. Matejko, A. Grottger und vieler anderer.

Auf der gegenüberliegenden Straßenseite befindet sich die heutige ukrainische Nationalbibliothek ›Vasyl Stefanyk‹ im ehemaligen Ossolineum-Gebäude [5]. Vor dem Haupteingang steht das Vasyl-Stefanyk-Denkmal aus dem Jahre 1979 vom Bildhauer V. Skolozdra und dem Architekten M. Vendzylovyč.

Vasyl Stefanyk (1871–1936) wird als der Meister der psychologischen Erzählungen bezeichnet. In seinen Büchern stellt er vor allem das Leben ukrainischer Menschen dar. Zehn Jahre lang, von 1908 bis zum Zerfall des Habsburger Reiches im Jahre 1918, war er Delegierter der Region Pokutja zum Österreichischen Parlament; heute ist Pokutja Teil des Gebietes Ivano-Frankivs'k.

Das ›Ossolineum‹

In der Stadtgeschichte Lembergs kommt dem Ossolinski-Nationalinstitut, bekannt unter dem Namen ›Ossolineum‹, eine besondere Bedeutung zu. Es befand sich im Gebäude der heutigen Nationalbibliothek, der Staatsbibliothek der Ukrainischen Akademie der Wissenschaften, in der vul. Stefanyka 11.

Als Erstbebauung an diesem historischen Ort wurde in den Jahren 1671 bis 1677 die Kirche der heiligen Agniezka mit einem Kloster der Karmeliterinnen errichtet. Nach Auflösung des Ordens diente das Kloster kurze Zeit als Armeelager. Am 18. Oktober 1816 verkündete Graf Ossolinski den Entschluß, in Lemberg eine öffentliche Bibliothek als Privatstiftung unter seinem Namen zu gründen. Er kaufte im Jahre 1817 des Gebäude des zerfallenen Klosterensembles. Im Juni 1817 erhielt Josef Maximilian Ossolinski die offizielle Zustimmung vom österreichischen Kaiser Franz I. und am 13. November 1817 die Bibliothek den offiziellen Namen: Bibliothek des Ossolinski-Nationalinstituts. Diesem Institut wurde im Jahre 1823 das von Jerzy Lubomirski gegründete Lubomirski-Museum zugeordnet.

Die Bibliothek umfaßte 5000 Handschriften, 5300 Autographe und 1700 Urkunden.

Das Lubomirski-Museum verfügte über mehrere Säle: Im ersten Saal befand sich das vorgeschichtliche Museum mit Gegenständen aus der Stein- und Bronzezeit wie beispielsweise der ›Schatz von Teresin‹ aus dem zweiten Jahrtausend vor Christus sowie Waffen und Schmuck. Im zweiten Saal waren die Porträts der polnischen Könige zu sehen. Im dritten Saal befanden sich Porträts aus dem 17. Jahrhundert, eine Marmorbüste Adam Mickiewiczs sowie eine Sammlung von Abdrücken altertümlicher Siegel. Im vierten Saal konnte man Porträts aus dem 17. bis 19. Jahrhundert bewundern, zudem Reste von Särgen polnischer Könige, Andenken und Reliquen von Piotr Skarga, der Familien Sobieski, Kościuszko,

Mickiewicz, Szajnocha und vielen anderen polnischen Persönlichkeiten sowie eine Sammlung von Todesanzeigen der in der Verbannung verstorbenen Polen.

Im sechsten Saal befand sich die Waffenkammer. Außer Säbeln polnischer Könige, Marschallstäben und Streitkolben war hier eine außergewöhnlich reiche Sammlung der verschiedenartigsten Waffen verschiedener Zeiten und Völker zu sehen wie: Bogen, Pfeile, Köcher, Armbrüste, Hellebarden, Lanzen, Spieße, Degen, Streitäxte, Pistolen, Flinten, Hakenbüchsen, Geschütze, Sturmhauben, Visierhelme, Ringelpanzer, militärische Gewänder und Abzeichen, ein antikes Opfermesser, Pferdegeschirr und Andenken an den Aufstand des Jahres 1831. Außerdem konnte man alte religiöse Bilder, Medaillons, Gemmen etc. bewundern.

Das Kupferstichkabinett umfaßte 28 000 Exponate und besaß vor allem eine reiche Sammlung von Alben des Museums Napoleons, des Museums Royal, Dürer, Holbein, Salvator Rosa, Van Dyck, Rubens, Raffael, Tizian und vielen anderen Kunstmalern.

Im Münzenkabinett konnten 17 000 Münzen, 4300 Medaillen sowie 500 polnische und ausländische Banknoten besichtigt werden.

In der Bildergalerie waren 1034 Gemälde, darunter einige Bacciarelli, Raffael Mengs, Tintoretto, Giordano, Canaletto, Matejko, Brandt etc. ausgestellt.

Der Potocki-Palast

Ossolinskis Testament verfügte, daß alle Sammlungen nach seinem Tode als Eigentum an das (polnische) Ossolinski-Nationalinstitut in Lemberg übergeben werden sollten. Nach seinem Tode übernahmen im Einverständnis mit dem Statut der Stiftung auserwählte Abgeordnete des Galizischen Landesparlamentes die Kontrolle über das Nationalinstitut. In den Jahren 1835 bis 1842 begleitete der polnische Schriftsteller Graf Alexander Fredro das Amt des Kuratoren. Die Sammlungen der Bibliothek wurden ständig durch Vermögenshinterlassungen vergrößert.

In die Bibliothek wurden Buchsammlungen hoch anerkannter polnischer Lemberger Persönlichkeiten aufgenommen wie die der Familien Balzer, Jablonski, Poninski, des Grafen Skarbek und die Archive der Grafenfamilien Lubomirski, Saphiea, Stadnicki sowie Bestände der armenischen Bibliothek und der Galizischen Kunstgesellschaft. Während der Zeit ihres Bestehens in Lemberg diente die Bibliothek der Entwicklung insbesondere der polnischen Wissenschaft und Kultur.

Als Lemberg im Jahre 1939 durch die Rote Armee besetzt wurde, begann die Aktion ›Konzentration‹ mit dem Ziel, in einer einzigen Bibliothek alle Bücher und anderes polnisches Schriftgut, die das polnische Leben in den Ostgebieten aufzeigten, zu sammeln. Zum Ossolinski-Nationalinstitut wurden alle Bücher aus den Stadtbüchereien, Schulen, Klostern, Herrschaftshäusern und private Buchsammlungen aus ganz Kleinpolen (Westgalizien) gebracht. Unter ihnen befanden sich Buchsammlungen der Bürgerfamilien Abraham, Baden, Baworowski, des Lemberger Erzbischofs Bilczewski, des Franziskanerordens, des Stefan-Zólkowski-Gymnasiums, des Theologischen Institutes der Krakauer Jagełlonski-Universität, des Magistrates der Stadt Lemberg und viele andere. Insgesamt wurden durch diese ›Konzentration‹ über eine Million Bücher in das Nationalinstitut gebracht. Im Februar 1940 wurde die Lemberger Bibliothek in eine Abteilung der Wissenschaftlichen Akademie der Ukrainischen Sozialistische Sowjetrepublik in Kiew umgewandelt. In ihrem Bestand befanden sich die Büchersammlungen der ehemaligen Lemberger Bibliotheken Ossolineum und Baworowski, des ukrainischen Volkshauses, der jüdischen Gemeinde sowie die Bibliothek der Wissenschaftlichen Taras-Ševčenko-Gesellschaft. Davon ausgeschlossen wurden die Sammlungen des ehemaligen Lubomirski-Museums, die der Kunstgalerie Lemberg übergeben wurden.

Nach der Besetzung Lembergs durch die Deutschen trug die Bibliothek den Namen ›Staatsbibliothek‹. Als die Deutschen Lemberg im Jahre 1944 verließen, nahmen sie in 60 Kisten Teile der wertvollen Sammlungen mit. Diese Kisten wurden aber weggeworfen und im Jahre 1945 in Zagrodnie, in der Nähe Zlotorijas in Niederschlesien gefunden und der Ossolinski-Sammlung in Breslau übergeben.

Nach erneutem Einzug der Sowjetarmee in Lemberg im Juli 1944 wurde aus dem ehemaligen Ossolinski-Nationalinstitut eine Filiale der Akademischen Wissenschaftlichen Bibliothek der Ukrainischen SSR. In den Jahren 1946 bis 1947 übergab die ukrainische Regierung an Polen ungefähr 270 000 Bücher, was etwa ein Drittel der Sammlungen des polnischen Nationalinstitutes ausmachte. Bis zum heutigen Tage befindet sich in Lemberg die Hälfte aller gesammelten Handschriften sowie ein Großteil der Landkarten, Akten, Zeichnungen, Kupferstiche, Musikalien sowie das Ossolinski-Archiv.

In den 60er Jahren des 20. Jahrhunderts wurde ein Teil der erhaltenen Buchsammlung aus der Zeit der ›Konzentration‹ aus der vul. Stefanyka in die bis heute geschlossene und im Inneren zerstörte Lemberger Jesuitenkirche gebracht (siehe auch S. 124). Ein bedeutender Teil dieser Bücher und Zeitschriften überstand diese ungewöhnliche Lagerung nicht. In den 80er Jahren des vergangen Jahrhunderts wurde begonnen, einen Teil der Sammlungen zu retten, indem sie an das Stadtarchiv Lembergs, das sich im ehemaligen Bernhardinerkloster befindet, übergeben wurden. Im Kloster befinden sich heute etwa 200 000 Bücher, davon 70 Prozent in polnischer Sprache. In der Jesuitenkirche verblieben bis heute weiterhin fast eine Million Exemplare, unter ihnen 600 000 polnische Bücher und 50 000 Zeitschriften, aber auch ukrainische und russische Bücher und Zeitschriften.

Die Universität

Rechts von der vul. Kopernika verläuft die vul. Slovac'koho, in der sich das Hauptpostamt der Stadt befindet [6]. Auf dem Postamt kann man vor allem Briefmarken kaufen, die sonst nirgendwo in der Stadt erhältlich sind. Telefongespräche ins In- und Ausland können hier geführt und Faxe gesendet und empfangen werden.

In der vul. Slovac'koho wohnten viele bekannte Lemberger Bürger. So wurde beispielsweise das Haus Nr. 8 für Leopold Baczewski, den Sohn des berühmten Wodka- und Likörproduzenten Adam Baczewski, gebaut. Hier wohnte der Architekt des Lemberger Opernhauses, Sigmund Gorgolewski. Er verstarb 1903 in diesem Haus.

Das Haus Nr. 16 wurde in der zweiten Hälfte des 19. Jahrhunderts gebaut und war Eigentum der Familie Dunin-Borkowski. Zu dieser Familie gehörten bekannte Schriftsteller, Gelehrte und gesellschaftlich aktive Persönlichkeiten. Hier lebte und starb der berühmte Schriftsteller Alexander Friedrich Dunin-Borkowski (1811–1896), bekannt unter dem Pseudonym Leszek. Er studierte Recht und Philosophie und war Teilnehmer des Novemberaufstandes 1830. Zusammen mit Franz Smolka war er politisch aktiv und wurde zum anerkanntesten polnischen Abgeordneten im Wiener Landesparlament. Er war ein Forscher auf dem Gebiet der altindischen Literatur und suchte nach Möglichkeiten der Beendigung wachsender polnisch-ukrainischer Konflikte in Galizien. Leszek (Alexander) Graf Dunin-Borkowski verstarb 1896 im Alter von 85 Jahren.

Nebenan, im Haus Nr. 18, wohnte bis zu seinem Tode der Initiator der Aufschüttung des Hügels auf dem Schloßberg, Franz Smolka. Sein Grabmal befindet sich auf dem Lyčakivs'ke-Friedhof.

Das Denkmal für Ivan Franko vor der nach ihm benannten Universität

Geradeaus sieht man bereits das monumentale Ivan-Franko-Denkmal. Es befindet sich gegenüber dem Hauptgebäude der Lemberger Ivan-Franko-Universität und am Rande des Stadtparks, der ebenfalls den Namen Frankos trägt. Das Denkmal wurde im Jahre 1964 von den Bildhauern W. Borysenko und D. Krvavyč sowie vom Architekten A. Šuljar geschaffen.

Die Hauptfassade der Lemberger Universität [7] kann man am besten von der Seite des Ivan-Franko-Denkmals bewundern. Als Universitätsgebäude besteht es seit dem Jahre 1919. Bis zum Jahre 1939 trug die Universität den Namen des polnischen Königs Jan Kasimir. Der Architekt J. Hochberger war in den Jahren 1877 bis 1881 der Erbauer des damaligen Galizischen Landtagsgebäudes. Der Bau entstand unter Einfluß der Wiener Neorenaissance-Architektur in der zweiten Hälfte des 19. Jahrhunderts. Im Mittelrisalit imponiert die Säulen-Balkonloggia. Den Haupteingang schmücken zwei große allegorische Kompositionen des Bildhauers T. Rieger, links die Skulptur ›Bildung‹ und rechts die ›Arbeit‹.

Die Attika wird von einer Figurengruppe desselben Meisters gekrönt: ›Die Schutzengel Galiziens‹, dargestellt sind Galizien sowie die Flüsse Weichsel und Dnistr. Die Fassade zieren am breiten Attikafries die Skulpturen ›Liebe‹ und ›Gerechtigkeit‹ des Bildhauers Z. Trembecki sowie ›Recht‹ und ›Glaube‹ des Bildhauers F. Mikulski.

Josyf Slypyj

Neben dem Metropoliten Andrej Šeptyc'kyj ist Josyf Slypyj (1892–1984) eine der prominentesten Personen in der Geschichte der ukrainischen griechisch-katholischen Kirche des 20. Jahrhunderts. Er wurde in dem kleinen Dorf Sasdrist im Gebiet Tarnopol in Galizien geboren. Nach Beendigung der Schulzeit in Tarnopol studierte er im Priesterseminar in Lemberg. Im Jahre 1916 erhielt er in Innsbruck den Doktortitel für Theologie und 1917 die kirchlichen Weihen. Dank seiner Bemühungen als Rektor erhielt das Lemberger Seminar den Status einer Akademie. Slypyj war deren Leiter bis zu seiner ersten Inhaftierung 1945. Mehrmals verurteilt, mußte er 18 Jahre Schwerstarbeit leisten und war ununterbrochen inhaftiert. Er wurde erst 1963 dank der Hilfe des Papstes Johannes XXIII. freigelassen und konnte das Land verlassen. Im Jahre 1965 wurde er im römischen Exil zum Kardinal ernannt. Er gründete im Jahre 1970 in Rom die Gesellschaft der heiligen Sofia, die eine wichtige Aufklärerrolle unter der ukrainischen Minderheit in der ganzen Welt spielte – außer in der Sowjetunion, wo der Kardinal als einer der größten Gegner der Macht galt. Sein Traum, in sein Heimatland zurückzukehren, ist bis an sein Lebensende nicht in Erfüllung gegangen. Erst nachdem die Ukraine ihre Unabhängigkeit wiedererworben hatte, wurde der Leichnam des Patriarchen 1992 nach Lemberg überführt. Er ruht gemäß seinem Vermächtnis in der Gruft der St. Georgskathedrale. Sein Leben ist ein weiteres Beispiel für die zentrale Rolle, welche die Kirche bei der Herausbildung eines ukrainischen Nationalbewußtseins spielte und für die Hartnäckigkeit, mit der ihre Vertreter das Streben der Ukrainer nach Unabhängigkeit unterstützten.

Folgende Worte des Patriarchen geben am deutlichsten seine Überzeugung wieder:

»Liebe zur Heimat ist ein Befehl der Vernunft, des Herzens und des Glaubens. Das ist der größte Reichtum, die höchste Volkskraft, der fruchtbarste Boden, auf dem die Kultur gedeiht. Nur in der Heimat und im eigenen Staat realisiert das Volk seine geistigen, moralischen und gesellschaftlichen Ideen, erreicht es den höchsten Grad der Ordnung, Sicherheit und des Wohlstands.«

Rund um den Ivan-Franko-Park

Hinter dem Ivan-Franko-Denkmal befindet sich der älteste Park der Stadt, der Ivan-Franko-Park. Er wurde vom Lemberger Bürgermeister Scholz-Wolf Ende des 16. Jahrhunderts angelegt. Bis zum Jahre 1773 war das Gelände Eigentum des Lemberger Jesuitenkollegs, deswegen kennt man den Park auch unter dem Namen ›Jesuiten-Garten‹. Im Jahre 1799 wurde an seiner Stelle ein Garten von J. Höcht im französischen Stil angelegt. Mitte des 19. Jahrhunderts wurde der Park Stadteigentum. Der amtierende Stadtgärtner K. Bauer verlieh ihm innerhalb einiger Jahre den englischen Stil. Hier wachsen und blühen mehrere exotische Baumarten und Pflanzen, einige sind als Naturdenkmäler geschützt. Im Stadtpark befanden sich früher zahlreiche kleinere Pavillons, die zum Einkehren einluden.

Vom Denkmal geht es weiter geradeaus zur vul. Lystopadovoho-Čynu. Diese Straße gehört zu den ältesten der Stadt. Im 17. Jahrhundert trug sie den Namen St. Jura.

Bevor der Spaziergang bergauf nach links fortgesetzt wird, geht es ein paar Schritte über die Straße nach rechts. Das Gebäude Nr. 8 der vul. Lystopadovoho-Čynu ist das schönste Lemberger Bauwerk, das im französischen Neobarockstil errichtet wurde [8]. Es wurde im Jahre 1897 in der Wiener Werkstatt Ferdinand Fellners und Hermann Helmers als Offizierscasino geplant. Das Gebäude imponiert mit seinem malerischen Balkon, den hohen Fenstern und den kleinen Dachfenstern, die ihm ein majestätisches Anlitz geben. Der Balkon wird beiderseitig von Portalen gestützt, die von athletischen Atlanten gestärkt werden. Heute befindet sich hier das ›Haus der Gelehrten‹.

Weiter geht es in entgegengesetzter Richtung, den Stadtpark auf der linken Seite. Ein paar Schritte weiter, in dem mächtig wirkenden Eckhaus, befindet sich seit 1913 die Direktion der Lemberger Eisenbahn. Zuvor gehörte das Gebäude Z. Marchwitzki, dem Direktor der Lemberger Allgemeinen Landesausstellung.

Ein kurzer Abstecher führt etwas weiter links in die vul. J. Matejka, die südlich entlang des Parkes verläuft. Schon von weitem ist in der Straße das 1983 erbaute Vier-Sterne-Hotel ›Dnistr‹ zu sehen. Hinter dem Hotel kreuzt sich die vul. Matejka mit der vul. Salomea Krušel'nyc'koji. Im Haus vul. Salomea Krušel'nyc'koji Nr. 23 befindet sich das Gedenkmuseum der weltbekannten ukrainischen Opernsängerin Salomea Krušel'nyc'ka [9].

Wenige Schritte höher auf der vul. Lystopadovoho-Čynu ist auf der linken Straßenseite ein malerisch-romantisches Eckhäuschen aus roten Ziegelsteinen zu sehen. In dem Haus befindet sich das Museum des bekannten ukrainischen Malers Olek Novakivs'kyj [10]. In der Zeit zwischen den Weltkriegen befand sich hier die erste Künstlerakademie der Westukraine. Das Haus wurde vom Metropoliten der griechisch-katholischen Kirche, Andrej Šeptyc'kyj, 1911 für ukrainische Künstler gekauft. Ursprünglich wurde das Haus im Jahre 1888 nach Plänen von Julian Zacharewicz für den berühmten Maler Jan Styka (1859–1925) gebaut, der hier bis zum Jahre 1900 wohnte und arbeitete. Jan Styka war der Initiator des Rundgemäldes Panorama Racławicka, das 1894 zum 100. Jahrestag des Aufstandes von Kosciuszko geschaffen wurde. An diesem einmaligen Werk arbeiteten auch der berühmte Krakauer Maler Wojtek Kosak und der erfahrene Landschafts- und Rundgemäldemaler Ludwig Boller mit. Das Gemälde wurde 50 Jahre lang in Lemberg ausgestellt und war eine der größten Sehenswürdigkeiten der Stadt. Während einer Bombardierung Lembergs durch die sowjetische Armee wurde es 1944 beschädigt. Es wurde im Bernhardinerkloster zusammengerollt, sichergestellt und 1946 nach Breslau ausgeführt. Seit 1985 kann man es dort bewundern.

Die Kathedrale des heiligen Georg

Die vul. Lystopadovoho-Čynu führt weiter zum Platz des heiligen Georg (sv. Jur). Die Nordseite des pl. Jura wird vom schönsten Bauwerk der Lemberger Barockarchitektur gekrönt, der griechisch-katholischen (unierten) Kathedrale des heiligen Georg [11]. Sie dominiert auf der malerisch gelegenen Anhöhe die Stadt, von der aus sie von weitem zu sehen ist. An der gleichen Stelle stand bereits zu Ende des 13. Jahrhunderts eine kleine, vom Großfürsten Lev gestiftete Holzkirche. Nach ihrer Zerstörung entstand in den Jahren 1363 bis 1437 eine neue, steinerne Kirche, die jedoch Mitte des 18. Jahrhunderts abgetragen wurde. An deren Stelle, entstand dank der Bemühungen des Erzbischofs Andrej Šeptyc'kyj die heutigen Kathedrale. Erbauer dieses barocken Kunstwerkes war in den Jahren 1744 bis 1759 der bekannte Architekt Bernard Meretyn, nach seinem Tode setzte in den Jahren 1759 bis 1764 Sebastian Fessinger die Arbeiten fort.

Durch das verzierte Eingangstor betritt man den großen Kathedralenhof. Linker Hand kann man die Fassade der Kathedrale bestaunen. Über dem monumentalen Portal schauen riesengroße Steinstatuen des Papstes Lew und des Patriarchen Athanasius – geschaffen vom Bildhauer Johann Pinsel – auf die Besucher hinab. Die Attika wird von einem der bekanntesten Werke des Bildhauermeisters Pinsel gekrönt: dem heiligen Georg, der den Drachen tötet.

Ein zweiseitiger Treppenaufgang führt auf eine Terrasse und von ihr ins Innere der Kathedrale. Im Presbyterium, zwischen dem Zweisäulen-Altaraufsatz, befindet sich das niedrige Zarentor, ein Meisterstück von Sebastian Fessinger aus dem Jahre 1768. Die Ikonen im Hauptalter sind Werke von J. Radziwilowski sowie Luka Dolyns'kyj, die in den 1770er Jahren geschaffen wurden. An der Apsiswand sieht man das Christusbild von F. Smuglevyč vom Ende des 18. Jahr-

Die Georgskathedrale ist der Hauptsitz der unierten Kirche in Lemberg

hunderts. Links des Hauptaltars befindet sich im Seitenschiff die wunderbringende Ikone der Terembovla-Gottesmutter, ein Werk aus dem 16./17. Jahrhundert. Das hell leuchtende Innere ist im Rokoko-Stil gehalten. Die Rokoko-Kanzel und der barocke Seitenaltar ziehen als erstes die Blicke auf sich.

In der Gruft der Kathedrale haben die Leichname des Kardinals S. Sembratovyč, des Metropoliten Andrej Šeptyc'kyj, des Kardinals Josyf Slypyj, des Bischofs V. Sternjuk sowie des Kardinals V. Lubačivs'kyj ihre letzte Ruhestätte.

Gegenüber der Kathedrale steht der im Rokoko-Stil erhaltene, mit klassizistischen Elementen verzierte Metropolitenpalast. Er wurde in den Jahren 1762 bis 1772 vom Architekten K. Fessinger gebaut. Im Juni 2001 diente dieser Palast Papst Johannes Paul II. während seines Lemberg-Aufenthalts als Residenz. Heute ist es die Residenz des Metropoliten der unierten Kirche, Kardinal Husar. Im Glockenturm, der sich nordwestlich der Kathedrale befindet, hängt die älteste Glocke der Ukraine. Sie wurde im Jahre 1341 in Lemberg gegossen und schlägt zu jeder Heiligen Messe und anderen kirchlichen Anlässen.

Die Polytechnische Hochschule

Zurück durch die vom bekannten Gärtner Rering angelegte Grünanlage auf dem Platz des heiligen Georg, geht es in die vul. Karpins'koho, die zur vul. Bandery führt. Schon in der vul. Karpins'koho geht man am Seitenflügel der Lemberger Polytechnischen Universität [12] vorbei, das Hauptgebäude der Lemberger Polytechnika befindet sich in der vul. Bandery.

Im 18. Jahrhundert noch ein Feldweg, war die vul. Bandery nach der Eröffnung des Lemberger Hauptbahnhofes im Jahre 1863 bereits eine Hauptstraße. Das Gebäude der Polytechnischen Hochschule entstand in den Jahren 1873 bis 1877 im italienischen Renaissancestil nach Plänen des Lemberger Architekten und gleichzeitigen Rektors dieser Hochschule Professor Julian Zacharewicz.

Der prächtige Bau war zu seiner Zeit ein Beispiel für viele spätere öffentliche Gebäude oder auch Bürgerhäuser. In den Jahren 1877 bis 1921 trug sie den Namen Polytechnische Schule. Von 1921 bis 1939 hieß sie Lemberger Polytechnika (Polytechnische Hochschule) und seit 1939, nach dem Anschluß Galiziens an die Sowjetische Ukraine trug sie den Namen Lemberger Polytechnisches Institut. Heute heißt sie wieder Lemberger Polytechnika und gehört zur Nationalen Universität der Stadt. Sie ist die größte Polytechnische Hochschule der Ukraine.

Die mittlere Teil der Hauptfassade wird optisch durch Balkonloggien hervorgehoben. Sie werden von sechs schlanken korinthischen Säulen gestützt. Die Attika wird von der allegorischen Gruppe ›Wissenschaften und Kunst‹ geschmückt und mit einer Skulpturengruppe des Bildhauers Leonard Marconi gekrönt. In dieser Gruppe vereinen sich ein Ingenieur, ein Architekt sowie ein Mechaniker. Die Polytechnika hat ein imposantes, großzügiges Treppenhaus. Im Erdgeschoß links steht die Marmorbüste des Professors Julian Zacharewicz. Sie wurde im Jahre 1910 vom Bildhauer J. Beltovs'kyj geschaffen.

Die Maria-Magdalena-Kirche

Auf der vul. Bandery geht es nun weiter geradeaus zum pl. M. Šaškevyča. Etwas erhöht steht die Maria-Magdalena-Kirche [13]. Die anfangs hier erbaute Holzkirche wurde im Jahre 1600 von Anna Pstrokonska für Dominikaner gestiftet. Die heutige barocke Backsteinkirche entstand um die Mitte des 17. Jahrhunderts nach Plänen der Baumeister Godny und Keller. Den ältesten Teil bildet das Presbyterium, das bereits 1630 erbaut worden war. Im Jahre 1758 wurde die große, zweitürmige, dreischiffige Kirche für eine Filiale des Dominikanerordens von dem Architekten Martyn Urbanyk vollendet.

Im Jahre 1784 wurde sie in eine Pfarrkirche und das Kloster in ein Frauengefängnis umfunktioniert. Zu dieser Zeit wurde auch die Kirche umgestaltet. Sie erhielt einen nischenartigen Aufbau mit einer Galerie und eine Tür für den Chor über dem Haupteingang.

Zu beiden Seiten des Giebels befinden sich zwei Sandstein-Rokokofiguren des Bildhauers S. Fessinger: der heilige Dominik und der heilige Jacek. Die Barockhelme der Türme sind Werke des Architekten Julian Zacharewicz.

Bereits in den Jahren zwischen den Weltkriegen wurde die Kirche in das Haus der Orgel- und Kammermusik umgewandelt. Heute finden an Sonn- und Feiertagen wieder Messen der römisch-katholischen Glaubensgemeinde statt. An anderen Tagen dient das Kirchengebäude weiterhin als Haus der Orgel- und Kammermusik, das der Lemberger Philharmonie angehört.

Das Hauptschiff zeichnet sich durch eine phantastische Akustik aus. Hier befindet sich die größte Orgel der Ukraine, gebaut im Jahre 1932 von der tschechischen Firma ›Gebrüder Rieger-Kloss‹. Sie wurde im Jahre 1969 modernisiert.

Vom ursprünglichen Inneren der Kirche ist die kreuzüberwölbte Apsis erhalten geblieben. Von kunsthistorischem Wert ist der an den Apsiswänden angebrachte barocke Altaraufsatz. Es ist ein Kunstwerk von A. Kielar aus dem Jahre 1634 mit Szenen aus dem Leben der heiligen Maria Magdalena. Vor dem Altaraufsatz bewundert man einen neuen Alabasteraltar mit gefühlvoll gearbeiteten Engelsfiguren des Bildhauers J. Reichert-Toth aus dem Jahre 1926. Das ehemalige Klostergebäude gehört heute zur Lemberger Polytechnischen Hochschule.

Zurück zum Stadtboulevard

Die vul. Bandery mündet in die vul. Kopernika. Vor dem Einbiegen in die diese Straße fällt der Blick auf das große Eckgebäude auf der rechten Straßenseite. Es entstand im Jahre 1890. Bis zum Jahre 1939 befand sich hier eine Kaserne sowie die Polizei-Kommandantur. Nachdem die Sowjets im Jahre 1939 Ostgalizien besetzt hatten, befand sich im Gebäude ein Gefängnis. Wie in mehreren derartiger Lemberger Anstalten und der Westukraine wurden im Juni 1941 Hunderte von Menschen, vorwiegend aus der ukrainischen Intelligenz, vom NKWD vor dem Abzug der russischen Armee aus Lemberg ermordet. In Gedenken an die Opfer dieses Massakers wurde hier Anfang der 1990er Jahre ein Ehrendenkmal enthüllt.

Ein paar Schritte weiter und man befindet sich am oberen Teil der vul. Kopernika. Auf dem Hügel steht dort das ehemalige Kloster und Spital des heiligen Lazarus [14], dessen Anfänge in das 17. Jahrhundert zurückreichen. Der Architekt und zugleich Verwalter des Spitals, Ambrosius Prychyl'nyj, begann mit den Bauarbeiten am heutigen Gebäude des schon 1616 gegründeten Spitals erst im Jahre 1634. Nach seinem Tode setzte Martin Hodnyj die Arbeiten fort. Heute gehört der Komplex zur Schule für Chorgesang ›Dudaryk‹, in der Kirche werden Gottesdienste abgehalten.

Die Polytechnische Hochschule

Bergabwärts auf der linken Straßenseite steht das ›Haus des Lehrers‹ (Nr. 42), das im ehemaligen Palast des Grafen Bielski seinen Platz hat [15]. Das Haus wurde im Jahre 1923 nach Plänen des Architekten Ivan Bahens'kyj gebaut.

Nicht weit davon befindet sich der ehemalige Palast des Fürsten Leon Sapieha (Nr. 40). Es ist nur ein Teil des Palastes, der nach dem Zweiten Weltkrieg erhaltengeblieben ist. Der Palast wurde im Neobarockstil in der zweiten Hälfte des 19. Jahrhunderts vom Architekten A. Kuhn gebaut. Heute befindet sich hier der Sitz der Organisation für Denkmalschutz. Im Palast wohnten unter anderem Fürst Leon Sapieha, einer der Initiatoren der Gründung der Eisenbahnverbindung nach Lemberg und Marschall des Galizischen Landtages in den Jahren 1861 bis 1875, sowie sein Sohn Adam Sapieha, ein bekannter Lemberger Politiker und Mitorganisator der Lemberger Allgemeinen Landesausstellung 1894.

Auf der Anhöhe der rechten Straßenseite kann man einen Teil der Zitadelle [16] sehen. Sie war als ein zukünftiger Teil der Stadtbefestigung gedacht. Die Pläne zur Errichtung der Befestigungsanlage, zu der das Fort mit vier Türmen gehört, wurden in den Jahren 1849/50 im Österreichischen Armee-Ministerium geschaffen. Die Zitadelle ist in den Jahren 1852 bis 1856 entstanden. Im Zweiten Weltkrieg befanden sich hier Konzentrationslager. Nach dem Zweiten Weltkrieg war der Zutritt verboten, es war russisches Armeegelände. Heute haben dort die ›Elektron-Bank‹, der Verlag ›Gerdan‹ sowie andere Privatunternehmen ihren Sitz.

Etwas unterhalb, auf der linken Straßenseite, steht das Denkmal des ukrainischen Dichters Markian Šaškjevyč. Šaškjevyč (1811–1843) war einer der ersten, der in den 1830er Jahren versuchte, die ukrainische Sprache als Literatursprache einzuführen. Zusammen mit zwei Studenten des anliegenden griechisch-katholischen Seminars gründete er die Gemeinschaft ›Rus'ka Trijcja‹. Sie traten vor das Volk in ukrainischer Sprache, sammelten ukrainische Volkslieder und gaben im Jahre 1837 in Budapest das Buch ›Rusalka Dnistrova‹ heraus. In Galizien verbot die Verwaltung die Veröffentlichung dieses Buches.

Neben dem Denkmal steht der barocke Glockenturm der ehemaligen Kirche des heiligen Geistes, an deren Stelle sich heute das kleine Museum ›Rusalka Dnistrova‹ [17] befindet, in dem Interessantes über die ukrainische Sprache und die Entstehung des gleichnamigen Werkes zu erfahren ist. Daneben sieht man die Fundamente der zu Beginn des Zweiten Weltkrieges durch Fliegerbomben zerstörten Kirche. Das Seminar wurde auch 1939 und 1944 beim Versuch, die Post zu zerstören, stark beschädigt. Schon in den 1960/70er Jahren wurde an der hinteren Wand des Hauptpostamtes die Lemberger Telefonzentrale errichtet. In den neueren Gebäuden des Seminars hat die Geographische Fakultät der Ivan-Franko-Universität ihren Sitz.

An der Hausfassade, links der Kreuzung vul. Slovac'koho und vul. Stefanyka, befindet sich eine kunstvoll gestaltete Gedenktafel mit dem Bronzerelief des

Lemberger Kardinals der unierten Kirche, Josyf Slypyj, der in den 1940er Jahren Rektor des Seminars war. Die Gedenktafel wurde im Jahre 1997 vom Bildhauer J. Savko geschaffen.

Auf der vul. Kopernika entlang geht es bis zum pr. Svobody und damit zurück in das Zentrum der Stadt.

Vom Stadtboulevard zum jüdischen Viertel

Vom pr. Svobody, zwischen dem Ethnographischen Museum und dem Gebäude der Privat-Bank, verläuft die Hnatjuk-Straße. Sie bestand bereits im 18. Jahrhundert und trug den Namen Jesuitenstraße. Diesen Namen erhielt sie, da die Straße vom Jesuitenkloster mit der Jesuitenpforte zum Jesuitengarten, heute Ivan-Franko-Stadtpark, führte.

An der Kreuzung rechts beginnt die vul. Lesja Kurbasa. Nur ein paar Schritte nach links, dort steht das architektonisch interessante neogotische Gebäude des ›Kurbas‹-Theaters [1], das die moderne Tradition der Aufführungen seines Gründers weiterpflegt. In dieser Straße lebte in den 1820er Jahren Franz Xaver Mozart, der Sohn von Wolfgang Amadeus Mozart, der in Lemberg die Gesangsgesellschaft der heiligen Cecilia gründete und als ihr Leiter tätig war. Im Jahre 1826 trat der Chor anläßlich des 35. Todestages des berühmten Komponisten und Gründers der Gesellschaft mit Mozarts ›Requiem‹ auf. Leider besteht dieses Gebäude heute nicht mehr.

Gedenktafel für Les' Kurbas, den Begründer des gleichnamigen Theaters

Im Haus Nr. 11 in der vul. Hnatjuka befindet sich das Erste Ukrainische Theater für Kinder und Jugendliche [2]. Die erste Aufführung dieses Theaters fand im Jahre 1919 in Charkiv statt. In Lemberg hat dieses Theater seit der

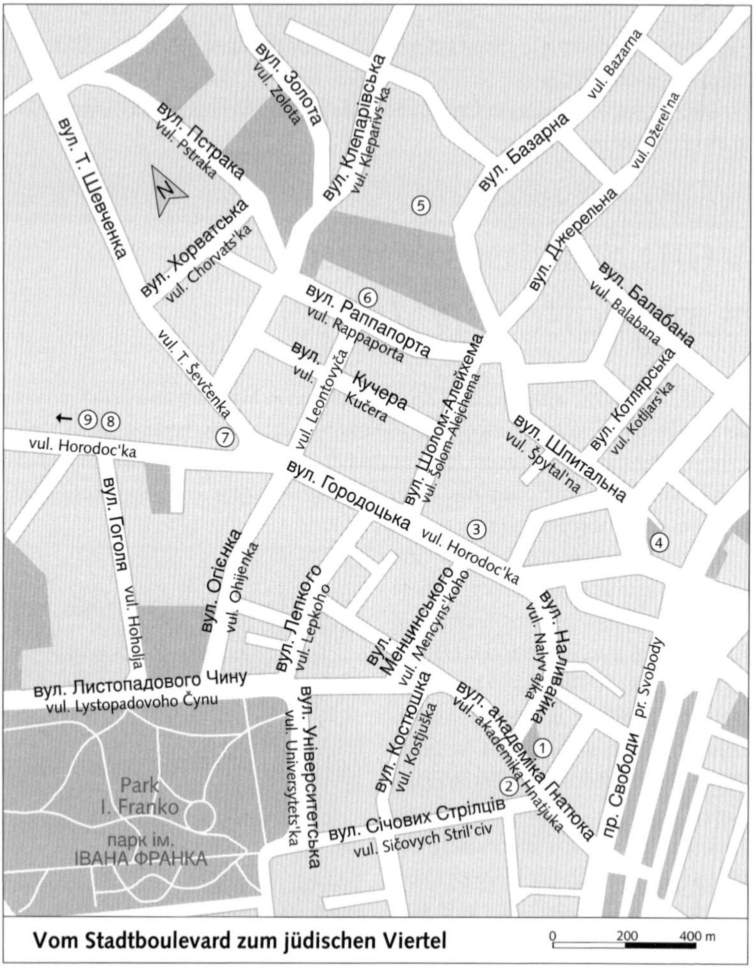

Legende

1 Kurbas-Theater (Молодіжний театр ім Л. Курбаса)

2 Erstes ukrainisches Theater für Kinder und Jugendliche (Перший український театр для дітей та юнацтва)

3 Brigitte-Gefängnis

4 Gedenktafel für Scholem Alejchem

5 Krakauer Markt (Краківський ринок)

6 Ehemaliges jüdisches Spital

7 St. Annakirche (храм св. Анни)

8 Olga-und Elisabethkirche (храм св. Ольги-Єлизавети)

9 Hauptbahnhof

Zeit nach dem Zweiten Weltkrieg seinen Sitz. Vor dem Krieg befand sich an gleicher Stelle das Jüdische Theater. Im Erdgeschoß des Hauses lädt das im traditionellen ukrainischen Volksstil eingerichtete Restaurant ›Oselja‹ zum Verweilen ein. Zu den Spezialitäten des Hauses gehören schmackhafte ukrainische Speisen.

Die vul. Hnatjuka endet am pl. Hryhorenka. Der Platz entstand im Jahre 1885 und trug bis zum Jahre 1944 den Namen des galizischen Politikers und Staatsmannes Franz Smolka (1810–1899). In der Mitte des Platzes stand in den Jahren 1913 bis 1946 das Denkmal Smolkas, der Architekt war Tadeusz Blotnicki. Heute steht an gleicher Stelle ein Denkmal das den heiligen Georg im Kampf mit dem Drachen zeigt. Dieses Denkmal entstand 1999. Die Bildhauer waren die Brüder Suchorski, der Architekt O. Jarema. Hinter dem Denkmal befindet sich ein monumentaler neoklassizistischer Bau, Anfang des 20. Jahrhunderts errichtet vom Architekten A. Zacharewicz für die Aktien- und Kooperativbank. Heute sitzt in dem Haus die Gebietsverwaltung des Ministeriums für innere Angelegenheiten. Links in dem Eckhaus, das als Landesbank nach Plänen des Architekten Cybulskyj im Jahre 1903 entstand, befindet sich heute der Fachbereich Sport der Universität.

Ein paar Meter zurück, gegenüber dem Ersten ukrainischen Theater für Kinder und Jugendliche, beginnt die vul. Nalyvajka. Bis zum 1939 war das Territorium hier und weiter nach Norden von Juden besiedelt. In der Straße gab es mehrere kleine Hotels, ein Bad und eine Spitalabteilung. In der Nähe befanden sich auch das Jüdische kaufmännische Gymnasium und zahlreiche Geschäfte. Nach ein paar Metern kommt man auf die vul. Horodoc'ka, eine der Hauptverkehrsadern der Stadt.

Das Brigitte-Gefängnis

An der gegenüberliegenden Straßenseite links zieht sich die lange dreistöckige Fassade des Lemberger Untersuchungsgefängnisses hin [3]. Im 17./18. Jahrhundert befand sich hier das Kloster des Ordens der heiligen Brigitte sowie die St. Peterskirche. Im Jahre 1784 wurde das Kloster laut der Josephinischen Reform aufgelöst und in ein Gefängnis umgewandelt. Der Name ›Brigitte‹ (Brygitki) wurde beibehalten. Im 19. Jahrhundert wurde das Gefängnis ausgebaut. Die schrecklichste Zeit in der Geschichte des berühmten Gefängnisses waren die Jahre des Zweiten Weltkrieges, als der sowjetische Geheimdienst NKWD hier Massenexekutionen durchführte. Als die Deutschen im Juni 1941 die Sowjetunion überfielen, gaben die Sowjets die in ihren Gefängnissen Inhaftierten – meist Ukrainer – nicht frei, sondern transportierten sie entweder in Richtung Osten oder ermordeten sie an Ort und Stelle. In etwa 25 Gefängnissen führte der NKWD Massenexekutionen durch. In vielen von ihnen verlief es wie im Lemberger Brigitte-Gefängnis: Die Erschießungen begannen am 22. Juni 1941. Bis zum 28. Juni dauerte das Morden. Bevor das sowjetische Wachpersonal vor den am 30. Juni 1941 einrückenden deutschen Truppen flüchtete, schoß es noch blindlings in die Gefängniszellen hinein, um ja nur jeden Häftling umzubringen. Nach dem Abzug der Sowjets fanden die nach ihren Angehörigen Suchenden in den Kellern und einem auf dem Hof ausgehobenen Graben Berge von Leichen.

Das ehemalige jüdische Krankenhaus im maurischen Stil

Das jüdische Viertel

Es geht nach rechts in Richtung Anfang der vul. Horodoc'ka. Links an der Ecke befindet sich das im Jahre 2003 nach der Restaurierung neueröffnete Kaufhaus ›Magnus‹. Als Warenhaus wurde es bereits im Jahre 1913 von dem Architekten R. Felinski erbaut.

Die vul. Špytal'na entlang nach Norden läuft man auf dem Territorium des ehemaligen jüdischen Viertels. Das Territorium wurde schon im Mittelalter von der jüdischen Bevölkerung bewohnt. Die jüdische Gemeinde war bis zum Krieg eine der größten in Lemberg. Die ersten Juden kamen im 13. Jahrhundert in die Stadt. Sie siedelten sich zuerst in der Krakauer Vorstadt an. Nach 1350 teilte sich die jüdische Gemeinde. Die reicheren zogen in das befestigte Stadtzentrum, die ärmeren blieben in der Vorstadt. Jede Gemeinde hatte ihre eigenen Synagogen und Schulen, ihre eigenen Rechte, Privilegien und eine eigene Verwaltung. Die Straße führt zum ehemaligen jüdischen Spital und verdankt diesem seinen Namen. Rechts an der Wand des Eckhauses befindet sich eine Gedenktafel [4] mit der Inschrift ›Hier wohnte im Jahre 1906 der Klassiker der jiddischen Literatur Scholem Alejchem‹ (1859–1917). Scholem Alejchem, der eigentlich Scholem Rabinovič hieß, stammte aus einer Kaufmannsfamilie aus der Stadt Perejaslav südlich von Kiev. Durch sein Werk ›Tevje, der Milchmann‹, als Musical auch unter den Namen ›Anatevka‹ und ›Der Fiedler auf dem Dach‹ bekannt, wurde er weltberühmt.

Weiter geht es in die vul. Bazarna, in der sich der Krakauer Marktplatz, der Krakivs'kyj rynok [5], befindet. Er entstand in den Jahren nach dem Zweiten Weltkrieg. Der alte jüdische Friedhof, der sich an dieser Stelle befand, wurde völlig zerstört. An der Kreuzung der vul. Bazarna mit der vul. Špytal'na geht die vul. Šoloma Alejchema ab. Bis 1941 bildete sie das kulturelle Zentrum der jüdischen Gemeinde. Bis Ende des 19. Jahrhunderts befand sich in dem Haus Nr. 11 die Handwerkergesellschaft ›Jad Charusim‹. Das Haus Nr. 12 war der Sitz der jüdischen Gemeindesverwaltung Lembergs sowie das jüdische Museum. Heute ist ein jüdisches Kulturzentrum untergebracht.

Entlang des Marktes, etwas bergauf, zieht sich die vul. J. Rappaporta. Diese Straße gibt es seit Mitte des 19. Jahrhunderts. An der rechten Seite befindet sich die vor kurzem eröffnete Botschaft von Kasachstan. Weiter vorne ist ein exotisches Bauwerk mit einer kunstvollen zwiebelförmigen Kuppel zu sehen. Das Haus Nr. 8 ist das ehemalige jüdische Spital [6], heute eine Frauenklinik. Das Gebäude wurde Ende des 19. Jahrhunderts als Maurizius-Lazar-Stiftung errichtet. Der Architekt war K. Moklowski.

Die vul. Rappaporta mündet in die vul. Kleparivs'ka. Das ist eine der Straßen, die ihren Namen Andreas Klöpper verdankt. Sie führt zu dem von ihm Anfang

Pivo Lvivs'ke aus der Lemberger Brauerei

des 15. Jahrhunderts gegründeten Dorf Klöpperhof – später Klepariv. Der Berg, an dessen Fuß sich die beiden Straßen kreuzen, heißt Kortum. Früher wurden an seinen Hängen Menschen hingerichtet. ›Berg der Todesstrafe‹, so nannte man ihn. Die meisten Teilnehmer des Volksaufstandes, bekannt unter dem Namen ›Kolijivščyna‹, wurden dort Mitte des 18. Jahrhunderts hingerichtet. Am Krakivs'kyj rynok schließt sich von der vul. Kleparivs'ka einer der ältesten Betriebe der Stadt, die Lemberger Bierbrauerei, an. Als Gründungsdatum gilt das Jahr 1715. Eines der besten Weizenbiere mit dem Namen ›1715‹ oder auch ›Pivo Lvivs'ke‹ (Lemberger Bier) kann man in der Brauerei kosten.

Vom jüdischen Spital gelangt man durch die vul. Leontovyča zurück in die vul. Horodoc'ka. Zuvor sieht man an der linken Seite der Straße die im romanischen Stil aus roten Ziegelsteinen gebaute Mittelschule. Das Gebäude wurde 1884 vom Architekten Hochberger als St.-Anna-Schule errichtet. Von hier aus öffnet sich ein schöner Blick auf das jüdische Spital.

Die St. Annakirche

Am Schnittpunkt der vul. Horodoc'ka und der vul. Ševčenka befindet sich die St. Annakirche [7]. Die im Jahre 1507 anläßlich der Ermordung streikender und aus der Stadt fliehender Schneidergesellen gebaute Holzkirche wurde 1509 von den Walachen verbrannt. Im Jahre 1599 entstand eine neue Holz- und Backstein-Kirche mit einem Augustinerkloster. Gegen Mitte des 18. Jahrhunderts wurde die heutige Barock-Kirche errichtet, im 19. Jahrhundert entstand der Glockenturm. Nach dem Zweiten Weltkrieg befand sich im Kircheninneren ein Möbelgeschäft. Von der früheren barocken Innengestaltung ist nichts erhalten geblieben. Die Kirche ist heute den Gläubigen der unierten Kirche zugänglich. Der neugestaltete Ikonostas und die Wandmalereien stammen aus den 1990er Jahren. Rechts von der Kirche beginnt die vul. Ševčenka, an deren Ende der Janivs'ke-Friedhof liegt.

Die St. Annakirche

Entlang der Horodoc'ka-Straße

Mit ihren heute fast zehn Kilometern Länge war diese Straße immer schon eine verkehrsreiche Hauptstraße. Sie war als Handelsstraße unter diesem Namen bekannt und führt auch heute in Richtung des Städtchens Horodok und weiter zur polnischen Grenze. Sie beginnt am Opernhaus am pr. Svobody.

Die vul. Horodoc'ka von der St. Annakirche Richtung Westen spazierend, sieht man rechts das Gebäude der ehemaligen Kaserne ›Erzherzog Ferdinand‹ (Nr. 40) aus den 1850er Jahren. Weiterhin befindet sich auf der linken Straßenseite das runde Gebäude des Lemberger Zirkus. Das Gebäude entstand im Jahre 1963. Die Architekten sind A. Bachmatov und M. Kanievskij.

Links hoch auf dem Berg erblickt man die St. Georgskathedrale sowie die vor uns majestätisch wirkenden schlanken Türme der ehemaligen Elisabethkirche.

Die Olga-und-Elisabethkirche

Der Eingang zur heutigen unierten Olga-und-Elisabethkirche [8] befindet sich auf dem pl. Kropyvnyc'koho. Seit fast 100 Jahren ist sie das Wahrzeichen der Stadt. Von weitem grüßt sie die Gäste mit ihren drei eleganten, hohen Türmen. Der höchste mißt 85 Meter. Erbaut in den Jahren 1903 bis 1912 nach Plänen des Architekten Theodor Taljowski im neogotischen Stil, befindet sie sich auf dem höchsten Punkt des Stadtzentrums, nämlich genau auf der Hauptwasserscheide zwischen der Weichsel und dem Dnistr. Sie wurde als Gedächtniskirche zum Gedenken an den tragischen Tod der österreichischen Kaiserin Elisabeth errichtet. Der Bau ist ein dreischiffiger monumentaler Bündelpfeiler-Ziegel-Rohbau mit einem Querschiff (lateinisches Kreuz). Was anerkannte Baumeister schufen, wurde mutmaßlich während der sowjetischen Zeit zerstört. Das betrifft vor

Die Elisabethkirche

allem die wundervolle Orgel, eine der damals größten im polnischen Reich der Vorkriegszeit. Das betrifft gleichfalls die Kapelle des heiligen Huberts mit ihren Mosaik-Glasfenstern und die Wandmalerei von Kasimir Sichulski aus dem Jahre 1926. Die einzig erhalten gebliebenen Kunstwerke sind die neobarocke Kanzel aus dem Jahre 1926 von P. Wojtowicz und L. Rzepichowski sowie der Hauptaltar der Architekten L. Gyurkowicz, J. Szostakiewicz und des Bildhauers J. Reichert-Toth, erbaut zwischen 1928 und 1933.

Nach dem Zweiten Weltkrieg lagerten in der Kirche Lebensmittel, sie verfiel immer mehr, und ihre wertvolle Ausstattung wurde nach und nach zerstört. Seit 1990 heißt die griechisch-katholische Kirche Olga-und-Elisabeth-Kirche. Die Kanzel sowie der Hauptaltar wurden restauriert und mit neuen Werken ergänzt. Den Altarbereich zieren Mosaik-Glasfenster von V. Šalenko, erschaffen zwischen 1996 und 1998.

Der Hauptbahnhof

Zurück auf der vul. Horodoc'ka muß die Fahrbahn überquert werden, um an der nächsten Ecke in die vul. Černivec'ka zu gelangen, die zum berühmten Lemberger Hauptbahnhof [9] führt. Aber noch bevor man weiter zum Bahnhofgebäude läuft, kann man sich an der Kreuzung wieder nach rechts, in die vul. Chotyns'ka begeben, um zu der einzigen in Lemberg geöffneten Synagoge zu gelangen. Sie befindet sich in der vul. Brativ-Michnovs'kych und wurde 1924 von dem Architekten A. Kornblut errichtet. Die Synagoge wird durch reichhaltige Wandmalerei aus den 1930er Jahren vervollkommnet. Ein Rabbiner, der aus New York nach Lemberg gekommen ist, bemüht sich um die Wiederbelebung jüdischer Traditionen in der Stadt.

Das mächtige, kunstvolle Bauwerk des Lemberger Hauptbahnhofs entstand zu Beginn des 20. Jahrhunderts. Der Architekt war W. Sadlowski. Die Bahnhofsfassade vereint in sich den Stil der Neorenaissance und des Wiener Jugendstils. Zur Zeit seiner Entstehung war er einer der vollkommensten und modernsten Bahnhöfe auf dem Territorium des Österreichischen Reiches. Den Haupteingang krönt ein gläsernes Arkadenportal. Seine Nischen schmücken die allegorischen Skulpturen ›Handel‹ und ›Gewerbe‹ des Architekten A. Popel. Über dem Eingangsportal befindet sich das allegorische Gruppenbild von P. Wojtowicz, das die Stadt Lemberg sowie den Eisenbahnverkehr symbolisiert. In den zwei mit Glas überdachte Hallen befinden sich fünf Bahnsteige, die mit dem Bahnhofsgebäude verbunden sind. In den zwei großen Bahnhofshallen sind Fahrkartenschalter und Warteräume untergebracht. Die Warteräume wurden Mitte des 20. Jahrhunderts vom Architekten V. Domašenko umgebaut. Kriegszerstörungen und spätere

Umbauten veränderten das Ansehen des Gebäudes, mehrere kunstvolle Details wurden entfernt. Wegen seiner Größe und seiner Schönheit bleibt der Bahnhof aber weiterhin eine touristische Attraktion.

Vom Bahnhof kommt man mit den Straßenbahnlinien Nr. 9 oder 1 sehr schnell zurück zum Stadtzentrum.

Der prächtige Lemberger Hauptbahnhof

Vom Zollplatz zum Freilichtmuseum

Die heutige vul. Lyčakivs'ka entstand im 15. Jahrhundert außerhalb der Befestigungsmauern. Damals hieß sie Glijanska-Straße und führte als Handelsweg nach Glijanski und von da weiter nach Osten bis Kiev und Moldawien und weiter nach Konstantinopel. Schon im 15. Jahrhundert entstand hier die erste Ansiedlung. Ende des 16. Jahrhunderts erhielt sie den Namen Lützenhofer Straße, der auf die deutschen Kolonisten Lützen zurückgeht. Die Familie Lützen gründete zu jener Zeit hier ein großes Landgut, das sich zusammen mit einem Dorf von 200 Häusern bis zur Mitte des 17.Jahrhunderts hier befand. Rund um die Häuser befanden sich Obstbäume und Weinanbau. Lemberg hatte sogar eigene Weinkeller. Über diese Handelsstraße kamen auch die großen Fuhrwerke mit ihren Waren. Die großen Karawanen der Kaufleute kamen mit einem Fuhrmann, die Wagen wurden von riesigen Pferdegespannen gezogen. Der Weg war weit, oft von und in die Türkei Aber auf diesem Wege kamen nicht nur die Kaufleute, sondern auch militärische Eindringlinge. Der Kosakenführer Bohdan Chmel'nyc'kyj hatte sein Feldlager 1648 gegenüber der heutigen Kirche St.Peter und Paul aufgeschlagen Im Jahre 1672 standen an gleicher Stelle die Türken.

Im 18./19. Jahrhundert entstanden in der Straße die ersten Schulgebäude, und in der vul. Pekars'ka wurden die ersten medizinischen Fakultäten eröffnet. Die Bebauung der vul. Lyčakivs'ka begann Mitte des 19. Jahrhunderts. Historische Bauwerke der Straße stammen aus diesem Zeitraum und noch früheren Zeitepochen. Den pl. Mytna krönt die ehemalige Klarissenkirche [1]. Die Kirche entstand zu Beginn des 17. Jahrhunderts. Nach der Auflösung des Ordens im Jahre 1782 befand sich im Klostergebäude ein Zollamt, nach dem der Platz seinen Namen erhielt. Heute hat hier die Polygraphische Technische Schule ihren Sitz. In der ehemaligen Kirche, die im Jahre 1946 geschlossen wurde, befindet sich seit 1996 das Johann-Pinsel-Museum, in dem vor allem Lemberger Barockskulpturen aus dem 18. Jahrhundert zu bewundern sind.

Gegenüber der Straße fällt der Blick auf das prachtvolle, mit Flachreliefs dekorierte Eckhaus im Empirestil. Es entstand zu Beginn des 19. Jahrhunderts. In der ersten Hälfte desselben Jahrhunderts gehörte es dem bekannten Lemberger Verleger Anton Piller, der im Nachbargebäude (Nr. 3) seine Druckerei hatte. Die kunstvoll gearbeiteten Flachreliefs mit Skulpturen zu mythologischen Themen schuf Johann Schimser. Die Werkstatt der in Lemberg bekannten Bildhauer deutscher Abstammung Hartman Witwer und Johann Schimser befand sich in der vul. Lyčakivs'ka Nr. 20.

Von dieser Straße geht nicht weit entfernt die vul. Smolska ab und führt nach ein paar Schritten in die vul. Korolenka. Hier befindet sich die russisch-orthodoxe Kirche des heiligen Georgius [2]. Sie wurde Ende des 19. Jahrhunderts nach Plänen des Wiener Architekten G. Sachs im byzantinisch-romanischen Stil erbaut. Diese orthodoxe Kirche ist die einzige in der Stadt, die dem Moskauer Patriachat unterliegt.

Zurück auf der vul. Lyčakivs'ka, ist rechts von Nr. 26, an der Ecke zur vul. Čechova, die Barockfassade des ehemaligen Spitals des Bonifrater-Ordens sichtbar. Aus der Stiftung Jan III. Sobieskis entstand im Jahre 1659 ein Kloster. Im Jahre 1687 wurde dieses Kloster in ein Spital und Heim für Kriegsinvaliden umgebaut. Im Jahre 1783 entstand ein Armeespital. Heute befindet sich in seinen erweiterten Anbauten das große Lemberger Garnisonssapital.

Die St. Antoniuskirche

Etwas die Straße hinauf befindet sich die St. Antoniuskirche [3]. Diese Kirche ist neben der Marienkathedrale eines der Lemberger römisch-katholischen Gotteshäuser, die seit dem Ende des Zweiten Weltkriegs ununterbrochen für die Glaubensgemeinde geöffnet haben.

Der Erstbau der Kirche sowie des Klosters reicht in das Jahr 1669 zurück, ihr heutiges Aussehen verdankt sie dem Umbau in den Jahren 1718 bis 1739. Die barocke Fassadengestaltung entstand im Jahre 1765 durch den Architekten F. Kulčyc'kyj.

Die gesondert stehende Glockenturmwand, ein Werk des Architekten J. Markl, wurde 1818 errichtet. Zu der auf einer Erhöhung gelegenen Pfarrkirche führt eine Doppeltreppenterrasse mit einer aus dem Jahr 1755 stammenden Madonnenstatue im Rokokostil von S. Fessinger, die im Jahre 1901 erneuert wurde. Dieser Bildhauer schuf auch die Heiligenfigur des St. Antonius – erneuert 1894 –, die ihren Platz zwischen dem Glockenturm und der Kirche hat. Schon 1830 umgab eine Mauer das Pfarrgelände.

Legende

1 Ehemalige Klarissenkirche (костел Кларисок)
2 Russisch-orthodoxe Georgskirche (собор цв. Юра)
3 St. Antoniuskirche (костел св. Антонія)
4 ehemaliges Piaristenkollegium
5 St.-Peter-und-Paul-Kirche (церква святих Петра і Павла)
6 Freilichtmuseum ›Ševčenko-Hain‹ (Шевченківський гай)
7 St. Pokrovakirche (храм Покрови)

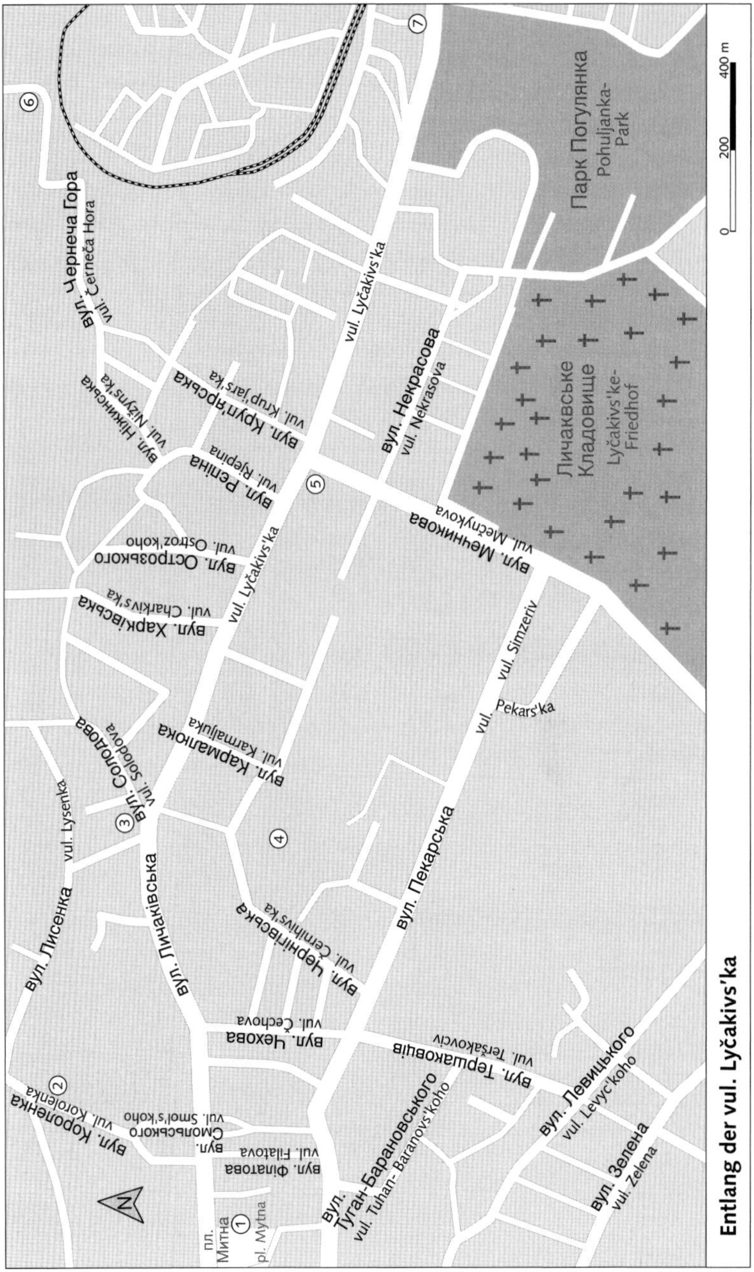

Entlang der vul. Lyčakivs'ka

Das Innere der Kirche schmücken Wandbilder des Meisters T. Pelczar von 1893: Heiligenbilder der vier Evangelisten sowie verschiedene Szenen aus dem Leben Christi und der Apostel. Im Hauptschiff sind drei spätbarocke Altäre mit

Die römisch-katholische Antoniuskirche

hölzernen, farbigen Figuren von Heiligen und Engeln zu bewundern sowie eine mit reichlich vergoldeter Schnitzarbeit verzierte Kanzel. Die Altäre wurden Mitte des 18. Jahrhunderts geschaffen und im 19. Jahrhundert ergänzt.

Im Blickfeld der linken Seitenkapelle sieht man ein Barock-Kruzifix aus dem Jahre 1739. Rechts ziert das bemalte Glasfenster zum Thema ›Grablegung‹ vom Beginn des 20. Jahrhunderts die Wand der Kapelle. In der gegenüberliegenden rechten Seitenkapelle befinden sich die Figuren des heiligen Josef und der heiligen Barbara. Im Kircheninneren gibt es mehrere Ölgemälde, die zusammen ein Ganzes bilden. Sie stammen aus dem 18. bis 20. Jahrhundert, der Künstler ist J. Luczynski. In der Sakristei befinden sich zwei ovale Porträtgemälde vom Ende des 17. Jahrhunderts: Fürst Konstantin Christoph Wisniowiecki (gestorben 1686) und dessen Gattin, Anna, die Stifterin dieser Pfarrkirche.

Das Kirchengebäude wie auch das Kircheninnere haben sich in ihren fast ursprünglichen Formen sehr gut erhalten. Das Kloster, das sich auf dem Pfarrgelände befindet, besteht seit sowjetischer Zeit als Musikschule. Diese Pfarrkirche wird zu Heiligen Messen und kirchlichen Feiertagen gut besucht, vor allem von den in Lemberg wohnenden Polen sowie polnischen Touristen.

Gegenüber dem Kircheneingang kommt man in die vul. Černihivs'ka. Das Territorium rechts von der vul. Lyčakivs'ka nennt man heute ›das Städtchen der Medizinischen Universität‹ mit zahlreichen Unterrichtsgebäuden sowie Abteilungen der Uniklinik. Die vul. Černihivs'ka endet am Gebäude des ehemaligen Piaristenkollegiums [4], das von der Mitte des 18. und bis Ende des 19. Jahrhunderts errichtet wurde. Das Kollegium wurde 1748 gegründet und diente als Lehranstalt für Kinder aus adeligen Familien.

Die St.-Peter-und-Paul-Kirche

In der vul. Lyčakivs'ka befindet sich am Schnittpunkt mit der vul. Mečnykova die ukrainisch-orthodoxe autokephale Kirche St. Peter und Paul [5]. Ihre heutige Gestalt stammt aus dem Jahre 1798. Diese ursprünglich im 18. Jahrhundert gestiftete einschiffige Kirche wurde Ende des 18. Jahrhunderts im bescheidenen Barockstil in eine orthodoxe Kirche umgebaut. Ihr Vorbau mit dem verkürzten Turm im klassizistischen Stil bildet zugleich den Haupteingang ins Kircheninnere. Der Architekt war K. Fessinger. Das Kircheninnere schmücken ein barocker Ikonostas mit drei fein geschnitzten Türen aus dem 18. Jahrhundert sowie eine Rokoko-Kanzel und drei Altäre aus dem 18./19. Jahrhundert. Die Statuen der Apostel Peter und Paul vom Ende des 19. Jahrhunderts, die sich rechter Hand der Kirche im Kirchenhof befinden, bitten um ein Gebet oder laden zur Besichtigung ins Kircheninnere ein.

Die Batiaren

Aus dem Milieu der Lemberger Vorstädte stammt nicht nur der Lemberger Dialekt, sondern auch vieles andere, was als typische Eigenart der Stadt andernorts belächelt und bewundert wurde. Besucher kannten Lemberg als eine humorvolle, lustige Stadt. Oft lebte man über seine Verhältnisse, unterhielt sich auf prächtigen Bällen, ging gerne ins Café, pflegte die Geselligkeit und machte sich wenig Sorgen. Am bekanntesten waren die Lemberger Batiaren aus der Lützenhofer Vorstadt. Man erkannte sie schon von weitem an der Kopfbedeckung, der Batiarowka., einer großen Schirmmütze aus Tuchstoff. Ein Batiar legte sehr viel Wert auf seine Unterscheidungsmerkmale und auf persönliche Freiheit. Jeder einzelne Batiar bemühte sich, als ein Original zu gelten. Diese Menschen erfanden die Lieder, die die Spatzen von den Dächern pfiffen. Lieder, die mit derbem Humor sehr treffend, aber nicht immer salonfähig das Stadtgeschehen besangen. Die Batiaren gehörten zum Stadtbild Lembergs. Sie besaßen ein freches Selbstbewußtsein, viel Originalität und oft ein wenig Galgenhumor. Schnell verbreiteten sich in der gesamten Stadt ihre Lieder, die auf aktuelle politische und gesellschaftliche Ereignisse oder auf bestimmte Eigenarten des bürgerlichen Lebens Bezug nahmen.

Ein besonderes Merkmal war ihre Sprache. Es war ein Idiom, das die Sprachelemente der Lemberger Völkervielfalt aufgenommen hatte. Neben Polnisch waren in dieser Fremdsprache vor allem Deutsch und Ukrainisch vertreten. So entstand zum Beispiel aus der deutschen Sprache das Wort ›Cyferblatt‹ als Gesicht und ›Staketen‹ als Zähne sowie ›Klaviatura‹ als Zahnprotese. Und die lustigste Drohung klang dann so: »Uch, jak ci cyferblat zalakieruje, to ci rodzona matka nie pozna.« (Ach, wenn ich dir das Zifferblatt lackiere, erkennt dich deine leibliche Mutter nicht mehr). In der Lützenhofer Straße lebten Polen und Ukrainer über Jahrhunderte zusammen. Am bekanntesten waren die Hochzeiten, die hier tagelang gefeiert wurden. War es eine polnisch-ukrainische dann ging man erst in die St. Antoniuskirche, dann in die Kirche St. Peter und Paul. War es eine ukrainisch-polnische ging man erst in die Kirche St. Peter und Paul und dann in die St. Antoniuskirche. Und die Feier dauerte nicht nur zwei oder drei Tage, sondern oft eine ganze Woche!

Das Freilichtmuseum

Würden man jetzt rechts in die vul. Mečnykova abbiegen, käme man an der Lemberger Frauenklinik vorbei und würde schon von weitem den Ličakivs'ke-Friedhof sehen. Es geht jedoch die vul. Lyčakivs'ka weiter geradeaus. Etwas weiter führt links eine kleine Straße bergauf. Sie ist seit dem 18. Jahrhundert unter dem Namen vul. Krupjars'ka (Graupenstraße) bekannt. Durch diese Straße gelangt man in die vul. Černeča Hora. Dort befindet sich das Freilichtmuseum ›Ševčenko-Hain‹ [6], dessen riesige Parkanlagen einst auch unter dem Namen ›Kaiserwald‹ bekannt waren. Heute kann man im ›Museum für Volksarchitektur und Lebensweise‹, so der offizielle Name, auf 60 Hektar in neun Sektoren dörfliche Holzbauten aus der Umgebung Lembergs und aus der gesamten Westukraine besichtigen, darunter Kirchen, Wohnhäuser und Wirtschaftsbauten der Bojken, Lemken und Huzulen. Die orthodoxe Kirche St. Nikolaj aus dem Dorf Krivki, eine Bojken-Holzkirche aus dem Jahre 1763, wurde im Jahre 1930 nach Lemberg gebracht. Alle Exponate liegen eingebettet in eine schöne Parkanlage.

Zurück auf der vul. Lyčakivs'ka steht die steinerne Kapelle der heiligen Gottesmutter. Anfangs stand hier nur eine Steinfigur. Wer sie aufgestellt hat, ist unbekannt. Im Jahre 1850 wurde diese Heiligenfigur mit vier Säulen umgeben und überdacht. Später wurde die Kapelle mehrmals umgebaut. Sie wurde im

Speicher im Freilichtmuseum

Jahre 1998 nach der Rekonstruktion erneut an der Stelle geweiht, wo sie bereits im Jahre 1959 stand. Heute steht sie den römisch-katholischen Gläubigen erneut zur Verfügung. Die Perspektive dieser langen Straße schließt auf einer Anhöhe die ehemalige Kirche der Gottesmutter [7]. Sie wurde in den Jahren 1932 bis 1938 vom Architekten T. Obminskyj gebaut. Nach dem Krieg wurde sie wie fast alle Kirchen geschlossen und erst im Jahre 1992 als ukrainisch-orthodoxe St. Pokrovakirche wieder für die Gläubigen geöffnet. Auf der gegenüberliegenden, rechten Straßenseite befindet sich auf einer Erhöhung der im Jahre 1892 angelegte 16 Hektar große Lützenhofer Park, der heute ›Spazierpark‹ (park ›Pohuljanka‹) heißt. Zur vul. Lyčakivs'ka steht auf einer Anhöhe das 1906 vom Bildhauer Julian Markowski geschaffene Denkmal von Bartek Glowaski, dem Teilnehmer am Kampf um Racławice im Jahre 1794.

Vynnyky

Mit der Straßenbahn Nr. 2 oder mit Kleinbussen kann man von hier aus zurück zum Stadtzentrum fahren. Man kann aber auf der rechten Straßenseite stadtauswärts auch mit den Kleinbussen Nr. 96 oder 75 nach Vynnyky, in die ehemals deutsche Vorstadt Weinbergen fahren. Die Fahrt dauert etwa 15 Minuten.

Von 1785 bis 1939 lebten in Weinbergen 132 deutsche Familien. In Weinbergen gab es eine Ortsgruppe des Bundes der Christlichen Deutschen, deren Hauptsitz sich in Lemberg befand. Es gab ein Deutsches Haus und eine Volksbücherei. In Weinbergen gab es eine einklassige evangelische Privatvolkshochschule und 1919 wurde eine neue deutsche Schule eröffnet. Die Leitung übernahm der Lehrer Josef Müller aus Unterbergen, sein Nachfolger war Rudolf Bredy aus Weinbergen. Diese Schule bestand bis zum Jahre 1924.

Nicht weit von Weinbergen entfernt befand sich die deutsche Siedlung Unterbergen. Dort lebten bis zum Beginn des Zweiten Weltkrieges 52 deutsche Familien. In Vynnyky gibt es ein sehr interessantes Ortsmuseum zu besichtigen sowie mehrere unierte und eine römisch-katholische Kirche. Von Vynnyky kann man mit den Kleinbussen Nr. 96, 75 und 36 in 20 Minuten ins Stadtzentrum Lembergs zurückfahren.

Der Stryjs'kyj-Park

Lemberg ist eine sehr grüne Stadt. Sie besitzt mehrere Park- und Grünanlagen, die sich hauptsächlich auf den das Stadtzentrum umgebenden Anhöhen befinden. Noch vor dem Zweiten Weltkrieg gab es Projekte, sie alle zu einem großen Parkgelände zu vereinen, das die Stadt wie ein Ring von ungefähr 60 Kilometern Länge umgeben sollte. Ein beliebter Ort der Spaziergänge waren und sind heute noch die Stadtboulevards auf dem pr. Svobody und dem pr. Ševčenka. Im historischen Park Stryjs'kyj (siehe hintere Klappkarte) und dem ihm angeschlossenen Kultur- und Erholungspark kann man dem Lärm der Stadt entkommen, um sich etwas zu entspannen und neue Kräfte zu sammeln. Man kann die größte und schönste Parkanlage Lembergs mit der Straßenbahn Nr. 4 vom Stadtzentrum in südlicher Richtung erreichen, die Haltestelle vul. Parkova befindet sich unweit vom Haupteingang des Parkes.

Der Park wurde im Jahre 1877 vom städtischen Garteninspektor Arnold Röhring angelegt. Vorbei am kleinen Schwanenteich, einer Orangerie vom Ende des 19. Jahrhunderts mit vielfältiger tropischer Pflanzenwelt, die Hauptallee und die vielen Nebenwege entlang, begegnet man verschiedensten exotischen Baumarten. Unterwegs steht auf einem Sockel Jan Kilinski, ein polnischer Volksheld, Führer des Warschauer Aufstandes von 1794. Die Parkanlage trug einst seinen Namen. Das Denkmal Kilinskis wurde im Jahre 1894 vom Bildhauer Julian Markowski geschaffen.

Im Stryjs'kyj-Park befand sich das Ausstellungsgelände der im Jahre 1894 eröffneten Allgemeinen Lemberger Landesausstellung. Auf der ersten Ausstellung wurde auch anläßlich des 100. Jahrestages des Kosciuszko-Aufstandes das berühmte Rundgemälde ›Panorama Racławicka‹ dem Publikum zugänglich gemacht.

Auf dem zum Park gehörenden Ausstellungsgelände wurde in den Jahren 1921 bis 1938 jährlich die Internationale Ostmesse organisiert. Sie diente vorwiegend der Promotion und dem Handelsaustausch mit den asiatischen Märkten. Die Ostmesse besuchten vor allem deutsche, österreichische, tschechische Kaufleute sowie Händler der Balkanländer. Es dominierten Maschinen und Transportmittel, Erzeugnisse aus Metall, der Bekleidungsindustrie, aber auch Lebensmittel und chemische Erzeugnisse.

Die vielen Messepavillons existieren heute nicht mehr. Die meisten von ihnen wurden während der Sowjetmacht in Restaurants oder andere Objekte umgewandelt. Die Parkanlage selbst hat ihre prächtige und historische Form nicht eingebüßt.

Vom Stryjs'kyj-Park kann man direkt zum Kultur- und Erholungspark im Bohdan-Chmel'nyc'kyj-Park gelangen. Er wurde im Jahre 1952 angelegt. Der Park hat eine Fläche von 26 Hektar. Westlich der Hauptallee befindet sich das Stadion ›Junist‹. Auf seiner Freilichtbühne finden in der warmen Jahreszeit interessante Konzerte statt.

Am südöstlichen Rand des Stryjs'kyj-Parkes befindet sich das Ivan-Franko-Museum (vul. Ivana Franka 154).

Ivan Franko

Ivan Franko wurde am 27. August 1856 in Nahuevyči, in der Nähe von Drohobyč, in Ostgalizien geboren. Sein Vater war Dorfschmied und starb, als Ivan gerade neun Jahre alt war. Nach dem Schulabschluß am Realgymnasium in Drohobyč studierte er ab 1875 Philosophie, Pädagogik, Psychologie, Anthropologie, ukrainische Sprache und Literatur an der philosophischen Fakultät der Lemberger Universität. Die literarische Zeitschrift ›Dnistrjanka‹ veröffentlichte 1876 seine ersten Werke. Noch im gleichen Jahr erschien sein erster Gedichtsband ›Balladen und Märchen‹.
Im Jahre 1877 wurde der Schriftsteller mit seinen Redaktionskollegen erstmals verhaftet, konnte aber sein Studium fortsetzen. Während dieser Zeit war er als Autor und Redakteur der später verbotenen Zeitschrift ›Freund der Gesellschaft‹ tätig. Im März 1880 erfolgte eine weitere Verhaftung wegen ›Anstacheln des einfachen Volkes gegen die gesetzmäßige Ordnung‹. Franko konnte sein Studium nicht abschließen und lebte nach der Haftentlassung zwei Jahre in seinem Heimatdorf. Während dieser Zeit entstanden die Übersetzung von Goethes ›Faust‹ sowie Heines ›Deutschland ein Wintermärchen‹ aus dem Deutschen in die ukrainische Sprache sowie eine Artikelserie über den Schriftsteller Taras Ševčenko. In den Folgejahren vertiefte sich Ivan Franko in Lemberg in die National- und Literaturgeschichte der galizischen Ruthenen (Ukrainer) und schrieb Artikel für die ukrainischen Zeitschriften ›Stern‹ und ›Tat‹.

Ivan Franko

1886 heiratete er Olga Chorunschinska mit ihr hatte er die Söhne Andrzej, Daras und Peter sowie die Tochter Anna.
Wegen seiner Kontakte mit Kiever Studenten, die ihn in Lemberg besuchten, wurde Ivan Franko 1889 erneut für einige Monate inhaftiert. Im Jahre 1890 gründete Franko die Wochenschrift ›Volk‹. In den Jahren 1887 bis 1897 schrieb er sehr viele Artikel für die Zeitung ›Lemberger Kurier‹. Er gründete die Zeitschrift ›Literaturwissenschaftliche

Informationen‹, in der er viele Werke bekannter polnischer Schriftsteller in ukrainischer Sprache veröffentlichte. Zu seinen Freunden zählten der ukrainische Maler Ivan Truš, die Opernsängerin Salomea Krušel'nyc'ka und der ukrainische Schriftsteller Mykola Lysenko. Außerdem schrieb er in österreichischen Zeitungen in deutscher Sprache Artikel über ukrainische Literatur und das Leben in Galizien und studierte an der Wiener Universität slawische Philosophie.

Gemeinsam mit seinem besten Freund Michajlo Pavlik gründete er 1890 die Ukrainische Radikale Partei. Sie forderte die volle politische Autonomie aller Nationen, die der Habsburger Monarchie angehörten. Die Partei verlor 1899 ihre Bedeutung, als die Ukrainische Nationale Demokratische Volkspartei entstand, die ein stärker nationalistisches Programm hatte. Sie fand ihre Anhänger unter den reichen Bauern wie auch unter den Geistlichen. In den Jahren 1896 und 1897 gründete ein Teil der ehemaligen Radikalen die Ukrainische Sozialdemokratische Partei. Andere gründeten mit Alexander Barwinski an der Spitze im Jahre 1896 die Christliche Partei.

Eine besonders enge Freundschaft bestand zwischen Ivan Franko und dem Geschichtswissenschaftler Mychajlo Hruševs'kyj. Im Jahre 1902 begannen beide in einem malerisch gelegenen Stadtteil Lembergs, in der Nähe des Stryjs'kyj-Parkes (heutige vul. Ivana Franka 154), ihre Häuser zu bauen. Das Haus Hruševs'kyjs ist vom Haus Frankos über den sogenannten ›Weg der 1000 ehrenwerten Schritte‹ durch das Gartengelände zu erreichen. Hier verbrachte der Schriftsteller seine letzten Lebensjahre. Im Jahre 1907 erkrankte er schwer an Rheuma und mußte in den letzten Jahren von seinem Sohn gepflegt werden, bis er am 28. Mai 1916 starb. Sein Grab befindet sich auf dem Ličakivs'ke-Friedhof.

Heute befindet sich in seinem Wohnhaus und im Haus Hruševs'kyjs jeweils ein Museum. Die Zimmer im Haus von Ivan Franko sind original eingerichtet, und man kann sehen, daß er ein leidenschaftlicher Angler und Liebhaber der Karpatenlandschaft war. In seinem Arbeitzimmer befindet sich beispielsweise ein von ihm selbst gefertigtes Fischernetz, an den Wänden hängen Bilder mit Fischmotiven. Auf dem Schreibtisch liegt das Original seines Poems ›Moses‹.

Die Umgebung von Lemberg

Wer Zeit hat, sollte die Gelegenheit nutzen und auch einigen Zielen in der Umgebung Lembergs einen Besuch abstatten. Die meisten kann man im Rahmen einer Tagestour besuchen. Die Reisebüros in Lemberg sind gerne bei der Organistaion behilflich.

Für Naturliebhaber und Wanderer bietet sich ein Ausflug in die etwa 100 Kilometer südlich Lembergs gelegenen Karpaten an, eine weitgehend unberührte und dünnbesiedelte Mittelgebirgslandschaft, die allerdings mit ihrem höchsten Gipfel, der Hoverla (2061 Meter) durchaus Hochgebirgscharakter erreicht. Beliebte Ausgangspunkte für Wanderungen sind die Orte Jasinja und Jaremča.

Žovkva

In einer malerischen Gegend 23 Kilometer nördlich von Lemberg liegt die Stadt Žovkva, die zahlreiche Sehenswürdigkeiten bietet. Die ganze Stadt ist ein Meisterwerk der Renaissance.

Die Stadtgeschichte beginnt mit der altruthenischen Siedlung Vynnyky. Die erste schriftliche Erwähnung dieser Siedlung stammt aus dem Jahre 1368. Im Laufe der nächsten 200 Jahre wechselten die Inhaber dieser Siedlung häufig, und im Jahre 1560 bekam die reiche polnische Familie Szolkewsky sie als Geschenk. Gegen Ende des Jahrhunderts legte der polnische Kronhetman Stanislav Szolkewsky die Stadt mit dem Familienschloß an.

Schon 1603 nannte man die Stadt Žovkva, nach dem Namen des Großgrundbesitzers, und sie bekam zugleich das Magdeburger Recht. Nach dem Wunsch von Stanislav Szolkewsky sollte Žovkva als ›ideale Stadt‹ erbaut werden. Am Anfang des 17. Jahrhunderts erschien Žovkva in alten Chroniken als eine gut befestigte, von Mauern umgebene Stadt mit einem Marktplatz, einem Schloß und vielen schönen Kirchen.

Die erste Blütezeit erlebte die Stadt, nachdem Stanislav Szolkewsky 1618 zum Kanzler des Königreiches ernannt worden war. Aber noch reicher und schöner wurde die Stadt in der zweiten Hälfte des Jahrhunderts, als sie zu einer Residenz des Königs Jan III. Sobieski wurde.

In dieser Zeit wurde die Žovkvaer Künstlerschule bekannt. Hier wirkten ukrainische Maler wie Demjan Roevyč, Ivan Polachovyč, Choma Veselovyč, Jurij Šymonovyč, Vasyl Petrachnovyč sowie die Bildhauer Symeon Putjatyc'kyj, Hnat und Ivan Stovbens'kyj, Oleksandr Kulavs'kyj und viele andere. Eingeladen wurden auch berühmte europäische Meister. Seit 1681 lebte und arbeitete in Žovkva einer der hervorragendsten ukrainischen Maler dieses Jahrhunderts, Ivan Rutkovyč, der dank seiner zahlreichen Ikonostasen bekannt wurde.

Ende des 18. Jahrhunderts wurde Žovkva mehrmals verkauft und verfiel. In der Zeit der österreich-ungarischen Monarchie gab es Versuche, den ehemaligen Ruf zu erneuern. In der Stadt wurde viel gebaut, und Žovkva wurde zum administrativen Zentrum der Provinz, aber es gelang nie wieder, die vergangene Größe zu erreichen.

1951 wurde die Stadt von den Sowjets umbenannt und erhielt den Namen Nesterov nach einem Kampfflieger aus dem Ersten Weltkrieg, der aus dieser Gegend stammte. In der unabhängigen Ukraine wurde der Stadt 1991 ihr alter Name Žovkva zurückgegeben.

Im Jahre 1977 wurde in Žovkva eine geschichtlich-architektonische Denkmalschutzvereinigung gegründet. 2003 hat die Stadt ihr vierhundertjähriges Jubiläum gefeiert, und die meisten Häuser im Stadtzentrum wurden aus diesem Anlaß restauriert. Fast alle Sehenswürdigkeiten befinden sich um den alten Marktplatz, dem heutigen pl. Vičeva.

Die Häuser auf dem Marktplatz bilden ein wunderschönes Renaissanceensemble. Es sind meist zweistöckige Gebäude mit breiten Arkaden aus dem 17. Jahrhundert, die einst für zahlreiche Kaufleute als Handelsstände dienten. Bis zum 19. Jahrhundert stand im Zentrum des Platzes das von Peter Beber errichtete Rathaus.

Direkt am pl. Vičeva stehen zwei Meisterwerke der Renaissance: das Schloß und die Laurentiakathedrale. Das Schloß wurde 1594 bis 1606 errichtet. Der Baumeister war der auch in Lemberg tätige Paul der Römer (ukr. Ščastlyvyj). Das Schloß beherbergte unter anderem auch die Residenz von Jan III. Sobieski und wurde in dieser Zeit mit dekorativen Elementen verziert. Als Verteidigungsgebäude geplant, erhielt das Schloß nun den Charakter eines öffentlichen Baus. Die quadratische Anlage mit vier durch Galerien verbundenen Ecktürmen diente sowohl Wohnzwecken als auch öffentlichen Einrichtungen. Im Schloß gab es zahlreiche Gemäldesammlungen, denn der König Jan III. Sobieski brachte nach erfolgreichen Feldzügen viele Trophäen hierher. Hinter dem Schloß wurde 1606 am Ufer der Svynja ein malerischer Garten, ›Zvirynec‹ genannt, angelegt. Am Schloß befindet sich auch das neue, 1920 errichtete Rathaus.

Nach der Errichtung des Schlosses wurde die Stadt mit Verteidigungsanlagen umgeben. In die Mauern wurden vier Eingangstore eingebaut. Von diesen Bauten sind zwei Tore erhalten, das ›Hlynsker‹ und das ›Zvirynec‹-Tor, sowie drei Türme, die von der ehemaligen Wehrfähigkeit der Stadt zeugen.

Die Hauptzierde der Stadt ist die Laurentiakathedrale. Dieses Gotteshaus wurde von Stanislav Szolkewsky 1606 in Auftrag gegeben. Die Kathedrale ist in einigen Details der Maria-Entschlafens-Kirche in Lemberg ähnlich, da beide von denselben Architekten, nämlich Paul dem Römer und Ambrosius Prychyl'nyj, errichtet wurden. Der reich geschmückte Kreuzkuppelbau hatte schon 1640 sieben Altäre und eine große Bibliothek. Der großzügige Stifter war Jan III. Sobieski. Er schmückte die Laurentiakathedrale mit vielen Skulpturen und Schlachtengemälden von den bekannten Meistern Martino Altamonte, Schymon Bohusch und Andreas Stech. Riesige Bilder von den Schlachten bei Klušyn (1610), Chotyn (1675) und Wien (1683) stellten die Kriegserfolge und den Ruhm des Königs dar. Diese Gemälde hingen an den Wänden der Kathedrale, die erhalten gebliebenen Meisterwerke gehören jetzt der Lemberger Gemäldegalerie und ihren zahlreichen Außenstellen. Die ›Schlacht bei Wien‹ ist heute beispielsweise im Museum des Schlosses Olesko aufgestellt.

Das Innere der Kathedrale ist mit wundervollen Steinschnitzereien ausgestattet. Die Kuppel wird von zahlreichen Kassetten und Rosetten bedeckt und von Medaillons mit den Evangelisten verziert. In der Kathedrale sind fünf geschnitzte Holzaltäre zu sehen. In der Krypta sind Mitglieder der adeligen Familien Szolkewsky, Danylovyč und Sobieski begraben. Im Altarraum kann man Marmorgrabmäler aus dem 17. Jahrhundert besichtigen, die glänzende Beispiele der Renaissancebildhauerei sind.

Hinter der Kathedrale steht ein achteckiger ehemaliger Verteidigungsturm, der später umgebaut wurde und jetzt als Glockenturm dient. An seine ehemalige Wehrfunktion erinnern noch drei Reihen mit Schießscharten.

Wenige Schritte entfernt lenkt das Basilianerkloster mit der Kirche des Christfestes die Aufmerksamkeit auf sich. Diese herrliche Barockkirche entstand in den 1680er Jahren. Hier wurden die Reliquien des heiligen Märtyrers Ivan Sučavs'kyj untergebracht, und die Kirche des Christfestes wurde zum Ziel der Pilgerfahrten von Orthodoxen. Von den Spenden der Pilger wurde das Kloster ausgebaut und die Kirche reich verziert. Der Ikonostas wurde von dem bekannten ukrainischen Maler Ivan Rutkovyč angefertigt, heute befindet er sich in Lemberg. Im Jahre 1723 wurde der Glockenturm gebaut, der zugleich als Haupteingang in das Kloster diente. 1784 bekam das Kloster aus Wien die Überreste des Märtyrers Partenij aus dem aufgelösten Klarissenkloster. Seine Blütezeit erlebte das Kloster am Ende des 19. Jahrhunderts. Im Kloster wurde eine große Druckerei gegründet, und es wurde zu einem der bedeutendsten Verlagszentren der griechisch-katholischen Kirche in der Westukraine. Von 1902 bis 1907 wurde die Kirche nach dem Entwurf des Architekten und damaligen Rektors des Lemberger Politechnikums Edgar Kovač im byzantischen Stil rekonstruiert. An der Fassade ist das ursprüngliche Steinportal erhalten geblieben. Im Tympanon sind die Mosaiken mit den Darstellungen von Christus und Engeln noch zu sehen. 1911 bis 1939 wurde die Innenausstattung der Kirche vom Maler Julian Butsmanjuk im ukrainischen Jugendstil völlig neu gestaltet. Nach dem Zweiten Weltkrieg wurde das Kloster

Der Ikonostas in der Klosterkirche von Krechiv

geschlossen und die Kirche der russisch-orthodoxen Kirche übergegeben. Erst 1990 wurde die Kirche den unierten Gläubigen zurückgegeben und 1994 die Arbeit der Druckerei wiederaufgenommen.

Nicht weit vom Markt kann man auch eine Spur des einst bewegten jüdischen Lebens der Stadt sehen, die Synagoge. Die erste Erwähnung von Juden in Žovkva stammt aus dem Jahr 1600, aber erst am Ende dieses Jahrhunderts bekamen die Juden vom König die Erlaubnis, eine Synagoge zu bauen. Das mächtige Gebäude hatte wehrhaften Charakter mit massiven Strebemauern und Schießscharten in der Fassade, aber auch mit einer wunderschönen Attika und mit hübschen Ecktürmchen. Die Fassade wurde mit prächtigen Portalen geschmückt. Damals war die Synagoge eine der größten im Königreich Polen. Das Bauwerk hatte solch ein raffiniertes Aussehen, daß es die Katholiken verboten, sie weiß anzustreichen, damit sie die Kirchen nicht überstrahlte. 1935 bis 1938 wurde bei einem Umbau die Polychromie in der Innenausstattung vernichtet, auch den Verteidigungscharakter der Fassade büßte das Gebäude ein. Während des Zweiten Weltkriegs wurde die Synagoge durch einen Brand schwer beschädigt, und obwohl sie in den 1950er Jahren restauriert wurde, sieht sie jetzt nicht mehr so beeindruckend wie früher aus. Trotz allem gehört die Synagoge in Žovkva immer noch zu den schönsten Renaissancebauten Galiziens.

An der vul. Lvivs'ka sind noch zwei bemerkenswerte Bauten zu sehen: das Ensemble des barocken Dominikanerklosters und die hölzerne Dreieinigkeitskirche. Das Geld für die Errichtung des Dominikanerklosters spendete in der Mitte des 17. Jahrhunderts Teofilija Sobieska – die Enkelin des Hetmans Stanislaw Szolkewsky und die Mutter von König Jan III. Sobieski. Das Gotteshaus wurde nach dem Vorbild einer Kirche in Neapel gebaut. Mehrmals stand das Kloster in Brand, und in der Zeit der österreich-ungarischen Monarchie wurde es völlig vernachlässigt. In der Sowjetzeit waren hier verschiedene administrative Einrichtungen untergebracht. Erst 1994 wurde das Gebäude der griechisch-katholischen Gemeinde übergegeben und als Kirche des heiligen Josaphat neu geweiht.

Das Innere der Kirche ist mit verschiedenen Plastiken geschmückt, und die Wände sind mit den Wandmalereien von Karl Polityns'kyj bedeckt. In der Kirche sind auch Grabmäler von einigen Mitgliedern der Familie Sobieski erhalten geblieben.

Etwas weiter vom Stadtzentrum entfernt, in der ehemaligen Lemberger Vorstadt, steht die herrliche, typisch ukrainische Holzkirche der heiligen Dreieinigkeit. Sie beeindruckt durch ihre Plastizität und Vollkommenheit. Am Anfang des 18. Jahrhunderts gebaut, wurde die Kirche 1976 bis 1978 restauriert und 2002 ihr Schindeldach erneuert. Dieses Bauwerk gehört zu den schönsten Beispielen der galizischen Schule der Volksarchitektur. Aber die größte künstlerische Kostbarkeit ist der bekannte vierrangige versilberte Holzikonostas mit den 50 Ikonen der Meister der Žovkvaer Künstlerschule aus dem 18. Jahrhundert.

Es gibt auch andere Sakralbauten in der Stadt, die eine Besichtigung wert sind. Beispielsweise die hölzerne Maria-Geburts-Kirche (1705) auf einem Friedhof und die Kirche des heiligen Lazarus (1735), ein ehemaliges Frauenkloster.

Krechiv

Von Žovkva lohnt es sich, am gleichen Tag ins zwölf Kilometer entfernte Dorf Krechiv zu fahren, um dort einen eigenartigen Klosterkomplex, das Vasiliuskloster des heiligen Nikolai, zu besichtigen. Die Fahrt führt durch die schöne Landschaft des Naturschutzgebiets Rostočja. Das Vasiliuskloster liegt etwas außerhalb des Dorfes Krechiv in einem Wald. Anfang des 17. Jahrhunderts hatten die beiden Mönche Joil und Silvester sich hier auf einem Berg angesiedelt und dort in einer Höhle kleine Klosterzellen angelegt. Diese Höhlen sind bis heute erhalten geblieben, und man kann sie im Wald am Kloster besichtigen. Nicht weit entfernt im Wald befindet sich eine heilkräftige Quelle, an der der nach Legende einige Menschen die Erscheinung der Gottesmutter gesehen haben. Im Jahr 1628 erhielt das Kloster das Stauropigianrecht, 1669 wurde die St. Nikolaikirche errichtet, und das Territorium des Klosters wurde mit Verteidigungsmauern und Türmen umringt. Das Kloster haben viele berühmte Persönlichkeiten besucht: die Metropoliten Petro Mohyla, Andrej Šeptyc'kyj, die Hetmanen Bohdan Chmel'nyc'kyj, Petro Dorošenko, Ivan Mazepa, der Schriftsteller Ivan Franko, Jakiv Holovac'kyj und viele andere.

In der Sowjetzeit wurde das Kloster aufgelöst und verschiedene Einrichtungen dort untergebracht. Erst 1990 kamen wieder Mönche hierher, wundertätige Ikonen wurden ins Kloster gebracht, und Krechiv wurde wieder zu einem beliebten Ziel der Pilgerfahrten der griechisch-katholischen Kirche in der Ukraine. In den 1990er Jahren wurden alle Gebäude des Vasiliusklosters restauriert, und jetzt sieht das Kloster prächtig aus. Erwähnenswert ist der reich geschnitzte Ikonostas mit den volkstümlichen Motiven in der St. Nikolaikirche. Erst vor kurzem wurde im Hof des Klosters eine hübsche Holzkirche im Stil der ukrainischen Volksbaukunst errichtet.

Das Goldene Hufeisen

In der Westukraine sind eine Reihe Verteidigungsanlagen wie Schlösser, Stadtbefestigungen, altruthenische befestigte Anlagen, Verteidigungskloster, Kirchen, Synagogen und Türme erhalten geblieben. In Galizien sind vor allem viele ehemalige Residenzen von Magnaten zu besichtigen. Als ›Goldenes Hufeisen‹ ist eine Route zu verschiedenen Schlössern bekannt.

Etwa 75 Kilometer östlich von Lemberg in Richtung Kiev liegt das Dorf Oles'ko. Schon von weitem sieht man das auf einem Hügel emporragende Schloß, ein bedeutendes Bauwerk, dessen Geschichte bis ins 13. Jahrhundert zurückreicht. Im 16. Jahrhundert wurde die altruthenische Festung des 14. Jahrhunderts im Stil der Renaissance erneuert. Am 1. August 1629 wurde hier Jan Sobieski, der spätere polnische König geboren. Hier diente der Vater von Bohdan Chmel'nyc'kyj, und auch der junge Bohdan verbrachte hier einige Jahre. Das Schloß war 34 Jahre lang eine königliche Residenz. Das Gebäude wurde in dieser Zeit von der Frau des Königs Marija Kazimira – auch Marizenka genannt– reich verziert. Leider ist die damalige Innenausstattung fast völlig verlorengegangen. Nach den langen Restaurationsarbeiten von 1965 bis 1975 wurde im Schloß ein Museum gegründet, eine Abteilung der Lemberger Gemäldegalerie. Hier werden Kunstwerke des 10. bis 18. Jahrhunderts ausgestellt: Gemälde, Ikonen, Möbelstücke, Tapeten und Skulpturen. Das Schloß ist von einem schönen Park mit modernen Skulpturen umgeben. In den letzten Jahren wurde im Schloß das Restaurant ›Hrydnycja‹ in altruthenischem Stil mit originellen Speisen eröffnet. Das Schloß bietet also eine gute Möglichkeit, sich ein wenig zu erholen und ein schmackhaftes Mittagessen zu genießen.

Am Fuße des Hügels befindet sich das Kapuzinerkloster aus dem 18. Jahrhundert. Weiter in Richtung Brody, nicht weit von Oles'ko, steht hinter einer Wegbiegung ein monumentales Denkmal für die Rote Reiterarmee, die hier 1920 unter der Führung von Budënnyj während des Bürgerkriegs gegen Polen und Ukrainer kämpfte.

Zu dieser interessanten Reiseroute gehören noch zwei sehenswerte Bauwerke in Pidhirci und Zoločiv, die ebenfalls zur Lemberger Gemäldegalerie gehören. Das Schloß in Pidhirci wurde für den polnischen Magnaten Konecpolski nach dem Entwurf des Architekten Andrea del Aqua und des Baumeisters Hijom Levasser de Boplan in der Mitte des 17. Jahrhundertes errichtet. Das Schloß lag in einer Parkanlage mit prächtigen Skulpturen und Terassen. Auch die Innenausstattung war sehr reich verziert. Einige Zeit war dort ein Militärmuseum untergebracht, das in ganz Europa bekannt war. Zum Ensemble des Schlosses gehören auch ein Gästehaus und die Kirche der Kreuzerhöhung. Leider hat die Zeit das Schloß nicht geschont, und eine Renovierung würde viel Zeit und Geld kosten. In Pidhirci lohnt es sich, auch die hölzerne St. Michaelskirche von 1720 und das

Das Schloß in Oles'ko gehört zur Lemberger Gemäldegalerie

Vasiliuskloster, das auf dem Territorium der ehemaligen altruthenischen Siedlung Plisnesk steht, zu besichtigen.

Das Schloß in Zoločiv ist ein architektonisches Denkmal des 17. Jahrhunderts. Bei seiner Errichtung wurden alle damals bekannten Errungenschaften der Befestigungskunst berücksichtigt. Der Schloßhof wurde von hohen Erdwällen mit vielen Bastionen umringt. Im Hof sind bis heute der Große Palast und der Chinesische Palast erhalten geblieben. Im Jahr 1986 begann man, das Schloß zu restaurieren, diese Arbeiten dauern noch an. Demnächst will man den Chinesischen Palast für die Besucher öffnen. Er wird das Museum der orientalischen Kulturen mit interessanten Kunstsammlungen beherbergen. Am Eingangstor des Schlosses steht eine neue, im Jahre 1995 geweihte Kapelle – ein den Opfern des kommunistischen Regimes gewidmetes Denkmal.

In der Umgebung von Lemberg gibt es weitere Schlösser, beispielsweise in Pomorjany, Svirž, Stare Selo, Murovane und Bilyj Kamin, aber sie sind momentan in baufälligem Zustand und nur für Fachleute, die sich mit der Geschichte Galiziens beschäftigen, von Interesse.

Brody

»Anders als in den kleinen Städten Westeuropas ist der Mensch in den galizischen Kleinstädten. In den galizischen Kleinstädten hastet die Tobsucht der großen Weltstädte. Es ist Bewegung ohne sichtbaren Zweck und aus geheimnisvoller Ursache.« So beschreibt Joseph Roth, der wohl berühmteste Sohn der Stadt, die kleinen Städte Galiziens, unter ihnen auch Brody, in dem bis heute die Zeit stehengeblieben scheint.

Die erste schriftliche Erwähnung der Stadt stammt aus dem 12. Jahrhundert, damals gehörte sie zum galizisch-wolynischen Fürstentum. Unter der polnischen Herrschaft wurde in der Stadt ein Schloß gebaut, von dem fast nichts erhalten blieb. Die Blütezeit erlebte die Stadt in der Zeit des Habsburger Reiches. Brody war die östlichste Stadt der Monarchie. Von 1779 bis 1880 war die Stadt Freihandelszone, eine Transitstadt zwischen Rußland und der Donaumonarchie und zog viele Kaufleute, ausländische Firmen und Banken an. Damals war Brody zweitgrößte Stadt Galiziens, aber nach dem Verlust ihrer Privilegien verarmte die Stadt. In Brody wohnten seit alters her viele Juden, sie bildeten bis zu zwei Drittel der Bevölkerung. In der Stadt standen zwei große Synagogen, eine ist bis heute erhalten geblieben, aber leider nur als Ruine. Am Rande der Stadt kann man einen jüdischen Friedhof besuchen. Juden prägten immer das Leben dieser Stadt. Im Zweiten Weltkrieg wurden im Ghetto von Brody etwa 20000 Juden von den Faschisten ermordet. Heute leben kaum noch Juden in der Stadt, aber noch immer

Bauern im Karpatenvorland

kann man in den kaum veränderten Straßen die Atmosphäre des alten jüdischen Schtetl spüren.

Am 2. September 1894 wurde in Brody Joseph Roth geboren. Sein Geburtshaus steht nicht mehr. Roth absolvierte in Brody das k.u.k. Kronprinz-Rudolf-Gymnasium, das zu seiner Entwicklung zum deutschsprachigen Schriftsteller viel beigetragen hat. Es war eines von zwei Gymnasien in Galizien, an denen der Unterricht in Deutsch gehalten wurde. Weiter war Roth 1913/14 für ein Semester an der Lemberger Universität eingeschrieben, bevor er sein Germanistikstudium in Wien begann. Im Gebäude des ehemaligen Gymnasiums befindet sich jetzt die Mittelschule Nr. 1 der Stadt Brody. Vor der Schulfassade steht eine Gedenktafel für fünf namhafte Absolventen des Gymnasiums, der jüngste ist Joseph Roth. Im Museum der Schule kann man eine Ausstellung über Joseph Roth besichtigen, den sein Beruf als Schriftsteller und Reisejournalist durch viele Regionen Europas führte und dessen Thema immer wieder die untergehende jüdische Kultur des Habsburger Reiches war. Seine wohl berühmtesten Romane sind ›Radetzkymarsch‹ und ›Kapuzinergruft‹.

Brody ist auch heute eine typische Kleinstadt. Aber eine Besonderheit hat das Städtchen aufzuweisen: Brody ist vielleicht die einzige Stadt, durch die zwei Erdölleitungen verlaufen, die noch in der Sowjetzeit gebaute ›Družba‹ und die schon in der unabhängigen Ukraine angelegte Erdölleitung Odessa–Brody.

Drohobyč

Drohobyč ist eine Stadt mit eigener einzigartigen Seele, mit einem unvergeßlichen Gesicht. Es ist deshalb kein Zufall, daß in dieser Stadt so viele hervorragende Persönlichkeiten großgeworden sind.

Die Stadt liegt in den Vorkarpaten am Fluß Tysmenycja. Drohobyč wurde noch in der Fürstenzeit gegründet. Dank der Salzgewinnung und als Transitstadt im Handel mit Ungarn gewann sie mehr und mehr an Bedeutung. 1459 erhielt sie das Magdeburger Stadtrecht. Den mächtigsten Anstoß zur Entwicklung der Stadt gab die Erdölgewinnung. Erdöl wurde in der Umgebung von Drohobyč in der zweiten Hälfte des 19. Jahrhunderts gefunden, und der Ort wurde zum Industriezentrum Galiziens. Seit 1872 verband die Eisenbahn Drohobyč mit Lemberg und anderen Städten.

Vor dem Zweiten Weltkrieg bildeten Juden etwa 40 Prozent der Stadtbevölkerung. Es gab sieben Synagogen, von denen nur eine, die 1865 im neoromanischen Stil gebaute Choralsynagoge, als Erinnerung an das einmals rege jüdische Leben der Stadt erhaltengeblieben ist. Während der faschistischen Okkupation der Stadt wurde im Zentrum ein jüdisches Ghetto gebildet. In Drohobyč wurden etwa 11000 jüdische Einwohner ermordet. Auf dem Platz, auf dem viele Bürger erschossen wurden, steht ein eindruckvolles Denkmal, die sogenannte ›Wand der Trauer‹.

Auf dem Marktplatz der Stadt steht das am Anfang des 20. Jahrhunderts errichtete Rathaus. Ein paar Schritte entfernt ragt das einzige Denkmal des gotischen Drohobyč über die Stadt – die römisch-katholische St. Bartholomäuskirche aus dem 15. Jahrhundert. Im 18. Jahrhundert wurde die Kirche restauriert und barockisiert. An der Kirche steht der Rest der alten Verteidigungsanlagen, ein mächtiger Befestigungsturm aus dem 13. Jahrhundert. Etwas weiter entfernt von der Kirche steht ein interessantes Denkmal, eine Arbeit der modernen Lemberger Künstlerin Teodosija Bryš. Dieses Denkmal ist einem bekannten ukrainischen Gelehrten des 15. Jahrhunderts, Jurij Drohobyč (Kotermak), gewidmet. Noch zwei Kirchen in der Stadt sind sehenswert, wunderschöne Holzkirchen im Stil der ukrainischen Volksbaukunst: die Georgskirche und die Kreuzerhöhungskirche, beide im 15. Jahrhundert gebaut. Diese Meisterwerke ukrainischer Baumeister sind in gutem Zustand und gehören zu den glänzendsten Beispielen der galizischen Renaissancearchitektur.

In und um Drohobyč gibt es viele Orte, die mit den Namen bekannter Persönlichkeiten verbunden sind. Der berühmteste ist natürlich Ivan Franko, der nicht weit von Drohobyč im Dorf Nahuevyči geboren wurde und lange Zeit in der Stadt studierte. In Drohobč wohnten auch Schriftsteller wie Vasyl Stefanyk, Les' Martovyč, Kazimiež Viešyns'kyj, Bruno Schulz und andere. In der letzten Zeit wurde dem Namen Bruno Schulz mehr Aufmerksamkeit geschenkt, der oft ›Kafka aus Drohobyč‹ genannt wird. Er wurde 1892 in Drohobyč in einer jüdischen Familie geboren und war in der ersten Hälfte des 20. Jahrhunderts als talentierter Maler und später als Schriftsteller berühmt. 2001 wurden in Drohobyč Wandmalereien von ihm gefunden. Aber erst als einige Stücke heimlich nach Israel transportiert wurden, erwachte das Interesse an den Werken von Bruno Schulz. Er schrieb seine Werke in polnischer Sprache und beschrieb sehr oft seine Heimatstadt. Die Atmosphäre der galizischen Provinzstadt, die Bruno Schulz schilderte, ist auch heute in Drohobyč zu spüren.

Truskavec'

Am Fuße der Karpaten, 400 Meter über dem Meeresspiegel und zehn Kilometer von Drohobyč entfernt, befindet sich die malerische Stadt Truskavec'. Der größte Schatz dieser Stadt ist Mineralwasser, es gibt zahlreiche Heilquellen. Seit 1827 ist Truskavec' ein balneologischer Kurort. Das bekannteste und beste Mineralwasser heißt ›Naftusja‹. Heute ist Truskavec' ein großes Erholungszentrum, es gibt 19 Sanatorien, 20 Pensionen und einige Kinderferienlager. In der Umgebung

Wanderer in den Karpaten

von Truskavec' liegen weitere malerische Orte, in die man kurze Ausflüge ins Grüne machen kann. Besonders sehenswert sind die Reste der altruthenischen Festung Tustan' in der Nähe des Dorfes Uryč, erbaut zwischen dem 9. und dem 13. Jahrhundert.

Von Lemberg aus ist es leicht, auch in die Karpaten zu fahren. Die ukrainischen Karpaten sind zu jeder Jahreszeit zauberhaft, und es gibt verschiedene interessante Orte, an denen man sich gut erholen kann. In letzter Zeit hat sich ein Netz von Bauernhöfen entwickelt, die gerne Gäste empfangen und verschiedene Möglichkeiten der Erholung im Grünen bieten. Im Winter kommen Tausende von Skiläufern, besonders populär sind die Skiorte Slavs'ke und Tysovec'.

Počajiv

Einen Abstecher wert ist auch das Maria-Himmelfahrts-Höhlenkloster im Städtchen Počajiv, das etwa 135 Kilometer von Lemberg entfernt und nur wenige Kilometer abseits der Trasse nach Kiev liegt. Das wunderschöne orthodoxes Kloster ist nach dem Kiever Höhlenkloster das zweitgrößte in der Ukraine. Die ersten Erwähnungen über eine Einsiedelei in den Höhlen und über die Erscheinung der heiligen Gottesmutter in diesem Ort stammen aus dem 13. Jahrhundert. Seit dieser Zeit kommen zahlreiche Pilger hierher. 1833 wurde dem Kloster der Ehrenname Lavra verliehen.

Der Klosterkomplex steht auf einem hohen Berg und beeindruckt schon von weitem mit dem Gold seiner Kuppeln. Im Klosterhof kann man zahlreiche Gebäude ansehen, aber Anziehungspunkt der meisten Pilgerfahrten ist die Maria-Himmelfahrts-Kathedrale, die Ende des 18. Jahrhunderts im Stil des Barock unter der Leitung des Architekten J. Hofmann errichtet wurde. In dem riesigen Gotteshaus können 6000 Gläubige am Gottesdienst teilnehmen. In dieser Kirche hängt auch die sehr verehrte wundertätige Ikone der Gottesmutter von Počajiv aus dem 16. Jahrhundert. Die Kirche steht auf einer Terasse und unter diesem Gebäude liegt eine originelle Höhlenkirche, die in Bogenform gebaut wurde. Hier sind alte Höhlenkapellen zu besichtigen, in denen die Reliquien des Klosterbegründers Yov Železo liegen. Beide Kirchen sind reich mit prächtigen Wandmalereien und Ikonen verziert, die eine mysteriöse Atmosphäre schaffen. Außer diesen zwei Kirchen kann man noch einen 65 Meter hohen Glockenturm, die Kirche der heiligen Dreieinigkeit, ein Refektorium und Zellengebäude besuchen. Alle Gebäude sind in ähnlichem Stil errichtet und bilden das wunderschöne Ensemble des orthodoxen Klosters.

Auf den Friedhöfen der Stadt liegen zahlreiche berühmte Persönlichkeiten aus einigen Jahrhunderten Stadtgeschichte begraben. Wegen seiner vielen Grabskulpturen ist vor allem der Lyčakivs'ke-Friedhof einen Besuch wert.

Lemberger Friedhöfe

Geschichte der Lemberger Friedhöfe

Die multikulturelle Geschichte der Stadt spiegelt sich vor allem auf ihren Friedhöfen wider. Als steinernes Geschichtsbuch geben sie Auskunft über Lebensweisen, Kultur, Wissenschaft und die Wechselbäder der Geschichte, denen die Stadt Lemberg seit ihrer Entstehung ausgesetzt war. Friedhöfe sind kulturhistorische Denkmäler von unschätzbarem Wert. Wer Lemberg entdecken und verstehen möchte, sollte den historischen Traueracker Janivs'ke, aber vor allem den Friedhof Lyčakivs'ke besuchen. Außer Tausenden von Stadtbürgern fanden hier die größten in Lemberg wirkenden Persönlichkeiten ihre letzte Ruhestätte. Berühmte Architekten, Beamte, Politiker, Künstler, Wissenschaftler, deren kunstvolle, oft einmalige Werke während der Stadtbesichtigung bewundert werden konnten oder von dessen Wirken man gehört und gelesen hat, fanden hier ihre letzte Ruhestätte.

Bereits im 14. Jahrhundert entstanden die ersten Traueracker der Stadt. Als in Europa das Christentum dominierte, wurden die Friedhöfe an den Kirchen die Orte der Begräbnisse. Das schnelle Anwachsen der Bevölkerungszahl der Städte brachte es mit sich, daß die Friedhöfe neben den Kirchen bald zu klein wurden. Im 18. Jahrhundert entschloß man sich zur Schaffung von Begräbnisstätten in den Vorstädten. So auch in Lemberg. Als die Stadt im Jahre 1772 unter die kaiserliche Regierung Österreichs gelangte, wurden die Beerdigungsstätten neben den Kirchen abgeschafft. Jede Vorstadt erhielt ihren eigenen Friedhof. In Lemberg entstanden die dafür bestimmten Traueracker Grodecki (geschlossen 1875), Zólkiew (geschlossen 1856) und Stryj (geschlossen 1893).

Die schnelle Stadterweiterung, der Bau der Eisenbahnlinie sowie die Entstehung von Kleinbetrieben und neuen Wohnvierteln hatten zur Folge, daß die entstandenen Friedhöfe geschlossen werden mußten. Es wurde beschlossen, den bereits im 16. Jahrhundert für Pestopfer errichteten Lützenhofer Friedhof (Lyčakivs'ke kladovyšče) zu erweitern und als Beerdigungsstätte des östlichen Stadtteils zu nutzen. Für die Bewohner des westlichen Teils der Stadt entstand im Jahre 1883 der damals größte unter ihnen, der Friedhof Janowski (Janivs'ke kladovyšče).

Der alte jüdische Friedhof im Stadtviertel Klepariv (Klöpperhof) war 1855 geschlossen worden, zugleich wurde aber der neue hinter der Kortumer Anhöhe, in der Nähe der Vorstadt Janiv, errichtet. Während der Hitlerokkupation – Anfang des Jahres 1943 – wurde mit dessen Zerstörung und späteren totalen Vernichtung begonnen. Den Nazis fiel auch die im Jahre 1856 auf

Die Grabstätte der verehrten Opernsängerin Salomea Krušel'nyc'ka

diesem Friedhof errichtete Synagoge zum Opfer wie auch alle Grabdenkmäler und Grabstätten. Während der Sowjetzeit befand sich der jüdische Friedhof in den Händen der jüdischen Stadtgemeinde. Sofort nach Beendigung des Zweiten Weltkrieges wurden in einem Massengrab die Leichname aus den zerstörten Gräbern erneut beerdigt. An dessen Stelle steht heute auf dem Friedhof ein Granit-Obelisk. Seit 1962 wurden auf dem jüdischen Friedhof auch nichtjüdische Lemberger Einwohner zu Grabe getragen.
Zu Beginn der 1960er Jahre kam es zur Auflösung der jüdischen Lemberger Gemeinde, der neue jüdische Friedhof wurde an den Janivs'ke-Friedhof angeschlossen.
Seit dem Jahre 1975 werden auf dem Lyčakivs'ke-Friedhof keine Beerdigungen mehr durchgeführt. Ausnahmen bildeten verdienstvolle Lemberger. Seit dem Jahre 1991 können auch wieder Lemberger Bürger, deren Familiengräber sich auf diesem Friedhof befinden, in diesen begraben werden. Auch auf dem Janivs'ke-Friedhof finden seit dem Jahre 1980 keine Begräbnisse mehr statt. Seine Fläche konnte nicht vergrößert werden. Ab 1975 bestimmte man neue Ruhestätten. Der größte kommunale Friedhof des heutigen Lemberg entstand in den 1970er Jahren in der Nähe der neu entstandenen Wohnsiedlung Sichiv, eine andere in Lemberg-Brjuchovyči.

Der Janivs'ke-Friedhof

Der Janivs'ke-Friedhof befindet sich westlich des Stadtzentrums in der vul. Ševčenka. Vom Zentrum erreicht man diesen Friedhof mit der Straßenbahn Nr. 2 und 7. Die Haltestelle befindet sich unmittelbar vor dem Haupteingang.
Der Janivs'ke-Friedhof wurde im Jahre 1883 errichtet. Auf einer Fläche von 38 Hektar fanden mehr als zweitausend Lemberger Bürger ihre letzte Ruhestätte. Unter ihnen Polen und Ukrainer, die in den Jahren 1918/19 im Verteidigungskampf um die Stadt gefallen sind und bekannte Lemberger Persönlichkeiten. Hier befinden sich auch Grabdenkmäler von Gefallenen aus dem Ersten Weltkrieg,
Der Friedhof ist in 68 Felder aufgeteilt. Am Eingang zum jüdischen Friedhof erinnert ein Granit-Obelisk an die Opfer, die der Zerstörung des alten jüdischen Friedhofes zum Opfer fielen und die nach dem Zeiten Weltkrieg an diesem Orte in einem Massengrab erneut zu Grabe getragen wurden. Innerhalb des Feldes Nr. 6 befindet sich das Grabmal des Kustors der Pfarrkirche St. Anna, Blazej Ziemianski. In einem nächsten Massengrab, genannt ›Drei Kreuze‹, wurden alle nicht idendifizierten Opfer aus dem Lemberger Brigitte-Gefängnis begraben. Es befindet sich im Feld Nr. 55. Am westlichen Randgebiet des Friedhofs befinden sich einige, allerdings schlecht erhaltene Gräber deutscher Kriegsgefangener, die während des Zweiten Welkrieges nach Lemberg kamen. Auf eigenen Wunsch wurde auf diesem Friedhof und nicht auf einem Ehrenhain der Lemberger römisch-katholische Erzbischof Josef Bilczevsky zu Grabe getragen. Auf seiner Reise in die Ukraine wurde er von Papst Johannes Paul II. im Juni 2001 in Lemberg heiliggesprochen. Im Feld Nr. 32 findet man das Mausoleum des Jesuitenordens. In ihm ruhen die Leichname der Pfarrer, die während der Sowjetzeiten trotz Verbots für das ständige Bestehen der Lemberger Kirchen eingetreten waren. Der erneuerte Kriegs-Ehrenfriedhof der Sič-Schützen befindet sich im Feld 38. Hier ruhen Kämpfer, die ihr teilweise sehr junges Leben während der Novemberkämpfe 1918 um Lemberg und in den darauffolgenden Jahren im polnisch-bolschewistischen Krieg verloren hatten. Insgesamt fielen in diesen Kämpfen 1070 Sič-Schützen. In späteren Jahren wurde hier auch der Führer der UGA (Ukrainische Galizische Armee), Myron Tarnawski, gestorben 1938, beigesetzt.

Grabskulptur von Julian Markowski auf dem Ličakivs'ke-Friedhof
›Tod der Artistin‹ von Julian Markowski; Grabskulptur von Anton Schimser

Der Ličakivs'ke-Friedhof

Der Ličakivs'ke-Friedhof (Lützenhofer Friedhof) ist einer der ältesten Friedhöfe in Europa. Erstmals erwähnt wurde dieser Traueracker im Jahre 1567 als Begräbnisstätte der Pestopfer der Stadt. Seit dem Jahre 1786 werden hier die Toten zu Grabe getragen. Außer der letzten Ruhestätte einiger tausender Lemberger ist der Ličakivs'ke-Friedhof noch viel mehr eine ›Galerie der Kunstwerke‹. Der städtische Gärtnermeister und Leiter des Botanischen Universitätsgartens, Karl Bauer, verstand es hervorragend, das natürlich bergige Gelände zur Errichtung dieses Friedhofs zu nutzen. Sein Werk vollendete Tytus Tchórszewski in der zweiten Hälfte des 19. Jahrhunderts. Diesen Friedhof zieren mehr als dreitausend Skulpturen Lemberger Bildhauer. Die architektonisch schönsten und wertvollsten unter ihnen haben oftmals eine über 200jährige Geschichte. Die prächtigen Kunstwerke – Mausoleen, Kapellen und Grabmäler – sind malerisch eingebettet in ein parkähnliches Gelände. Der 42 Hektar große Friedhof wurde in 83 Felder geteilt.
Auf ihnen befinden sich annähernd 300 000 Grabmäler, über 2000 Familiengräber, ungefähr 500 Denkmäler und Grabskulpturen sowie 23 Kapellen.
Lemberg war einst eine sehr reiche Stadt, vor allem eine Stadt reicher Kaufleute, berühmter hoher Beamter, Politiker, Künstler, Kirchenvertreter, Architekten und anderer Persönlichkeiten. Seit Beginn des 19. Jahrhunderts bekam der Ličakivs'ke-Friedhof einen besonders repräsentativen Charakter und zeichnete sich durch den Reichtum seiner Grabdenkmäler aus. Nur hier entstanden die prunkvollen Mausoleen und Kapellen der reichen Patrizier, Magnaten, Beamten, Künstler und Glaubensvertreter verschiedenster Glaubensrichtungen. Die besondere Sorge der Meister der Bildhauerkunst galt den Hauptalleen, an denen die Leichname besonders verdienter Stadtbürger beigesetzt wurden.
Auf dem Friedhof befinden sich über zwanzigtausend polnische Grabdenkmäler, unter ihnen die Gräber verdienter Lemberger Polen wie Seweryn Goszczynski, Julius Konstanty Ordon, Stefan Banach, Maria Konopnicka, Artur Grottger und viele andere. Zur ewigen Ruhe wurden hier die berühmten ukrainischen Persönlichkeiten Ivan Franko, Markijan Šaškevyč,

Eingangsportal zum Ličakivs'ke-Friedhof, im Hintergrund die Kapelle der Familie Baczewski
In den Karpaten

Salomea Krušel'nyc'ka, Stanislav Ludkevyč, Volodymyr Barvins'kyj, Volodymyr Ivasjuk und viele andere getragen. Über Jahrhunderte hinweg fanden auf diesem Friedhof Deutsche, Polen, Armenier und nach 1945 auch Russen ihre Ruhestätte. Im Jahre 1875 wurde der Friedhof mit einer langen roten Ziegelsteinmauer umzäunt. Zwei neogotische Haupttore bildeten den Eingang. Heute gehen die Besucher durch eines von ihnen, das im Jahre 1875 im neogotischen Stil aus

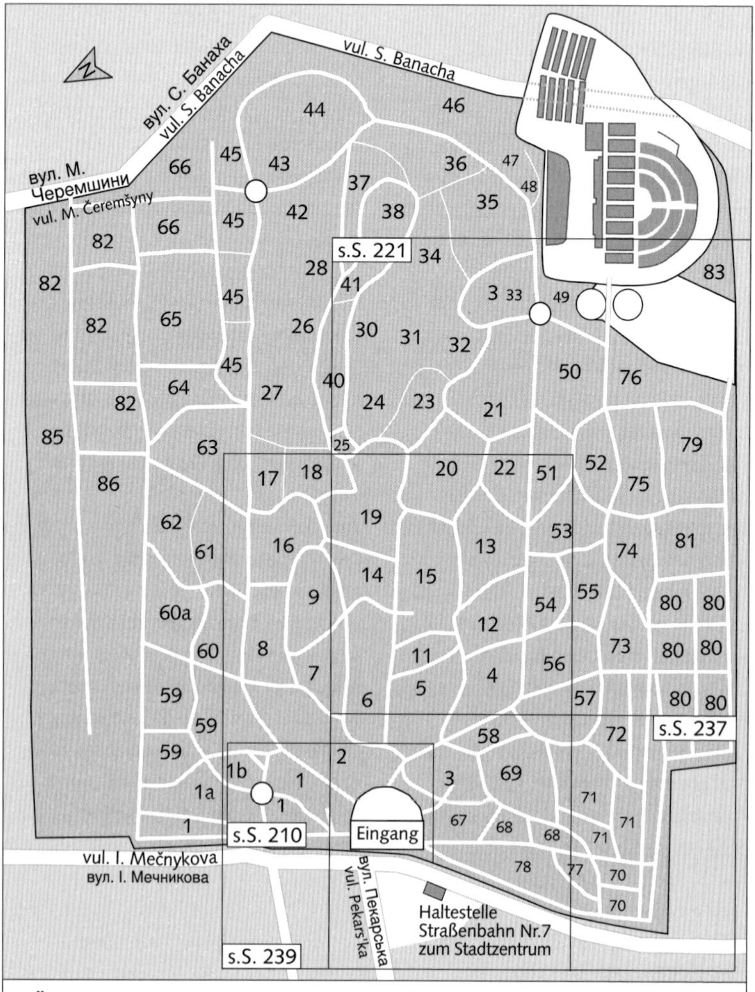

Übersicht über den Ličakivs'ke-Friedhof

Grabsteinen alter Grabdenkmäler errichtet worden ist. Zu Beginn des 20. Jahrhunderts gehörte der Ličakivs'ke-Friedhof zu den interessantesten Europas. Die großen Kriegszerstörungen, die der Zweite Weltkrieg mit sich brachte, ›umgingen‹ diesen historischen Traueracker. Im Jahre 1991 erklärte die Stadt Lemberg diese prächtige Beerdigungsstätte zum Friedhofsmuseum.

Die lange Geschichte des Ličakivs'ke-Friedhofs kann man drei Epochen unterteilen, die sich in der Sprache der Inschriften widerspiegeln: deutsche Inschriften dominieren aus den Jahren 1786 bis 1830, polnische in den Jahren 1830 bis 1945 sowie ukrainische und russische nach 1945.

Die Grabdenkmäler mit deutschen Inschriften befanden sich links des Eingangs der Nekropole, genauer gesagt in den Sektoren 61/62. Nur sehr wenige sind erhalten geblieben. Als der Ličakivs'ke-Friedhof errichtet wurde, wurden sogar polnische Namen in deutscher Schreibweise geschrieben. 1785 plante man, die Josephinische Reform in den Ämtern einzuführen, das heißt, alle Beamten sollten innerhalb von drei Jahren die deutsche Sprache beherrschen. Der größere Teil der damaligen Bevölkerung waren polnische und ukrainische Bauern. Diese wurden aber nicht auf diesem Friedhof begraben, sie bekamen ihre letzte Ruhestätte auf anderen Friedhöfen. Auf dem Ličakivs'ke-Friedhof wurden zu Beginn nur hohe Beamte, reiche Kaufleute und Bürger beerdigt. Manchmal wurden die Inschriften auf den Grabtafeln der österreichischen Beamten auch in lateinischer Sprache verfaßt.

Mit dem Ausbruch der polnischen Novemberaufstände 1863/64 ging die Dominanz der deutschen Sprache zurück. Mit Erhalt der Selbstverwaltung und der Stärkung des Polentums in Lemberg und Ostgalizien wurden auf den neu errichteten Epitaphen und Denkmälern immer stärker polnische Aufschriften sichtbar. Ab dem Jahre 1870 findet man nur noch Aufschriften in polnischer Sprache auf den Grabtafeln. Viele Deutsche, Österreicher und auch Armenier, die katholischen Glaubens waren, heirateten polnische Bürger. Diese Ehen trugen dazu bei, den Polonisierungsprozeß zu beschleunigen.

Wenn man heute über die Nekropole spaziert, sollte man immer auch einen Blick nach rechts und links werfen. Im Plural der polnischen Sprache bekommt der Familienname (bei Familiengräbern) die Endung -owie. Kommt einem ein Familienname deutsch vor, so sollte man sich die Endung wegdenken und man kann auf diese Weise sehr viele Familiennamen deutschen Ursprungs erkennen, beispielsweise Mayerowie, Kunowie, Weiglowie, Brayerowie, Neumanowie oder Schabingerowie.

Die großen Meister der Bildhauerkunst

In über 200 Jahren des Bestehens des Ličakivs'ke-Friedhofs wirkten Meister der Bildhauerkunst, deren Schüler und Nachkommen verschiedener Nationen. Die größten und bedeutendsten Meister werden hier vorgestellt.

Hartman Witwer

Witwer (gestorben 1827) war deutscher Abstammung und siedelte sich Ende des 18. Jahrhunderts in Lemberg an. Er war Absolvent der Wiener Kunstakademie. Seine Werke schuf er im klassizistischen Stil. Sie zeichnen sich besonders durch das feinfühlige Herausarbeiten der Muskeln, Hände, Gesichter und Augen aus. Zu seinen Kunstwerken gehören auch die im Jahre 1793 auf Bestellung des Stadtrates geschaffenen vier Brunnenskulpturen an den Ecken des Lemberger Rathauses. Witwer gehört zu den Mitschaffenden der ältesten erhalten gebliebenen Kapelle des Friedhofs, der Dunin-Borkowski-Kapelle aus dem Jahre 1812.

Anton Schimser

Schimser (1790–1836) war ein deutscher Meister der Sakralskulpturen. Er studierte in Wien und Paris. Nach Lemberg kam er im Jahre 1812. Die Werkstatt der Bildhauer Witwer und Schimser befand sich in der vul. Lyčakivs'ka Nr. 20.

Johannes (Jan) Schimser

Johannes Schimser (1793–1856) war der Bruder Antons. Auch er absolvierte die Wiener Kunstakademie. In Lemberg siedelte er sich im Jahre 1826 an. Er wurde der Meister der Schaffung menschlicher Silhouetten genannt.

Engelsfigur von Julian Markowski

Leopold Schimser

Leopold Schimser (1833–1888) war der Sohn Johannes Schimsers. Nach Beendigung seines Studiums an der Wiener Kunstakademie widmete er sich der Bildhauerei, aber noch mehr der Leitung der Firma.

Julian Markowski

Markowski (1846–1903) war ein geborener Lemberger. Seine

Mutter war die Tochter Johann Schimsers. Dank finanzieller Unterstützung der polnischen Grafenfamilie Dzieduszycki konnte er an der Wiener Kunstakademie studieren. Nach seiner Rückkehr eröffnete er in Lemberg eine eigene Werkstatt. Auf dem Ličakivs'ke-Friedhof hinterließ er neben Pawel (Paul) Eutele die meisten und auch die schönsten sakralen Denkmäler.

Pawel Eutele
Eutele (1804–1889) kam 1828 nach Lemberg. Er besaß keine fachliche Ausbildung und trat die Arbeit als Steinmetz in der Firma Schimser an. Später gehörte er zu den führenden Persönlichkeiten des Kreises der Lemberger Bildhauerkünstler. Er schuf auf dem Ličakivs'ke-Friedhof über 50 prächtige sakrale Kunstwerke.

Abel Maria Perier
Perier (1825–1881) kam im Jahre 1828 aus Paris nach Lemberg. Hier heiratete er die Polin Maria von Staszkiewicz. Er war mit der Werkstatt Leopold Schimsers verbunden, auf deren Bestellungen er zahlreiche sakrale Denkmäler schuf.

Henryk (Heinrich) Perier
Henryk Perier (1863–1928) war der Sohn Abel Marias, der das Talent und die Werkstatt von seinem Vater geerbt hatte. Die Firma Perier bestand in Lemberg bis Mitte September 1939. Sein Sohn Kasimir verließ im Jahre 1945 Lemberg und arbeitete in der Nähe von Breslau, in Strzegom. Im Jahre 1959 gründete er in Krakau – nach Lemberger Familientradition – einen Steinmetzbetrieb.

Paris Filippi
Filippi (1836–1874) wurde in Krakau geboren und kam im Jahre 1866 nach Lemberg. Er war ein Freund des polnischen Malers und Grafikers Arthur Grottger. Auf dem Ličakivs'ke-Friedhof befinden sich sechs seiner kunstvollen Grabdenkmäler.

Leonard Marconi
Marconi (1835–1899) siedelte sich im Jahre 1874 in Lemberg an und übernahm einen Lehrstuhl als Professor an der Lemberger Politechnika. Seine Werke sind zahlreiche Büstenbilder, Skulpturen sowie Denkmäler. Seine Kunstwerke finden sich in der Architektur der Stadt wie auch auf dem Ličakivs'ke-Friedhof.

Tadeusz Baroncz
Baroncz (1849–1905) war ein in Lemberg geborener Künstler des Bildhauerhandwerks. Er studierte an der Kunstakademie in Krakau in den Jahren 1868/69. Von 1872 bis 1875 verweilte er in Florenz. Nach seiner Rückkehr eröffnete er in Lemberg eine eigene Steinmetzwerkstatt, in der sich die Lemberger Kulturwelt traf. Er ist der Schöpfer zahlreicher Büstenstandbilder, Plastiken und Grabdenkmäler.

Erster Rundgang

Ausgebildete Stadt- und Friedhofsführer leiten die Besucher über den Ličakivs'ke-Friedhof. Der Eintritt pro Person kostet 0,50 Euro, für die Inanspruchnahme einer Führung von zwei Stunden müssen pro Gruppe 8 Euro gezahlt werden.
Im nachfolgenden Teil sollen Spazierrouten und reichhaltiges Informationsmaterial aus eigenen Erfahrungen übermittelt werden, die es erlauben, diesen wundervollen Friedhof selbständig zu besichtigen.
Vier Routen über den Friedhof werden vorgeschlagen, die laufenden Nummern in eckigen Klammern beziehen sich auf die in der Karte eingetragenen Grabdenkmäler und Skulpturen. Für alle vier Routen sowie den Besuch der zwei anliegenden Ehren-Kriegsfriedhöfe sollte man etwa drei Stunden Zeit haben.

Seweryn Goszczynski [1]
Goszczynski (1801–1876) war ein bedeutender polnischer Dichter und Revolutionär, Teilnehmer am Novemberaufstand 1830, Organisator geheimer Verbände in Galizien, Autor revolutionärer Lyrik und poetischer Erzählungen der Kosakenaufstände gegen den herrschenden Adel.
Dieses monumentale Grabdenkmal besitzt einen hohen künstlerischen wie auch geschichtlichen Wert. Gali-

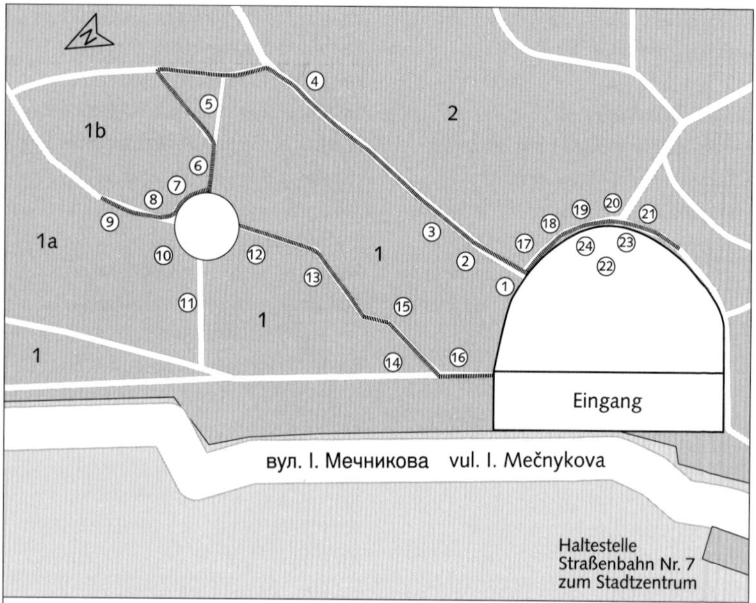

Erster Rundgang

zien besaß zu jener Zeit bereits Selbstverwaltungsrechte, und vor allem in Lemberg bildete sich eine neue Tradition der Beerdigung von Stadtbürgern, die sich um das Vaterland verdient gemacht hatten, heraus.
Noch im Todesjahr wurde eine öffentliche Ausschreibung zur Erstellung eines Grabdenkmals des Verstorbenen veröffentlicht. Der junge Lemberger Bildhauer Julian Markowski war der Sieger und schuf mit diesem Denkmal eines der hervorragendsten Kunstwerke seines Lebens. Ihm wurden dafür dreitausend Gulden gezahlt, damals eine gewaltige Summe. Mit der Errichtung dieses Denkmals begann die ungewöhnliche Karriere des späteren größten Meisters der Lemberger sakralen wie auch städtischen Bildhauerkunst.
In Originalgröße sitzt der Dichter und Revolutionär auf einem drei Meter hohen Sockel. Auf den eingemauerten Marmorplatten im Sockel wurden die Titel seiner Werke verewigt sowie ein Fragment des Gedichts ›Botschaft an Polen‹.

Familie Krówczynski [2]
Der in Lemberg wirkende, aus Armenien stammende Bildhauer Tadeusz Baroncz (1849–1905) schuf das Grabmal der Familie Krówczynski Ende des 19. Jahrhunderts. Auf einem fünfstufigen steinernen Podium sitzt ein Engel mit einem fein modellierten Gesicht. Sein Blick ist auf die Grabplatte gerichtet, als warte er auf das Signal vom Himmel, diese aufzudecken, um die Toten aufzuerstehen zu lassen.

Statue der Gottesmutter [3]
Die Statue der Gottesmutter mit dem Jesuskind auf dem Arm ist ein Kunstwerk Julian Markowskis. Die Madonnenfiguren Julian Markowskis besitzen verschiedene Gestalten. Oft tragen sie königliche Gewänder, sehr oft mit dem Jesuskind auf dem Arm oder auch auf einer Erdkugel stehend.

Josef Neumann [4]
Neumann (1857–1932) war 16 Jahre im Amt als Lemberger Stadtvertreter, außerdem Eigentümer einer Druckerei und erster polnischer Drucker, der den Farb-Offsetdruck einführte.

Julius Konstanty Ordon [5]
Ordon (1810–1887) nahm am Novemberaufstand 1830/31 teil, er war Offizier in piemontesischen, türkischen und italienischen Diensten. Während der Verteidigung Warschaus tat sich Ordon als heldenhafter Kommandant hervor. Ordon wurde vom Dichter Adam Mickiewicz in seinem Gedicht ›Reduta Ordon‹ verewigt.
Das wuchtige Grabdenkmal schuf die Firma Julian Markowski im Jahre 1896, anläßlich des 65. Jahrestages des Novemberaufstandes nach Entwürfen von Tadeusz Baroncz.

Das Denkmal besitzt die Gestalt einer Pyramide, auf deren Spitze ein aus Stein geschnitzter Adler auf seinem Nest sitzt, das die Form einer Königskrone hat. An der Frontseite der Pyramide, unterhalb des Medaillons des legendären Artilleristen, liegt ein mächtiger Löwe. Er wurde von einem Pfeil getroffen. Seine starken Pranken, sein von Schmerz erfülltes Gesicht zeugen von seinem Leiden, und dennoch ist er bereit, aufzuspringen. An der Seitenwand des Denkmals steht die Inschrift: »Das heldenhafte Warschau der Stadt Lwów«.
Eine andere Aufschrift hat den Wortlaut: »Mit der Errichtung dieses Denkmals würdigen wir nicht nur die Verdienste des kämpfenden Offiziers, dem Helden der Verteidigung des Vaterlandes – Julian Konstante Ordon –, sondern ebenso all derjenigen, die im Kampf für Freiheit und Vaterland gefallen sind, und auch weit entfernt von ihm, immer und überall für das gelobte Land (Polen) und die Verwirklichung unserer Ideale ihr Leben geopfert haben. Außer diesem Denkmal widmen wir allen die Worte ›Noch ist Polen nicht verloren‹«.

Familie Zamoyska [6]
Das Familiengrab von Rosalie Saryus Gräfin Zamoyska (1810–1902) und ihrer Tochter Wanda (1837–1902) wurde vom Bildhauer und Meister der Steinmetzkunst Ludwik Tyrowicz geschaffen. Dieser Künstler arbeitete vorwiegend mit schwarzem Granit und Marmor.

Familiengrab Szczepanowski [7]
In der Grabgedenkstätte ruhen Stanislaw Szczepanowski (1846–1900) und sein Sohn, Ingenieur Johannes (Jan) Szczepanowski (1908–1938), der bei einer Flugzeugkatastrophe ums Leben kam.
Dieses Grabdenkmal in Gestalt einer Pyramide wurde aus großen Gesteinsbrocken errichtet, die zu diesem Zweck aus den Karpaten gebracht wurden. Als Pionier der polnischen Petroleumindustrie durchwanderte Stanislaw Szczepanowski das Gebirge auf der Suche nach diesem ›Gold‹. Auf dem obersten Gebirgsstein ist die Gestalt eines Adlern mit gespannten Flügeln zu sehen. Unter ihm, auf einem hervorstehenden Podium, steht das bronzene Büstenstandbild des Verstorbenen.

Sigmund Gorgolewski [8]
Gorgolewski (1845–1903) war ein weltbekannter Architekt und berühmter Professor an der Lemberger Politechnika. Er war unter anderem Schöpfer des Hauptbahnhofes und der Wilhelmsbrücke in Berlin, der Gemäldegalerie Dresden, der Wiener Staatsoper sowie der Operngebäude in Odessa und Lemberg. Zudem war er ein berühmter und hochgeschätzter Konservator vieler galizischer Denkmäler.

Grabmal für den Maler und Grafiker Arthur Grottger

Maria Konopnicka [9]

Die weltbekannte Schriftstellerin (1842–1910) und Mitbegründerin der Frauenzeitschrift ›Svit‹ (Dämmerung) wurde besonders bekannt durch ihre Lyrik über die ländliche Bevölkerung, in der sie sich auf die Volkskunst stützt. In ihren Novellen drückt sie ihre besonders große Liebe zu Kindern aus und schreibt mit größter Anteilnahme von Armut und Schmerz.
Für die junge Bildhauerin Luna Drexler war das bronzene Büstenbild Maria Konopnickas im Jahre 1922 ihr erstes Kunstwerk. Es wurde in den Jahren des Zweiten Weltkrieges zerstört oder gestohlen. Im Jahre 1950 schuf der ukrainische Bildhauer Volodymyr Skolozdra eine Nachbildung nach einer Fotografie. Unter dem Büstenbild ist das Fragment eines Verses von Konopnicka zu lesen: »Bittet Gott um solch ein Grab, / das keine Tränen will, weder / Mitleid noch Beschwerden / Sondern zu geben dem Herzen die / Kraft, um zu schaffen für den Tag / der Zukunft … / Auf dem Friedhof.«

Dr. Stefan Banach [10]

Der weltbekannte polnische Mathematiker (1892–1945), geboren in Krakau, legte die Grundlagen zur Funktionsanalyse und schrieb wichtige Beiträge zur Theorie der reellen Funktionen, der Orthogonalreihen, der Maßtheorie und zur Theorie normierter linearar Räume, der sogenannten Banach-Räume. Er war Mitbegründer der Lemberger Mathematikschule und bekannter Mathematikprofessor an der Krakauer Universität. An der Lemberger Universität lehrte er ab 1924.

Michal (Michael) Michalski [11]

Michalski (1847–1907) war Lemberger Stadtpräsident, Handwerker (Schmied) und Abgeordneter des Galizischen Landtages.
Das Grabmal ist das einzige Kunstwerk des Bildhauers Tadeusz Blotnicki (1858–1928) auf dem Ličakivs'ke-Friedhof. Blotnicki verbrachte seine Jugendzeit in

Lemberg, später lebte er in Krakau. Wenn er in seine Heimatstadt Lemberg kam, hinterließ er oftmals seine Plastiken, unter ihnen auch die Statue Papst Pius IX., die sich in der unierten Georgskathedrale befindet oder das Denkmal Franz Smolkas, das einst in Lemberg stand. Auf dem Sockel eines pyramidenähnlichen Grabdenkmals befindet sich das bronzene Büstenbild des bekannten Politikers. Es ist das Abbild eines Mannes mit wohlgeformtem Schnurrbart, breiten Schultern und der Amtskette des Stadtpräsidenten mit dem Stadtwappen. Auf dem Grabsockel aus Sandstein steht die Inschrift: »Michal Michalski / 29 IX 1846–13 V 1907 / Schmied, Soldat 1863 / Abgeordneter zum Parlament 1889–1907 Stadtpräsident 1905–1907 / Hervorragender Lemberger Bürger«.
In der Grabgedenkstätte Michalskis ruhen ebenfalls seine Tochter Maria, verheiratete Legeczynska (1875–1931), und sein Schwiegersohn Dr. Viktor Legeczynsky (1864–1929), ein bekannter Lemberger Arzt.
In dieser Grabstätte war anfangs die polnische Schriftstellerin Maria Konopnicka begraben, von wo aus sie nach zwölf Jahren zu ihrer heutigen Grabgedenkstätte überführt wurde.

Władysław Belza [12]
Der Dichter, Literaturschaffende und Publizist (1847–1913) war auch langjähriger Sekretär des Lemberger Ossolineums sowie Autor des ›Katechismus für polnische Kinder‹: »Wer bist du? – Ein kleiner Pole! / Was ist dein Zeichen? – Der weiße Adler! / Wo wohnst du? – Unter Seinen! / In welchem Land? – Auf polnischer Erde.«

Gabriela Zapolska [13]
Die Schriftstellerin, Publizistin und Schauspielerin (1859–1921) wandte sich für das Theater von der familiären bürgerlichen Umwelt ab. Ihr eigentlicher Name war Maria Blocka. In ihrem Werken rückte sie die Wahrheit des Lebens ans Tageslicht und verlachte das bürgerliche Verhalten. Bekannt wurde sie auch als Theaterschauspielerin in der Aufführung ihres eigenen Stückes ›Die Moral der Frau Dulska‹, geschrieben in Lemberg 1906.
Der Sarkophag Gabriela Zapolskas wurde nach Entwürfen von Prof. Josef Gallzowski, Rektor der Krakauer Akademie der Künste, geschaffen. An seiner Seitenwand befinden sich in Stein eingeschnitzt 56 Titel von Erzählungen und Dramen dieser großen Künstlerin.

Familie Zakrejs und Truszkowski [14]
In diesem Grabmal ruhen der Bruder des ›Ritters vor dem Grabe Christus‹, Feliks Dragoslaw-Truszkowski (1839–1915), Oberinspektor der Staatlichen Eisenbahn sowie Ester Sofia Zakrejs (1840–1915), Marcin d'Everard (1850–1923) Kommisar der Schatzkammer und

Franciszek von Westheimer-Gärtner (1810–1902).
Das Grabdenkmal der Familie Zakrejs und Truszkowski gehört zu den allerschönsten Grabdenkmälern der Zwischenkriegszeit auf dem Ličakivs'ke-Friedhof. Diese sakrale Gedenkstätte besitzt vor allem einen hohen künstlerischen Wert. Das Denkmal setzt sich aus vier Elementen zusammen, wobei jedes von einem anderen Künstler geschaffen wurde. Auf den hohen, schwarzen Marmorsockel, geschaffen vom Bildhauer Henryk (Heinrich) Perier, setzte Jan Julian Nalborczyk die Bronzeplastik der trauernden Frauengestalt. Den Sockel schmückt ein kunstvoll gearbeitetes Bronze-Flachrelief von B. Soltys. Ein Ritter in mittelalterlicher Ritterausrüstung kniet vor dem Eingang des Grabes Christi in Jerusalem nieder. Unter dem Flachrelief befindet sich eine mit zwei Wappen geschmückte Tafel aus der bekannten Warschauer Gießerei der Gebrüder Grzegorz und Feliks Lopienski. Die Beschriftung informiert: »In Jerusalem, in den Katakomben der Ordensbrüder der Assumptionisten ruht in ewigem Frieden Władysław des Familienwappens Dragoslaw Truszkowski, Ritter am Grab Christi, Hauptmann und Kommandant der Artillerie in der österreichischen Armee an der türkischen Front, gefallen des heldenhaften Todes in der Schlacht bei Gaza 26 III 1917, ausgezeichnet mit mehreren österreichischen, deutschen und türkischen Verdienstorden.«
Das Besondere dieses kunstvoll geschaffenen Grabdenkmals ist das auf dem Haar der Frauengestalt zu sehende Haarband. Tauender Schnee oder leichter Regen sammelt sich auf dem hinteren Teil des Bandes und fließt allmählich zu den Augen, was bewirkt, daß Tränen auf dem Gesicht erscheinen.

Juliusz Makarewicz [15]
Der verdienstvolle polnische Jurist der Zwischenkriegszeit und Rektor der Lemberger Universität (1872–1955) erarbeitete das Polnische Strafgesetz, das in den 1920er Jahren bestätigt wurde.

Stanislaw Swiętoniowski [16]
Portraits aus Marmor in Form eines Medaillons, geschaffen von Julian Markowski, schmücken viele Grabmäler des Friedhofs, so auch das von Swiętoniowski (1867–1895). Das Grabmal hat die Gestalt einer hohen Granitstele. In ihr befindet sich ein bronzenes Medaillon, in dem die Gestalt eines jungen Mannes zu sehen ist. Das Medaillon wird von Flachreliefs umrahmt, auf denen Rosen, Sonnenblumen, eine Lyra, eine Malerpalette mit Pinsel und ein Fotoapparat ersichtlich sind. Auf dem Ephitaph befindet sich die Aufschrift: »Stanislaw Swiętoniowski, allerliebster Sohn und sein sehnsüchtiger Vater Felix. In Liebe des viel zu

früh verstorbenen Sohnes Stanislaw hinterläßt der Vater seinen Reichtum für Stipendien für die Studenten der Lemberger Politechnika 1895.« Dieses Grabdenkmal ist mit einer tra-

Grabskulptur von Anton Schimser

gischen Geschichte verbunden: Feliks Swiętoniowski (1833–1900) kam im Jahre 1894 nach Lemberg. Zuvor hatte er als Fotograf einen gewissen Reichtum verdient, von dem er in Lemberg das Haus in der vul. Ličakivs'ka Nr. 9 kaufte. Er war Witwer, der seinen einzigen Sohn Stanislaw grenzenlos liebte. Der Sohn wurde vom Vater zu Hause erzogen, er durfte sich keinen Schritt vom Vater entfernen. Stanislaw besuchte nie eine Schule und auch das Wort Freunde war für ihn fremd. Trotz allem beherrschte er fünf Sprachen und zeigte Anzeichen für einen talentierten Musiker und Maler. Von Lembergs täglichem Leben kannte er nur soviel, wie er aus dem Fenster der Wohnung erleben konnte. Er wuchs auf wie eine überzüchtete, zerbrechliche Blume und war ein schwacher Junge. Während eines kühlen Herbstabends im Jahre 1895 saß er zu lange am geöffneten Fenster, wurde sehr krank und verstarb drei Tage später. Sein Vater Feliks fiel in eine grenzenlose Trauer. Seit dem Tod seines Sohnes lebte er nur noch von den Erinnerungen an ihn und erinnerte sich ständig der großen Tragödie. Er bestellte in der Werkstatt von Julian Markowski dieses Grabdenkmal und verbrachte an ihm die Zeit vom hellen Tagesanbruch bis in die Nacht hinein. Das Denkmal schmückte er mit verschiedensten Lampen, Grabgebinden und Blumen. Seine Gestalt, von Tagesanbruch bis zur Dämmerung am Grabe seines Sohnes sitzend, kannten alle. Es kam allen so vor, als ob der ›leidende Alte‹ ein fester Teil im Landschaftsbild des Friedhofes zwischen Kreuzen, Gräbern und Bäumen war. Nach fünf Jahren wurde er neben dem Sarg seines über alles geliebten Sohnes beigesetzt. Seinen Reichtum überschrieb er den Studenten der Lemberger Politechnika, in seinem Haus entstand ein Studenteninternat.

Kapellen
Es geht nunmehr auf den großen Platz hinter dem Eingang zurück, von dem aus die Haupt- und Nebenwege des Ličakivs'ke-Friedhofs wie ein Netz in sein Inneres führen.
Vorne sind vier der 23 Kapellen des Friedhofes zu sehen. Eine der charakteristischen Eigenschaften polnischer Kirchen waren in früheren Jahrhunderten, daß neben ihnen Familienkapellen errichtet wurden. Man kann sie nicht nur neben den Kirchen der Stadt, sondern auch auf Dörfern oder in kleinen Siedlungen antreffen. Als zu Beginn des 19. Jahrhunderts die Errichtung der Friedhöfe außerhalb der Stadt angeordnet wurde, blieb auch die Errichtung dieser Kapellen erhalten. Mausoleen wurden zu einem verbindlichen Element moderner Friedhöfe.

Kapelle der Familie Krzeczunowicz [17]
Linker Hand befindet sich die Kapelle der Familie Krzeczunowicz. Die reiche Patrizierfamilie Krzeczunowicz, die im 17. Jahrhundert von der Krim nach Lemberg kam, war einige Jahrzehnte mit der Stadt verbunden. Walery Krzeczunowicz (1790–1866) beschäftigte sich mit Viehhandel, der ihm zu Reichtum verhalf. In der Geschichte Galiziens wird er als ein hervorragender Landwirt und Viehzüchter beschrieben. Er gehörte unter anderem zu den Organisatoren der Lemberger Landesausstellungen und war Mitbegründer des Lemberger Veterinärinstituts. Auch seine eigenhändig erarbeiteten und herausgegebenen Broschüren über Bienen- und Pferdezucht sowie über die Zucht der Seidenraupen waren sehr bekannt. Sein Sohn Kornel Krzeczunowicz (1815–1881) war ein angesehener Politiker und mehrere Jahre Abgeordneter im Galizischen Parlament Er studierte Recht und Wirtschaft an Hochschulen in Italien, der Schweiz und Frankreich.
Die Kapelle wurde nach Entwürfen des Architekten Fillip Roman Pokutynski im neoromanischen Stil, aus roten, speziell für diese Kapelle gebrannten Ziegelsteinen errichtet. Breite Stufen führen zur Kapelle, die auf einer Anhöhe steht. Bewundernswert ist die steinerne Balustrade, von der sie umgeben ist. Eine aufwendige Steinrosette über der Eingangstür schmückt die Frontseite.

Kapelle der Familien Kisel und Stroinowski [18]
Die nebenanstehende kleine Kapelle in ähnlicher architektonischer Form ist die Kapelle der Familien Kisel und Stroinowski. Zu ihr führen von zwei Seiten Stufen. Über der Eingangstür befindet sich im Tympanon ein Flachrelief mit einem Engel, der in seinen Händen eine Schriftband hält mit der Aufschrift ›Sanctus‹. In der Gruft der Kapelle ist Karol Kisel (1830–1893) begraben. Zu-

nächst Wäscher im Brauhaus, wurde er viele Jahre später Besitzer der bekanntesten Lemberger Brauerei in der Vorstadt Pidzamče. Das Bier aus seiner Brauerei wurde nicht nur in Lemberg getrunken, sondern in ganz Ostgalizien.
Er unterstützte finanziell die lernende Jugend. Seinen Namen trug die einst sehr bekannte Wasserheilanstalt in Pidzamče, die sich am Fuße des Schloßberges befand. Karol Kisel war Präsident der Lemberger Industrie- und Handelskammer, in desren Gebäude auf dem pr. Ševčenka sich heute die Lemberger Staatsanwaltschaft befindet. In der Gruft der Kapelle ruht auch der Leichnam seines Bruders Ferdynand, der im Jahre 1884 verstarb.
In der Zwischenkriegszeit wurden in der Kapelle auch sein Schwiegersohn und sein Enkel begraben. Sein Schwiegersohn, Dr. Edward Stroinowski, lebte bis zum Jahre 1926. Er war ein anerkannter Lemberger Arzt und der Gründer der ersten Lemberger Unfallklinik.

Kapelle der Familie Molendzinski [19]
Die kleinste Kapelle des Ličakivs'ke-Friedhofs gehört der Bürgerfamilie Molendzinski.

Kapelle der Familie Adamski [20]
Die sehr einfach gebaute Kapelle neben der Molendzinski-Kapelle gehört der Familie Adamski.
Zum Eingang führen breite, achtstufige Treppen. In der Gruft ruhen Franz Adamski (1794–1870), napoleonischer Legionär, später bekannter Lemberger Kaufmann und Vorsitzender der Galizischen Sparkasse, seine Gattin Barbara, Sohn Franz sowie Schwiegertochter und die Enkelin Evelina.

Kapelle der Familie Baczewski [21]
Rechter Hand am Hauptweg befindet sich das Mausoleum der Familie Baczewski. Es entstand im Jahre 1883 nach Entwürfen des Lemberger Architekten Johannes (Jan) Schultz auf Bestellung des reichen und in ganz Europa bekannten Industriellen Adam Josef Baczewski (1829–1911). Nicht nur in Polen kannte man den berühmten Likör und Wodka in den von Baczewski eigens signierten Flaschen. Die Tradition des Spirituosenbetriebes reicht zurück bis zum Jahre 1782. Zu Beginn des 19. Jahrhunderts brachte Leopold Maximilian Baczewski den Betrieb nach Zniesienia, einen Ort weit außerhalb des Stadtgebietes Lembergs. Den Erfolg verdankte der Betrieb vor allem Adam Baczewski, dem Sohn Leopolds. Er lebte 80 Jahre. Der in seinem Betrieb hergestellte Alkohol konnte auf dem Märkten des Landes wie auch im Ausland aller Konkurrenz standhalten. Leopold führte seine Erzeugnisse auf den Weltmarkt ein, er war ein Meister der Kalkulation und ein vorzüglicher Kaufmann.
Adam Baczewski ließ das Mausoleum nach dem Tode seiner Eltern

errichten, er selbst verstarb im Mai 1911. In der Gruft des Mausoleums sind auch seine Söhne Leopold (1924) und Heinrich (1930) begraben.

Christus-Statue [22]
An der knienden Christus-Statue sollte man nicht einfach vorübergehen. Diese Statue befand sich einst auf dem Grabe von Josef Marcinkowski. Seit Jahrzehnten schmückt sie den großen Eingangsplatz des Friedhofs. Das Gesicht ist traurig, aus seinen Augen fließen Tränen, seine zarten Hände sind zum Gebet gefaltet. Zum Gebet für den ewigen Frieden aller auf diesem Friedhof Begrabenen.

Ihor Bilozir [23]
Schon von weitem ist zwischen den Grabstellen eine neue, ständig mit frischen Blumen und brennenden Kerzen geschmückte Grabstätte zu sehen. Es ist das Grabmal von Ihor Bilozir.
Der bekannte ukrainische Komponist wurde im Jahre 1955 geboren und im Jahre 2000 hier zu Grabe getragen. Seine Beerdigung war eine große Demonstration. Auf Igor Bilozir wurde in einem Straßencafé auf dem pr. Ševčenka während eines Streitgespräches mit russischen Gästen geschossen. Er schleppte sich verletzt noch bis zum heutigen Gebäude der Lemberger Staatsanwaltschaft, wo er tot zusammenbrach.

Teresa Klosowski und Josef Iwanowicz [24]
Direkt hinter der Grabgedenkstätte des ukrainischen Komponisten befindet sich ein architektonisch seltenes Grabmal. Der Bildhauer Pawel Eutele ist der Schöpfer der Skulpturen der Grabstätte von Teresa Klosowski und Josef Iwanowicz. Auf dem höher liegenden Grabmal steht auf einem Sockel das Madonnenstandbild, kleine Engel knien zu beiden Seiten ihres Gewandes. Am Fuße des Sockels, auf einem Mauervorsprung, schuf der Bildhauer die Büste von Josef Iwanowicz und neben ihm die Plastiken seiner beiden treuesten Freunde, der Jagdhunde Pluto und Nero. Josef Iwanowicz war leidenschaftlicher Jäger. Da Tierfiguren auf Gräbern unüblich sind, mußte Pawel Eutele zunächst das Einverständnis der Familie des Verstorbenen einholen, bevor er die treuen vierbeinigen Freunde ihres Herrn gestaltete. Ihre Geschichte ist mit einer Tragödie verbunden. Nach der Beerdigung ihres Herrn legten sich beide auf dessen Grabstelle und verließen sie nie mehr. Sie nahmen weder Fressen noch Trinken an und verstarben nach fünf Tagen an gleicher Stelle. Und wenn man Pluto und Nero näher betrachtet, so sieht man auch die Tränen in ihren Augen, die sie ›weinten‹.

Zweiter Rundgang

Markijan Šaškevyč [1]
Das Grab des ukrainischen Dichters Markijan Šaškevyč (1811–1843) schmückt seit über 150 Jahren die zierliche Plastik ›Galicja‹ aus schwarzem Heban-Holz, eines der schönsten Kunstwerke des Bildhauers Abel Maria Perier.
In den 1830er Jahren bildete sich in Lemberg die Dichtergruppe ›Rus'ka trijcja‹ (Ruthenischer Dreier). Im Zentrum dieser Gruppe standen drei junge ukrainische Studenten, durchdrungen von den Ideen Herders. An ihrer Spitze standen Markijan Šaškevyč, Ivan Vahylevyč und Jakiv Holovac'kyj. Ihr Ziel war es, die ›ruthenische‹ Sprache von kirchlichen und fremdsprachigen ›Manierismen‹ zu befreien und zum Niveau der literarischen Sprache zu führen. Sie verwendeten die ukrainische Volkssprache in ihrer romantischen Dichtung, deren Hauptthema die nationale Wiedergeburt der Ukraine war.

Volodymyr Barvins'kyj [2]
Die Grabstätte des ukrainischen Schriftstellers und Publizisten Volodymyr Barvins'kyj (1850–1885) ist eines der schönsten Grabdenkmäler, das im Jahre 1892 vom polnischen Bildhauer Stanislaw Roman Lewandowski errichtet wurde: Eine stehende junge Frau in ukrainischer Volkstracht, hält in der erhobenen rechten Hand eine brennende Fackel als Zeichen der Erneuerung, mit der linken drückt sie ein Kreuz an ihr Herz. Vor ihr kniet ein Bauernjunge, der in seiner rechten Hand das Wappen des Halyčer Landes festhält. Mit seiner linken hält er einen Lorbeerzweig über dem Medaillon Barvins'kyjs.

Grab des Dichters Markijan Šaškevyč

Arthur Grottger [3]
Der polnische Grafiker und Kunstmaler Grottger (1837–1867) war einer der führenden Vertreter der Romantik in der Malerei. Arthur Grottger verstarb im Dezember 1867 in den französischen Pyrenäen. Sein letzter Wille war es, nach seinem Tode in Lemberg zu Grabe getragen zu werden. Seine Verlobte Wanda Monné erfüllte ihm diesen Wunsch.

Auf dem Sakrophag wurde vom besten Freund des Dichters, dem Bildhauer Paris Fillipe, ein Felsgestein errichtet, auf dem eine junge traurige Frau kniet. Neben ihr hat sich ein Falke, Symbol der Liebe und Treue, niedergelassen. Darunter befindet sich das Medaillon

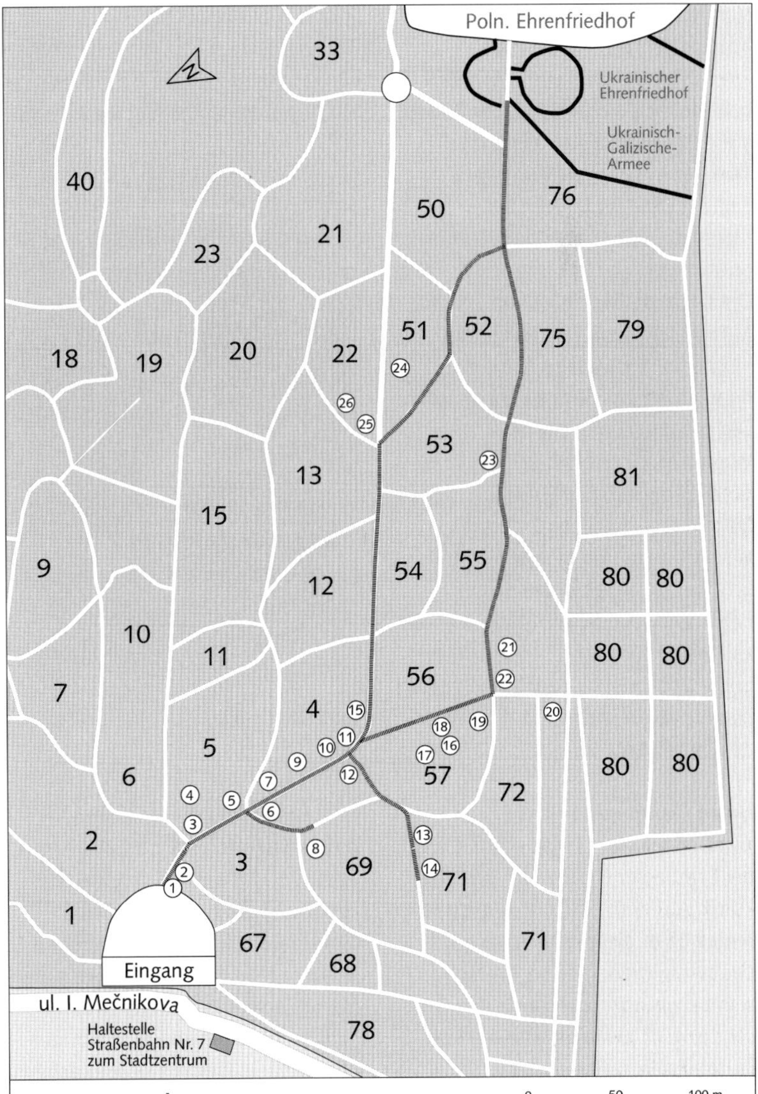

Zweiter Rundgang

mit dem Abbild Grottgers, das eigenhändig von Wanda Monné modelliert wurde. Eine gebrochene Leier und eine zerbrochene Malerpalette, das Symbol des vorzeitigen Verlöschens eines Talentes sowie ein Totenkopf haben ihren Platz am Gestein. Neben dem Medaillon befindet sich die Gestalt eines Buches, auf dessen Umschlag alle großen Titel der Malerwerke Grottgers eingemeißelt sind: ›Warszawa‹, ›Polonia‹, ›Winterabende‹, ›Lithuania‹ und ›Krieg‹.
Die Grabtafel ziert eine von Wanda Monné selbst erstellte Inschrift: »Christus, der Dich zu sich rief, nehme Dich auf, ihm zu Ehren sollen Dich die Engel begleiten«.
Wanda Monné selbst lebte in Lemberg bis ins hohe Lebensalter. Sie verbrachte an der Grabstätte viele Stunden und pflegte sie persönlich. Seit Bestehen dieses Grabdenkmals wurde diese Stätte das Ziel zahlreicher Wallfahrten, und auch heute trifft man hier auf ständig frisch niedergelegte Blumen und brennende Grablichter.

Julian Markowski [4]
Julian Markowski (1846–1903) war der Lemberger Meister der Steinmetzkunst. Auf dem Ličakivs'ke-Friedhof hinterließ er die größte Anzahl der Grabskulpturen. Und so ›einfach‹ sein Leben war, so ist auch sein Grab sehr einfach gestaltet. Die Inschrift lautet: »Julian Maryan Szeliga Markowski / Künstler der Bildhauerei / Meister der Steinmetzkunst / Soldat in den Jahren 1863/64 / geb. 1846 gest. 13.1.1903 / Im stillen Gedenken«.

Stanislav Ludkevyč [5]
Der weltbekannte ukrainische Komponist Stanislav Ludkevyč (1879–1979) war derjenige, der die Poesie

Stanislav Ludkevyč

Taras Ševčenkos am schönsten musikalisch interpretierte. Zu seinen Meisterwerken gehörte die Vertonung der symphonischen Kantaten ›Kaukasus‹ und ›Zapovit‹ (Testament). Er schrieb musikalische Werke zu den Dichtungen Ivan Frankos, unter ihnen das symphonische Werk zu Frankos ›Steinbrecher‹ und ›Moses‹. Nicht zu vergessen sind seine vielen anderen instrumentalen und vokalen Werke. Seit Beginn des 20. Jahrhunderts gehörte Ludkevyč zu den aktivsten Organisatoren des galizistischen Musiklebens. Er war der Gründer der Lemberger Musikschule und ihrer zehn Filialen in verschiedenen galizischen Städten. Ludkevyč organisierte das erste ukrainische Symphonieorchester in Lemberg. Der Komponist lebte 100 Jahre und hinterließ viele Zeugnisse seiner großen Schaffenskraft. Über sein Leben und seine Werke kann man im Ludkevyč-Museum viel erfahren, auch über seine enge Beziehung zur deutschen Kultur.

Marceli Ciemierski [6]
Ciemierski (1824–1885) war Sekretär des Lemberger Benediktinerinnenkonvents. Das Medaillon ist das Werk Julian Markowskis. Es wird umrahmt von einer in Stein geschnitzten Flöte (links) sowie einer Sichel (rechts). Auf einem Gesteinsblock steht in natürlicher Größe ein wundervoller, ebenfalls von Julian Markowski geschaffener Engel mit leicht geöffneten, meisterhaft geschnitzten Flügeln. In seinen Händen hält er eine Urne. Es macht den Eindruck, als wolle er im nächsten Moment zum Himmel aufsteigen.

Ehepaar Markowski [7]
Unter den vielen sakralen Denkmälern Julian Markowskis, die den Ličakivs'ke-Friedhof schmücken, nimmt dieses Kunstwerk von seltener Schönheit den ersten Platz ein. Als Grabmal Ludwik Markowskis und seiner Gattin Katharina schuf der Künstler die Skulptur ›Tod der Künstlerin‹. Auf dem Totenbett ruht in natürlicher Größe eine junge Artistin von besonderer Schönheit. Es wird der Eindruck vermittelt, als wäre sie gerade erst (für immer) eingeschlafen (siehe Farbild S. 255).
Bis zum Ersten Weltkrieg befand sich hinter dem Kopfkissen ein trauernder Engel in natürlicher Größe, der auf seinem Knie das Kopfkissen hielt. Dieses imposante Kunstwerk entstand aus einem Sandsteinblock, die Arbeitszeit für dieses Meisterwerk betrug sieben Jahre.

Dr. Josef Torosiewicz [8]
Das Grabdenkmal von Dr. Josef Torosiewicz (1734–1869) wurde vom Bildhauer Edmund Jaskólki geschaffen. Der Künstler hinterließ auf dem Ličakivs'ke-Friedhof nur wenige Werke.
Josef Torosiewicz war ein bekannter Lemberger Philantrop, Doktor der Medizin und Entdecker der Mineralquellen in Morsztyna und Truskavec'. Er stammte aus einer bekannten armenischen Arztfamilie. Torosiewicz war der Gründer und Stifter des Kinderwohnheimes für elternlose armenische Kinder. Auf dem Steinpodium sitzt in natürlicher Größe ein etwas älterer Herr mit einem gutmütigen Gesicht

und kurzgeschnittenem Bart. Er trägt eine polnische Volkstracht mit einem gebundenen breiten Gürteltuch und an seinem Hemd das Verdienstkreuz. Zwei barfüßige, ärmlich gekleidete Mädchen schmiegen sich an ihn. Das jüngere stützt sich auf sein Knie und schaut vertrauensvoll zu ihm hinauf. Das ältere Mädchen, ein aufgeschlagenes Buch in der Hand, horcht den Worten des Pflegers.

Ivan Franko als Steinbrecher

Ivan Franko [9]
Das Grabdenkmal des bekannten ukrainischen Dichters, Journalisten und Politikers Ivan Franko (1856–1916) wurde vom Bildhauer Sergij Lytvynenko, einem Praktikanten der Lemberger Bildhauerwerkstatt von Ludwik Tyrowicz, errichtet. Es entstand im Jahre 1933 auf Initiative der Lemberger ukrainischen Intelligenz und mit finanzieller Unterstützung der Regierung der Ukrainischen SSR. In seinem Zentrum befindet sich die allegorische bronzene Gestalt eines ›Steinbrechers‹ nach dem gleichnamigen Werk Ivan Frankos. In der Westukraine wirkte sich Ende des 19. Jahrhunderts der literarische Modernismus auf die ukrainische Literatur aus. Hier machte sich besonders der Einfluß der deutschen Literatur bemerkbar. Einer seiner Vertreter war der noch der realistischen Tradition zugehörige Lyriker und Novellist Ivan Franko. Er schrieb für verschiedene polnische und ukrainische Zeitschriften sozialkritische Artikel mit demokratischer Tendenz. Neben seiner vielfältigen publizistischen und politischen Arbeit übersetzte er die Werke von Goethe, Schiller, Heine, Puschkin und anderer bekannter Schriftsteller in die ukrainische Sprache. Sehr viel Interessantes über diese große ukrainische Persönlichkeit kann man im ›Ivan-Franko-Museum‹ erfahren.

Kosciuszki-Soldatengräber [10]
Auf dem Ličakivs'ke-Friedhof fanden sehr viele Soldaten, die für ein unabhängiges freies Polen kämpften, ihre letzte Ruhestätte, unter ihnen Soldaten Kosciuszkis. An dieser Stelle sind die Kosciuszki-Soldatengräber von Franciszka Zaręby (ge-

storben 1863) und daneben das Grab von Antoni Piórecki (gestorben 1870) zu sehen.

Salomea Krušel'nyc'ka [11]
›Orpheus‹ krönt das mächtig wirkende Grabdenkmal einer berühmten ukrainischen und einst auf den größten Opernbühnen der Welt bekannten Sängerin: Salomea Krušel'nyc'ka (1872–1952). Das Denkmal wurde nach den Entwürfen der ukrainischen Künstlerin Teodozja Bryz' im Jahre 1984 errichtet.

Karol (Karl) Szajnocha [12]
Das Grab des anerkannten polnischen Historikers, Publizisten, Schriftstellers und Kustors der Lemberger ›Ossolinski‹-Bibliothek Karol (Karl) Szajnocha (1818–1869) wurde 1868 von den Bildhauern Paris Fillipe und Abel Maria Perier geschaffen. Das Denkmal hat die Gestalt einer Pyramide, auf deren Abschluß sich ein Adler mit ausgebreiteten Flügeln niedergelassen hat. In der Nische befindet sich das von Fillipe aus weißem Marmor gemeißelte Büstenbild Karl Szajnochas. Auf die Gedenktafel schauen zwei in natürlicher Größe sitzende Frauengestalten. Die Muse Clio (Geschichte) hält in ihrer rechten Hand einen Ritzel (Stift), in der linken eine aufgerollte Papierrolle. Die zweite ist die in Gedanken versunkene Melpomene, Muse der Tragödie. Auf der oberen Stufe des Denkmals steht angelehnt an das Denkmal ein Schild mit den Wappen Polens, Litauens und Rutheniens.

Josef Szmiechowski [13]
Gleich neben dem Denkmal geht es auf den kleinen rechtsabbiegenden Weg. Etwas versteckt und doch unübersehbar befindet sich unmittelbar auf der linken Seite ein wundervolles Kunstwerk Julian Markowskis, die Grab-Gedenkstätte von Josef Szmiechowski (1798–1875), General im Novemberaufstand 1863/64. Den großen, mit einer Flagge bedeckten Felsstein, auf der Gebinde von Eichenblättern sowie die Kopfbedeckung der Aufständigen liegen, krönt ein mächtiger, kunstvoll gemeißelter Adler, dessen kräftige Krallen sich in den Stein bohren. Zwei Aufschriften befinden sich auf den Grabplatten: »Josef Szmiechowski, Major aus dem Jahre 1831, ausgezeichnet mit dem Verdienstorden Virtuti Militari, 1963 zum General ernannt, lebte 77 Jahre« und »Dem General sowie Josef Szmiechowski – das Volk«.

Kriegsfriedhof der ›Eisernen Kompanie‹ [14]
Im Quartier der sogenannten ›Eisernen Kompanie‹ standen in den Jahren 1881 bis 1916 in vier Reihen aufgestellt 47 einfache, schwarze, eiserne Kreuze mit weißen Namenstafeln für die Teilnehmer am Unabhängigkeitskampf 1830/31. Anläßlich des 50. Jahrestages des

Grabmal des armenischen Erzbischofes Samuel Cyryl Stefanowicz

Novemberaufstandes beschlossen die Stadtväter Lembergs im Jahre 1880 die Errichtung einer 500 Quadratmeter großen Parzelle für dieses Quartier. Die sich heute an dieser Stelle befindenden Kreuze sind symbolisch aufgestellt, die eigentlichen Gräber wurden zu sowjetischer Zeit zerstört. Geblieben ist das berühmteste Denkmal des Bildhauers Henryk (Heinrich) Perier aus dem Jahre 1886, der sogenannte Sarkophag der ›Eisernen Kompanie‹. Auf diesem kleinen Kriegsfriedhof befand sich auch das Grab von Josef Reitzenheim (1809–1883), dem Sohn eines hohen österreichischen Beamten. Nach Beendigung des Aufstandes kam er nach Lemberg zurück. Aufgrund eines Zerwürfnisses mit seinem Vater emigrierte er 1832 nach Paris. Dort begab er sich in die Gesellschaft der dort lebenden Polen, unter anderem war er der Mitbegründer der Polnischen Bibliothek in Paris, die bis heute besteht. Er lernte den polnischen Schriftsteller Juliusz Slowacki kennen, und es verband sie bis an ihr Lebensende eine sehr große Freundschaft. Im hohen Alter kam Reitzenheim nach Lemberg zurück, wo sich auch die Gräber seiner Eltern befanden. Er starb im Alter von 74 Jahren im Jahre 1883 und fand hier seine letzte Ruhestätte.

Samuel Cyryl Stefanowicz [15]
Es geht den Weg zurück zum Hauptweg. An der Wegkreuzung ist linker Hand ein sakrales Kunstwerk von besonderer Schönheit zu bewundern. Lemberg ist weltweit die einzige Stadt, die drei Erzdiözesen besitzt, die römisch-katholische, griechisch-katholische (unierte) und die armenisch-katholische, so war sie auch der Ort häufiger Beerdigungen ihrer Erzbischöfe (Metropoliten). Im neogotischen Stil entstand der wundervolle Sarkophag auf der Grabstätte des armenischen Erzbischofes Samuel Cyryl Stefanowicz (1755–1858). Es wurde im Jahre 1904 vom Bildhauer Juliusz Wojciech Beltowski geschaffen. In natürlicher Größe liegt die Gestalt des Metropoliten in seinem Ornat unter einem kunstvoll errichteten Baldachim.

Anton Popiel [16]
Vom Denkmal aus den linken Weg weitergehend, sieht man schon von weitem die schwarze Figur der Gottesmutter mit dem Kind auf dem Grabmal der Familie Szembek.
Vor ihr, auf der gegenüberliegenden, rechten Seite, etwas im Inneren, befindet sich die Grabstätte von Anton Popiel (1865–1910), des bekannten Lemberger Architekten und Bildhauers. Er war ein Schüler des polnischen Malers Jan Matejki. Er ist auch der Schöpfer des Denkmals Adams Mickiewiczs in Lemberg sowie Tadeusz Kosciuszkis in Washington.

Leonard Marconi [17]
Nicht weit davon befindet sich das Grabmal des Lemberger Architekten und Bildhauers Leonard Marconi (1835–1899), unter anderem Schöpfer des Denkmals von Alexander Fredro, das heute den Breslauer Marktplatz krönt und vieler architektonischer Details an Lemberger Stadtgebäuden.

Zygmunt Samolewicz [18]
Wieder zurück auf dem Hauptweg, kommt man rechter Hand an der Grabstätte von Zygmunt Samolewicz (1842–1898) vorüber. Samolewicz war ein anerkannter Pädagoge, Verfasser einer lateinischen und griechischen Grammatik, Professor und später Direktor an Lemberger Gymnasien. Er verfaßte auch Schulbücher. Das Marmormedaillon ist das Werk Julian Markowskis.

Grzegorz Michal Szymonowicz [19]
Das Denkmal des armenischen Erzbischofs Grzegorz Michal Szymonowicz (1800–1875) ist ein Kunstwerk von Julian Markowski. In der kunstvoll geschaffenen Kapelle mit einem Frontteil im gotischen Stil sitzt in einer Nische die Figur des Erzbischofs. In technischer Vollkommenheit ist sein Ornat in Stein gearbeitet. Während der Sowjetzeit wurden viele Skulpturen beschädigt, so auch diese.

Schwestern des St. Josef-Ordens [20]
Grabdenkmalsstätte der Schwestern des St. Josef-Ordens, die im Lember-

ger Gebiet tätig waren. Ihre Kirche befand sich in der heutigen vul. Lysenka 45 (früher vul. Kurkova).

Zygmunt Gorazdowski [21]
Der im Juni 2001 durch Papst Johannes Paul II. heiliggesprochene Priester Zygmunt Gorazdowski (1845–1920) war der Gründer des Schwesternordens St. Josef und zahlreicher wohltätiger Einrichtungen in Lemberg, was ihm den Beinamen ›Vater der Armen‹ einbrachte. Gorazdowskis Grabstätte wird häufig von Ordensschwestern aus Polen und anderen Ländern aufgesucht.

Ehemalige Kapelle der Lemberger Grafenfamilie Dzieduszycki [22]
An dieser Stelle befand sich bis zum Jahre 1944 die Kapelle der Lemberger Grafenfamilie Dzieduszycki. Sie wurde als einzige bei einen Artielleriebeschuß im Jahre 1944 zerstört. Die Grafenfamilie hatte sich sehr um die Stadt Lemberg verdient gemacht. Sie gaben unter anderem finanzielle Unterstützung beim Bau der Kirche und des Klosters der Franziskanerschwestern – heute eine ukrainisch-orthodoxe Kirche – in der vul. Lysenka, sie unterstützten den Priester Gorazdowski beim Errichten des Altersheimes, eines Armenhauses und eines Heims für unheilbar Kranke. Dank ihrer Unterstützung konnte der Bildhauer Julian Markowski an der Wiener Kunstakademie studieren. Von der Grafenfamilie lebt noch Wlodzimierz Dzieduszycki in Breslau. Er ist bereits im fortgeschrittenen Alter und in Polen ein bekannter Künstler des Theaters, der Opernkunst und Kenner der Lemberger Folklore.

Grabmal des Gründers der galizischen Sparkassen

Julian Oktavian Zacharewicz [23]
Der bekannte Lemberger Architekt Julian Oktavian Zacharewicz (1837–1898) war der beste Freund des Architekten Leonard Marconi. Auf Spaziergängen durch die Stadt sind viele Bauwerke dieses großen Architekten und zugleich Professors der Lemberger Politechnischen Hoch-

schule zu bewundern. Die Grabgedenkstätte wurde im Stil der Pseudorenaissance vom Architekten selbst entworfen.

Franciszek Stefczyk [24]
Dieses neu restaurierte, weiße Grabdenkmal ist die Ruhestätte von Franciszek Stefczyk (1861–1924). Der Bildhauer Andrzej Albrycht (Andreas Albrecht), der mit dem bekannten Lemberger Bildhauer Henryk Perier zusammenarbeitete, schuf dieses Denkmal. Franciszek Stefczyk war unter anderem der Gründer der galizischen Sparkassen, aus denen sich heute in Polen die sogenannten Genossenschaftsbanken ›Skok‹ herausgebildet haben. Jährlich treffen sich am 14. Juli an dieser Gedenkstätte alle Direktoren dieser Bankeinrichtung aus verschiedenen polnischen Städten und gedenken ihres Gründers.

Franciszek Smolka [25]
Dieses einfache eiserne Grabdenkmal steht auf der Ruhestätte eines großen galizischen Staatsmannes, Franciszek Smolka (1810–1899). Smolka stammte aus Schlesien (Oppeln), seine Frau Leokarde (1815–1861), die ebenfalls hier begraben ist, war deutscher Abstammung. Smolka war in Lemberg eine hochgeschätzte Persönlichkeit. Er war der Initiator der Aufschüttung des Gedächtnishügels auf dem Schloßberg anläßlich des 300. Jahrerstages der Lubliner Union (1869). Es gehört zur Stadtlegende, daß man diesen damals bereits älteren Herrn über Jahre hinweg oft in seiner Freizeit mit verschwitzter Stirn angetroffen hat. Eigenhändig soll er die mit Erde beladene Schubkarrre hinauf zum ›Kopiec‹ geschoben haben.

Volodymyr Ivasjuk [26]
Dieses immer mit frischen Blumen und angezündeten Grablichtern bunt geschmückte Denkmal zeigt die Gestalt des bekannten ukrainischen, in Lemberg geborenen Komponisten Volodymyr Ivasjuk (1949–1979). Sein Musikwerk ›Červona Ruta‹ ist als Hymne auf die Ukraine heute weiterhin populär. Er wurde wahrscheinlich durch den KGB ermordet. Man fand ihn aufgehängt an einem Baum im Lemberger Wald. Die genauen Umstände seines Todes sind bis heute rätselhaft.

Abstecher zu den Kriegsfriedhöfen

Wer hinter dem Grab von Zacharewicz den Weg weiter geradeaus geht, gelangt zu zwei Kriegsfriedhöfen mit sehr unterschiedlicher Geschichte.

Zu Beginn des 20. Jahrhunderts verschärfte sich der polnisch-ukrainische Konflikt in Lemberg erheblich. Als die drei Großmächte Rußland, Österreich-Ungarn und Deutschland am Ende des Ersten Weltkrieges zusammenbrachen, führte diese Situation zwischen den Polen und Ukrainern zum offenen Krieg um den Besitz Ostgaliziens. In der Nacht vom 31. Oktober zum 1. November 1918 griffen ukrainische Truppen zentrale Punkte der Stadt an. Sie trafen auf den entschlossenen Widerstand der Polen. Zu dieser Zeit waren jedoch keine polnischen Truppen in Lemberg. Am 2. November 1918 war in Lemberg ein großes Zusammentreffen aller polnischen Pfadfinder geplant, und alle Teilnehmer waren bereits in Lemberg eingetroffen. Und sie waren es, die zusammen mit polnischen Gymnasiasten im Alter von 13 bis 20 Jahren die Stadt in einem dreiwöchigen Kampf verteidigten, vom 1. bis zum 22. November 1918, bevor Verstärkung durch die polnische Armee aus Krakau und Przemysl zu Hilfe kam. Man könnte auch von einem Bruderkrieg sprechen. Die Kinder polnisch-ukrainischer Eltern entschieden selbst, ob sie als Polen oder Ukrainer leben wollten. So entstand die Situation, daß aus solch einer Lemberger Familie ein Sohn auf polnischer, der andere auf ukrainischer Seite in diesem Kampf sein Leben einsetzte. Im Kampf um die Verteidigung Lembergs fielen 1918/19 insgesamt mehr als 2000 polnische Pfadfinder und Lemberger Kinder sowie fast 1100 ukrainische Sič-Schützen, von denen viele ebenfalls sehr jung waren.

Vor dem polnischen Kriegsfriedhof der ›Gefallenen im Verteidigungskampf um die Stadt Lemberg 1918/19‹, der im Jahre 1925 entstand, wurde im Jahre 1998 begonnen, den symbolischen ›Kriegsfriedhof der Kämpfer der Ukrainisch-Galizischen Armee‹ (UGA) sowie den Ehrenhain der ›Gefallenen im Verteidigungskampf um Lemberg 1918/19‹ zu errichten. Der Kriegsfriedhof der ukrainischen Sič-Schützen, der Teilnehmer am Verteidigungskampf um Lemberg 1918/19 und auch später Gefallener, befindet sich auf dem Janivs'ke-Friedhof. Das Projekt des Kriegsfriedhofes auf dem Ličakivs'ke-Friedhof wurde von den ukrainischen Bildhauern M. Posikiry, D. Krvavyč und dem Architekten M. Fedyka geschaffen.

Der ukrainische Ehrenhain

Zwei Ehrenhaine des Denkmalskomplexes sind bereits nahezu fertiggestellt. Linker Hand befindet sich ein halbrundes Mahnmal aus braunen Marmorplatten mit goldenen Inschriften. Es sind die Namen junger Gefallener, deren Gräber sich auf dem Lyčakivs'ke-Friedhof befanden. Die Inschrift lautet: »Sie starben für den ukrainischen Staat«. Links befindet sich die Aufschrift »Als sie starben, läuteten keine Glocken – niemand beweinte sie«. Es folgen die Aufschriften »Eisernes Verdienstkreuz der 3. Schützendivision«, »Huzulisches Ukrainisches Legionskreuz der Sič-Schützen«, »Ritterorden zum Eisernen Kreuz der Armee der Ukrainischen Volksrepublik«, das »Galizische Kreuz« – eine militärische Ehrenauszeichnung der Ukrainischen Galizischen Armee –, der »Symon Petlura-Orden«, das »Mazepa-Kreuz« und das »Kriegskreuz der ukrainischen Sič-Schützen«. Unter jeder Inschrift befinden sich vier Marmorplatten mit den Namen von jeweils zehn Gefallenen. Es folgt das Direktoriumskreuz – eine militärische Ehrenauszeichnung der ›Vereinten Ukrainischen Erde‹, der Halbkreis endet rechts mit der Inschrift »Ihr Blut bedeckt die Erde im Tal, der Ruhm der Sičen stirbt nie«.
Rechter Hand steht eine Granitsäule, die von der Statue des heiligen Michael gekrönt wird. An der Säule die goldene Aufschrift: »Den Kämpfern der Ukrainisch-Galizischen Armee« sowie »Den Gefallenen im Verteidigungskampf um Lemberg 1918–1919«.

Der heilige Michael auf der Säule im ukrainischen Ehrenhain

Der ukrainische Ehrenhain

Links von der Gedenksäule befindet sich die Gedenktafel von Dr. Alexander Tysowski-Drot (1886–1968), Gründer der Ukrainischen Pfadfinderorganisation ›Plast‹ im Jahre 1911: »PLAST ist unser Stolz und Traum – /dem lieben Vaterland gehört unsere Tätigkeit«.

Außerdem befinden sich hier die Gedenktafeln von Irena Drot-Tysowski, geb. Studinski (1899–1971), Dr. Juri (1924–1988), Michalo Halučyns'kyj (1878–1931), Kommandant der Sič-Schützen, Dmytro Vitovs'kyj (1887–1919), Oberst der UGA, Staatssekretär für Militärangelegenheiten, der Westukrainischen Volksrepublik, Julian Čuman (1895–1919), Adjutant UGA.

Unter der Inschrift »Zu Ehren den Kämpfern der Ukrainischen Galizischen Armee gefallen im Verteidigungskampf um Lemberg 1918/1919« befindet sich der ukrainische Dreizahn.

Der polnische Kriegsfriedhof

Es geht nunmehr zum polnischen Kriegsfriedhof der ›Gefallenen im Verteidigungskampf um Lemberg 1918–1920‹ mit zahlreichen Kriegsgräbern. Die Wiederherstellung dieses 1971 von russischen Panzern zerstörten Friedhofes dauerte von 1989 bis 2001.
Die gefallenen polnischen Jugendlichen und die zu Hilfe gekommenen Kämpfer aus anderen polnischen Städten auf einem einzigen Friedhof zu begraben, sollte den Willen der Polen zur Vereinigung aller polnischer Gebiete aus den drei annektierten Regionen veranschaulichen. Bereits im November 1918 wurde damit begonnen, die Gefallenen zu begraben. Im Jahre 1921 wurde ein Wettbewerb für ein Projekt zur Gestaltung des Friedhofes ausgeschrieben. Rudolf Indruch, damaliger Architekturstudent im fünften Studienjahr an der Lemberger Polytechnischen Hochschule und selbt Teilnehmer am Kampf um Lemberg, erhielt den ersten Preis. Die Realisierung dauerte bis zum Ausbruch des Zweiten Weltkrieges. Auf den Tafeln der Gruften im Arkadengang befanden sich 72 Namen und kurze Lebensläufe von Kämpfern, deren Asche von den verschiedensten Orten des polnisch-ukrainischen Kampfes hierher überführt wurde. Die Arbeiten zur Errichtung der acht Katakomben leitete der bekannte Lemberger Architekt Anton Nastarowski.
Er leitete ebenfalls die Arbeiten zur Errichtung des Triumphbogens mit seinen zwölf Kolumnen. In der Mitte des Triumphbogens befanden sich die Ruhestätten fünf unbekannter kleiner Soldaten.
Die Ehrenwache am Triumphbogen hielten zwei mächtige Steinlöwen, die in ihren Pranken ein Schild mit der Aufschrift »Immer treu – Dir, Polen« hielten.
Auf dem Friedhof ruhten in Einzel- und Massengräbern 2859 polnische Kriegsteilnehmer. Unter ihnen befanden sich drei amerikanische Piloten sowie 17 französische Soldaten, von denen 16 später exhumiert und in ihre Heimat überführt wurden. Rechts der Katakomben befand sich das Denkmal eines amerikanischen Piloten aus dem Jahre 1925, links das Denkmal der französischen Infanterie aus dem Jahre 1938. Im Jahre 1925 wurde der Leichnam eines unbekannten polnischen Soldaten feierlich von der Grabstelle auf dem Friedhof der ›Kleinen Adler‹ (poln. Orląt) , wie dieser Kriegsfriedhof auch genannt wird, zum Grabmal des unbekannten Soldaten nach Warschau überführt.
Die Kriegshandlungen in den Jahren 1939 bis 1944 verursachten auf diesem Friedhof keine Zerstörungen. Die schlimmste Zeit kam, als sich Lemberg in den Grenzen der Sowjetunion befand. Seit dieser Zeit bemühte man sich, zielgerichtet und

systematisch die polnischen Spuren der Stadt zu verwischen. Besonders barbarische Handlungen trafen die Anlage am 25. August 1971, als sowjetische Panzer ganze Fragmente des Denkmals zerstörten. Auf 300 Gräbern, die sich an der östlichen Seite des Friedhofes befanden, wurde eine Asphaltstraße errichtet. Über den Katakomben entstanden Autowerkstätten, über den Gräbern eine Stadtmüllhalde. Alles wurde ummauert und mit Stacheldraht umzäunt.
Die Polen haben sich nie mit der mutwilligen sowjetischen Zerstörung des Kriegsfriedhofes abgefunden. Sie glauben fest daran, daß in der zivilisierten Welt Grabdenkmäler und Kriegsfriedhöfe einem rechtlichen Schutz unterliegen. Die russische ›Perestrojka‹ hat schließlich die Chance zur Rettung des Denkmals gegeben.
Nach langen polnisch-ukrainischen Verhandlungen und polnischer Finanzierung fuhren erstmals am 20. Mai 1989 Autobusse mit Facharbeitern sowie Geräten und Anlagen der Krakauer Firma ›Energopol‹ auf den Friedhof und begannen mit den Aufräum- und Restaurationsarbeiten. Im April 1990 wurde den Bauarbeitern der Firma ›Energopol‹ der weitere Zutritt vom Lemberger Stadtrat untersagt.
Im November wurde ein konkreter Aufbauplan vom Stadtrat beschlossen, und die Firma ›Energopol‹ konnte zurückkehren. Im Mai 1992 wurden die Arbeiten wieder unterbrochen – offiziell wegen abgelaufener Arbeitserlaubnis der polnischen Arbeiter. Aber die Arbeiten auf dem Kriegsfriedhof gingen von Hand weiter. Geleitet wurden sie von Eugeniusz Cydzik und polnischen Lemberger Bürgern. Aus dieser polnischen Gruppe bildete sich im Jahre 1994 der offiziell registrierte ›Polnische Verband der Sorge und Pflege für die Kriegsgräber in Lemberg‹ heraus. Am 16. Dezember 1994 wurde ein Protokoll mit dem Stadtrat unterschrieben. Laut diesem sollten die Arbeiten im Frühjahr 1995 fortgesetzt werden. Die ukrainische Seite hielt aber weder diesen Vertrag noch andere nachfolgende Verträge ein. Weitere politische und diplomatische Bemühungen führten im Endeffekt aber zum Wiederaufbau und der Rekonstruktion der Grabdenkmäler und der architektonischen Bauten des Friedhofes. Die Überreste zahlreicher Gefallener wurden exhumiert, unter ihnen alle, die in den Gräbern östlich sowie unter der Asphaltstraße, die die Sowjets durch den polnischen Kriegsfriedhof angelegt hatten, lagen. Die erneute feierliche Beisetzung fand im November 1998 statt. Diese Gräber befinden sich heute links und rechts der Kapelle.
Im April 1999 trafen sich auf dem polnischen Kriegsfriedhof die Präsidenten Polens und der Ukraine, Alexander Kwasniewski und Leonid Kučma, um die Haupt-Gedenkplatte

Der wiederhergesteltte polnische Kriegsfriedhof

einzuweihen. Dabei kam es zu einer Situation, die beinahe einen internationalen Skandal ausgelöst hätte. Die laut beiderseitigem Beschluß gefertigte Marmorplatte mit einer offiziellen Inschrift wurde am Vortage des Besuches beider Staatsmänner angebracht. Als beide Präsidenten am Tag der Einweihung vor diese Marmorplatte traten, die mit Blumen und Kranzgebinden geschmückt war, gelang es einem Lemberger Bürger sich der Platte zu nähern und die Gebinde etwas auseinanderzurücken. Der Schock war in den Gesichern beider Präsidenten zu sehen. Die originale Platte war in der Nacht ausgetauscht worden. Anstelle der Inschrift »Den unbekannten polnischen Kämpfern, gefallen im Kampf um die Unabhängigkeit Polens« stand auf der heimlich angebrachten Platte zu lesen: »Den unbekannten polnischen Kämpfern – gefallen im polnisch-ukrainischen Krieg 1918–1919«. Die originale Platte fand man noch am selben Tag.

Durch die bis heute anhaltenden Unstimmigkeiten und Erschwernisse, die vor allem seitens des Stadtrates bereitet werden, ist es bisher noch nicht zur offiziellen Einweihung des Kriegsfriedhofes gekommen. Auch der polnische Präsident Alexander Kwasniewski sagte einen geplanten Besuch im Jahre 2002 ab.

Für Besucher ist der polnische Kriegsfriedhof geöffnet. Das Interesse an der Geschichte der hier Begrabenen und der Geschichte des polnischen Kriegsfriedhofes ist nicht nur bei den Polen, sondern auch bei vielen anderen Besuchern sehr groß.

Dritter Rundgang

Diese Route ist die kürzeste von allen. Aber auch sie führt zu interessanten sakralen Gedenkstätten.

Grabmal der Franziskanerschwestern [1]
Die Kirche und das Kloster der Franziskanerschwestern befanden sich bis zum Zweiten Weltkrieg in der heutigen vul. Lysenka 41, heute gehört das Gebäude der autokephalen orthodoxen Kirche, und im Kloster befindet sich das ukrainisch-orthodoxe Seminarium. Das Lemberger Kloster spielte eine wichtige geschichtliche Rolle, zahlreiche Ordensstiftungen nahmen hier ihren Anfang.

Gedenkstein Jurek Briczan [2]
Der Gedenkstein erinnert an den Tod des jüngsten polnischen ›Kleinen Adlers‹, der am 20. November 1918 im Alter von nur 14 Jahren fiel, Jurek Briczan. Sein Leichnam ruht in den Katakomben des Kriegsfriedhofes ›Kleine Adler‹.

Mausoleum der Familie Barczewski [3]
Das Mausoleum der Familie Barczewski ist die teuerste und zugleich schönste Familiengruft auf dem Ličakivs'ke-Friedhof. Es wurde im Jahre 1885 im pseudobyzantinischen Stil nach den Entwürfen Vladyslav Halyc'kyjs von der Bildhauerwerkstatt Leopold Schimser gebaut. Es ist ein Kunstbauwerk, das den griechischen und orthodoxen Sakralbauten ähnelt. Der Stifter war einer der reichsten Menschen Podoliens, Probus Piotr Wlodzimierz Barczewski (1833–1884). Für den Kauf des Grundes und das Errichten des Mausoleums sah Probus Barczewski 50 000 Gulden vor. Im Inneren des Mausoleums wurde auf Wunsch des Stifters eine Gemäldegalerie mit reliösen Bildern, die aus der eigenen Sammlung Barczewskis stammten, eingerichtet. Über dem Eingang zur Kapelle befand sich ein Flachrelief mit Abbildung des heiligen Felix, des Schutzpatrons der Familie Barczewski, sowie das Familienwappen, auf dem Samson mit dem Löwen zu sehen ist.
Nach Beendigung der Bauarbeiten fanden in der Gruft unter der Kapelle die Leichname seiner Verwandten ihre letzte Ruhestätte. Probus Barczewski selbst hat nie geheiratet und hatte keine eigene Familie.
Mit dem Tod seiner jüngeren Schwester im Jahre 1900 endete der Familienstammbaum der Familie Barczewski. Ihr Leichnam wurde aus Paris in dieses Mausoleum überführt. Noch während des Zweiten Weltkrieges und vielleicht auch später wurde es ausgeplündert und sein wertvolles Inneres komplett zerstört.

Familie Schimser [4]
An dieser Stelle befindet sich das Familien-Grabdenkmal der bekannten Lemberger Bildhauerfamilie Schimser.

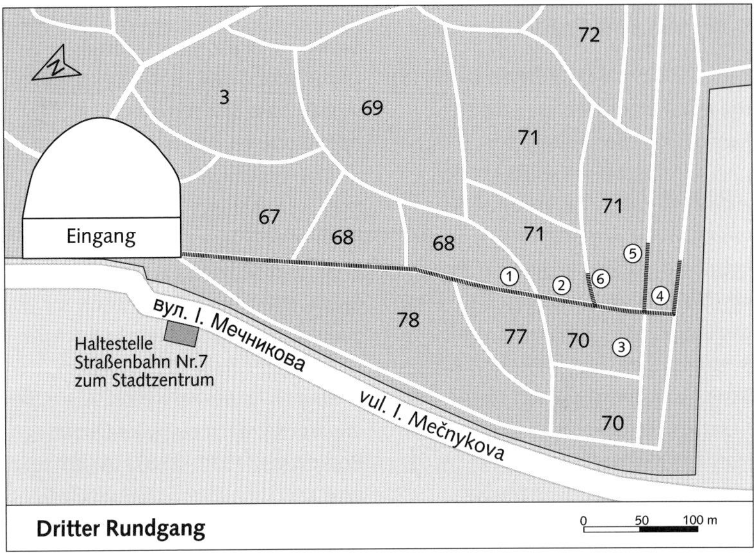

Dritter Rundgang

Adam Heydel [5]
Der Architekt Leonard Marconi schuf auf dem Ličakivs'ke-Friedhof nur wenige sakrale Denkmäler. Ein Kunstwerk ist jedoch diese Grabgedenkstätte im Stil eines antiken Tempels für den jungen Baron Adam Heydel (1846–1887). In ganz Galizien war er als ein ausgezeichneter ›Hausherr‹ und noch mehr als Eigentümer eines ausgezeichneten Rennpferdestalles bekannt. Auf der Grabtafel steht: ›Dieses Grabmal wurde für meinen einzigen Sohn im Jahre 1887 von Waleria von Podlewski Baronin Heydel errichtet.‹

Piotr Krzeczunowicz [6]
Grabmal des bekannten Lemberger Chirurgen Piotr Krzeczunowicz (1819–1887). In ihm haben ebenfalls seine Gattin Anna (1835–1907) sowie sein Sohn Wlodzimierz (1862–1925) – er war gleichfalls Arzt – ihre letzte Ruhestätte. Die interessante Gestaltung des Grabdenkmals lenkt das Augenmerk des Vorübergehenden auf sich. In einer Kapelle aus Sandstein sitzt auf einer Bank in natürlicher Größe eine junge Frau, geschnitzt aus weißem Alabaster. Die linke Hand auf das Knie gestützt, hält sie in der rechten eine Lampe aus Alabaster mit geschnitzter Flamme.

Vierter Rundgang

Familienkapelle Dunin-Borkowski [1]
Diese auf einer Anhöhe errichtete Familienkapelle zählt zu den ältesten und architektonisch wertvollsten auf dem Ličakivs'ke-Friedhof. Sie wurde im Jahre 1812 für den Grafen Leonhard Wincenty Dunin-Borkowski (1768–1839) errichtet. Der Name des Baumeisters ist unbekannt. Bekannt ist der Schöpfer der beiden Skulpturen zwischen den korinthischen Kolumnen, der Bildhauer Hartman Witwer. Links steht auf einem Podium eine traurig-nachdenkliche Jungengestalt mit einem sehr muskulösen Körper und bekleidet in einem leichten Tuchgewand. Auf der rechten Seite steht die Skulptur einer Weinenden, die ihr Gesicht mit einem Tuch verdeckt. Der Stifter kommt aus einer polnischen, bürgerlichen Familie. Aus ihr stammen für das polnische Reich gesellschaftlich aktive Persönlichkeiten, Gelehrte, Literaten, Handwerker und Armeeangehörige, unter ihnen der bekannte Schriftsteller Alexander Friedrich Dunin-Borkowski (1811–1896). Er war unter dem literarischen Pseudonym Leszek bekannt, studierte Recht und Philosophie und war Forscher der altindischen Literatur.
Unter den vielen Persönlichkeiten, die aus der Grafenfamilie Dunin-Borkowski hervorgegangen sind, soll auch Josef Dunin-Borkowski (1809–1843) genannt werden. Er starb mit 33 Jahren an Tuberkulose. Er war Übersetzer der deutschen, rumänischen und türkischen Sprache, interessierte sich für die Geschichte des Altertums, schrieb Artikel für die moldauische Tageszeitung und vieles andere. Man sollte auch Mieczyslaw Dunin-Borkowski (1815 – 1888) nennen. Er war ein anerkannter Chemiker, Absolvent der Wiener Politechnischen Hochschule und Besitzer eines Chemielabors, in dem er Arznei herstellte. Wie viele andere war auch Ludwika Dunin-Borkowska (1814–1887) in Lemberg eine anerkannte und sehr verehrte Persönlichkeit. Sie gründete eine Stiftung ihres Namens, die es erlaubte, über viele Jahre hinweg die ›Volksküche‹ finanziell zu unterstützen.

Henryk Mosing [2]
Der Lemberger Priester und Professor Henryk (Heinrich) Mosing (1910–1999) war ein ungewöhnlicher Arzt und geschätzter Gelehrter. Der Epidemiologe, der am Institut Emil von Behring arbeitete, war der wichtigste Mitarbeiter des Institutsleiters, des bekannten Bakteriologen Professor Rudolf Weigel. Professor Weigel war der Entdecker der Methode zur Züchtung von Erregern im lebenden Organismus der Kleiderläuse, Entdecker des Flecktyphuserregers und Erfinder der ersten erfolgreichen Schutzimpfung gegen diese Krankheit.

Dymitry Gojan [3]
Das ausdrucksvolle Grabmal auf der Ruhestätte des Priesters Dymitry Gojan (1816–1858) schuf der Bildhauer Pawel Eutele. Der Künstler schuf in natürlicher Größe die leidende Gestalt Christi unter der Last des Kreuzes.

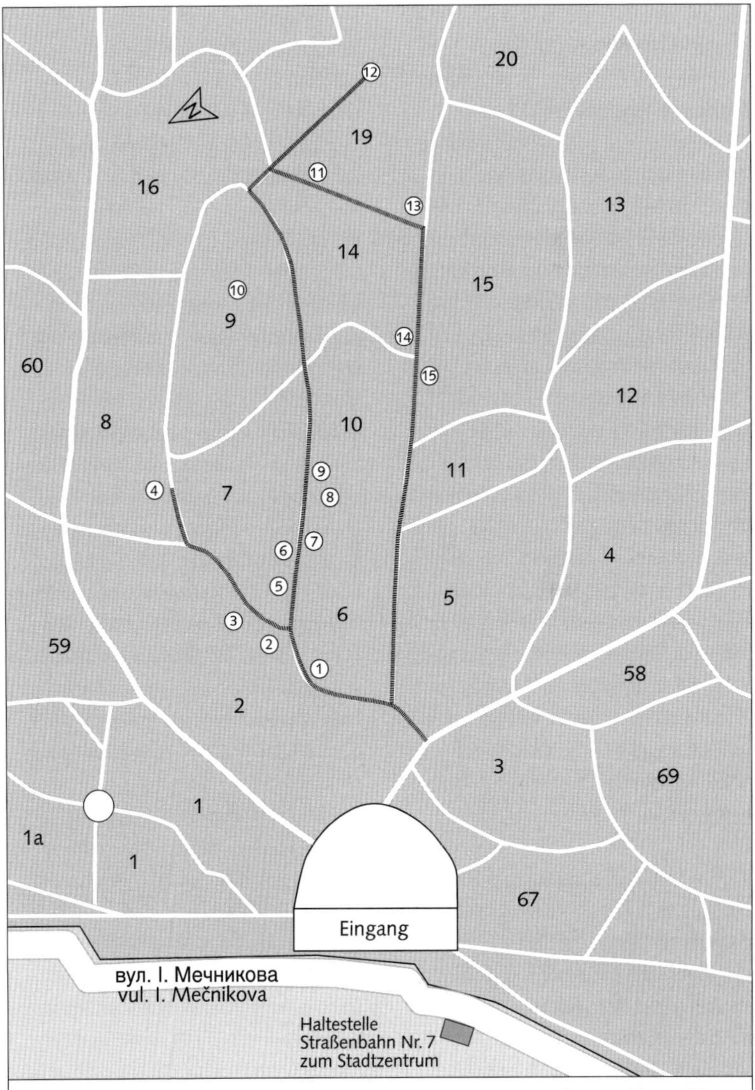

Vierter Rundgang

Celestyna Czajkowska [4]
Ein Motiv des Bildhauers Pawel Eutele sind die Grabmäler schmückenden Engel mit einer erlöschenden Fackel. Solch eine Engelplastik finden wir auf der Grabstätte von Celestyna Czajkowska (1835–1854).

Franz von Hauser [5]
Dieses etwas abseits vom Wege stehende pompöse Grabdenkmal ist die Grabgedenkstätte des kaiserlichen Gouverneurs von Galizien und Lodomerien, Baron Franz von Hauser (1757–1822). Sie wurde vom Bildhauermeister Anton Schimser geschaffen. Das Denkmal ist eine Kopie des bekannten Grabmals von Papst Clemens XIII. Über dem Eingang zum Mausoleum wurde ein großer Kranz aus Eichenblättern, das Symbol der Kraft, des Glaubens und des Rechts, angebracht. Im Kranzinneren befindet sich eine lateinische Inschrift. Vor dem Eingang ruhen auf einem erhöhtem Podium zwei mächtige Löwen. Der rechte, den Kopf auf seine starken Pranken gelegt, scheint zu schlafen, der linke hat die Position eines Beobachters eingenommen.

Kajetana Gryyf-Czajkowski [6]
Ein weiteres Motiv Pawel Euteles sind die weinenden Frauengestalten, angelehnt an eine Säule oder einen Sockel unter dem Kreuz. Ein solch sakrales Denkmal schuf der Bildhauer auf dem Grabmal von Kajetana Gryyf-Czajkowski (1787–1859).

Familien Bräuer, Tränkel und Weigel [7]
Den großen Bildhauer Anton Schimser interessierten in seinen sakralen Werken vor allem Kompositionen von Skulpturgruppen. Die bis heute zu den hervorragendsten Kompositionen zählende allegorische Gruppe schmückt das Grab dreier Lemberger Bürgerfamilien, der Familien Bräuer, Tränkel und Weigel. Josef Bräuer (1808–1877) war ein reicher Kaufmann, Präsident der Lemberger Industrie- und Handelskammer, Abgeordneter des Landtages und Wiener Parlamentes und Eigentümer großer Mietshäuser in Lemberg. Seine Gattin Joanna, geborene Tränkel, war eine bekannte Lemberger Philanthropin und Stifterin eines Kinderheimes.
Neben der Urne stehen drei lebensgroße Steinfiguren: Tod, Sorge und Schmerz. Während der geflügelte Tod in seiner rechten Hand ein Bund mit drei Mohnkapseln hält, hält seine linke die Hand der jungen Frau, aus deren Gesicht Traurigkeit, aber zugleich auch Vertrauen spricht. Neben ihnen steht eine Jungengestalt im griechischen Gewand. In vorgebeugter, trauernder Haltung hält er einen Tränenbecher (lacrimarium) mit beiden Händen.

Julianna Newater [8]
Ein weiteres interessantes sakrales Kunstwerk schuf der Bildhauer Anton Schimser als Grabdenkmal auf der Ruhestätte von Julianna Newater,

geborene Schabinger. Die Göttin der Nacht geht auf die eine Treppe herunterkommende junge Frau zu und möchte ihr die mit Sternen verzierte Krone abnehmen. Die junge Frau hält diese fest, sie symbolisiert damit das irdische Leben. Dieser Szene sieht ein abseits stehender kleiner geflügelter Knabe – der Tod – zu. Seine Stirn ziert ein Diadem mit dem brennenden Feuer der Ewigkeit. Mit seiner linken Hand hält er einen über die Schulter geworfenen Palmenzweig fest, und mit der rechten zeigt er auf diesen wie auf einen gewonnenen Preis. Symbolisiert im klassizistischen Kunststil ein Palmenblatt den Sieg, so stellt es hier das Symbol der Gerechtigkeit, der Jungfräulichkeit und des moralischen Sieges dar.

Julianna Schrangner [9]
Das Grabdenkmal für seine verstorbene Gattin Julianna Schrangner, geborene Zifitlich, bestellte der deutsche Kaufmann Paul Schrangner. Hartman Witwer schuf Anfang des 19. Jahrhunderts dieses Grabmal.

Franz Heinrich Richter [10]
Auf dem Grabmal des Buchhändlers, Druckerei-Eigentümers und Verlegers Franz Heinrich Richter (1837–1883) schuf Julian Markowski eines seiner beliebten Motive, einen Engel. Das Augenmerk fällt zuerst auf die hervorragend und präzise gearbeiteten Flügel. Die Engelsgestalt steht vor einem Felsen, und mit einem Ritzel in der rechten Hand zeichnet er das Zeichen eines Kreuzes über dem Namen des Verstorbenen. Mit dem linken Arm stützt er sich auf einen Felsvorsprung, seine Hand stützt den nach vorn gebeugten Kopf mit dem traurigen Gesicht.

Kapelle der Familie Centner [11]
Diese im Stil der Neogotik errichtete Kapelle der Familie Centner wurde nach Plänen von J. Lewinski errichtet. Aus der Familie stammen mehrere ausgezeichnete Armeeangehörige und Wojewoden. Wahrscheinlich kamen sie bereits im 16./17. Jahrhundert aus Schlesien in die Westukraine.

Kriegsfriedhof der Aufständischen 1863/64 [12]
Einer der bekanntesten Orte des Ličakivs'ke-Friedhofs ist in seinem ältesten Teil die Anhöhe, auf der sich der polnische ›Kriegsfriedhof der Aufständischen 1863/64‹ befindet. Er wird auch der ›Friedhof der Januaraufständischen‹ genannt. In 18 Reihen, unter eisernen schwarzen Kreuzen ruhen 230 Kriegsveteranen, ehemalige Aufständische. Am Eingang steht das Denkmal des legendären Fahnenträgers Szymon Wizunasa Szydlowski (gestorben 1906). Das Denkmal schuf der Bildhauer Alexander Zagórski im Jahre 1906.
In den 1860er Jahren, als mehrere tausende polnische Aufständische sich irgendwo in Europa aufhielten

oder in anderen Kämpfen ihr Leben lassen mußten, wurde auf dem Ličakivs'ke-Friedhof ein symbolisches großes ›Kreuz der gefallenen Aufständischen 1863/64‹ errichtet. Im Jahre 1887 entstand der Verband

Denkmal des Fahnenträgers auf dem Friedhof für die Januaraufständischen

der Veteranen 1863/64, aus dem sich im Jahre 1888 die ›Gesellschaft der Gegenseitigen Hilfe für die polnischen Aufständischen aus den Jahren 1863/64‹ herausbildete. In den 1880er Jahren erreichte die Gesellschaft beim Lemberger Stadtrat die Zuweisung dieses Quartieres für die Januaraufständischen. Das schöne Grabdenkmal sowie die eisernen Kreuze wurden in den Jahren 1984/85 erneuert.

Stanislaw Skarbek [13]
In dieser Grabstätte wurde im Jahre 1848 Graf Stanislaw Skarbek (1780–1848), der Erbauer des Skarbek-Theaters, heute M. Zan'kovec'ka-Theater, beigesetzt. Seine Urne wurde später ins Familiengrab außerhalb Lembergs überführt.

Antoni Amor hrabia Tarnowski [14]
Der Bildhauer Pawel Eutele ist der Schöpfer dieses Grabdenkmals. Auf dem kunstvoll mit Flachreliefs von militärischen Emblemen geschmückten Sakrophag ruht seit über 150 Jahren ein mächtiger Steinlöwe. Auf der Inschrift ist zu lesen, daß dies die Grabgedenkstätte des Generalmajors der österreichisch-königlichen Armee, Antoni Amor hrabia (Graf) Tarnowski (1777–1843), ist.

Mathias Bauer [15]
Dieses Denkmal schuf der Bruder des Bildhauers Anton Schimser, Johann. Sein interessantestes Grabdenkmal auf dem Ličakivs'ke-Friedhof ist die sogenannte ›Gruppe des Mathias Bauer‹, Ratsmitglied und Stadtbürger Lembergs.
Der Bildhauer bringt den Schmerz und das Leiden der hinterlassenen Familie zum Ausdruck, die zum Grabe des Vaters und Ehemannes gekommen ist.

Henryk Mosing

Henryk Mosing widmete, ebenso wie sein Lehrer, der bekannte Professor Rudolf Weigel, sein wissenschaftliches Leben der Erforschung und Bekämpfung des Flecktyphus. Er wurde nach Erlangen des Arztdiploms sehr schnell der Assistent Weigels und das Ergebnis dieser Arbeiten war seine mit Auszeichnung geschriebene Doktorarbeit zum Thema: ›Epidemische und serologische Untersuchungen zum Fleckentyphus‹. Nach Ausbruch des Zweiten Weltkrieges blieb er in Lemberg, wo er sich am Institut weitreichenden wissenschaftlichen, gesellschaftlichen und geistigen Tätigkeiten widmete. Während der deutschen Okkupation Lembergs gelangten dank der vertrauensvollen Zusammenarbeit mit Professor Weigel und den anderen wissenschaftlichen Mitarbeitern die im Institut hergestellten Impfstoffe gegen den Flecktyphus nicht nur in die Hände der Okkupanten, sondern ebenso in die Abteilungen der polnischen Untergrundbewegung, ins Lemberger Arbeitslager in der vul. Janivs'ka und ins Warschauer Ghetto.

Im März 1944 mußte Professor Weigel Lemberg verlassen. Dr. Mosing übernahm die Führung des Institutes, das den Namen ›Epidemologisches Institut‹ erhielt. Im Jahre 1956 erhielt er von der sowjetischen Führung den Doktortitel der medizinischen Wissenschaft der UdSSR. Dank der epidemiologischen Tätigkeit Dr. Mosings wurde der Flecktyphus in der Sowjetunion bekämpft.

Henryk Mosing war nicht nur ein angesehener Forscher, sondern auch ein tief religiöser Mensch, der Kranken die Kraft des Glaubens vermittelte, die vielen half, Mut zum Überleben zu schöpfen. Mosing übernahm die Pflege obdachloser Kinder und half ihnen, eine Ausbildung zu erreichen oder ein Studium abzuschließen.

Als Dr. Mosing im Jahre 1960 die erste Genehmigung erhielt, in die damalige Volksrepublik Polen zu reisen, erhielt er unter größter Geheimhaltung in Warschau, im gemeinsamen Einverständnis mit dem Erzbischof und Krakauer Metropoliten Karol Wojtyla, vom polnischen Kirchenoberhaupt Kardinal Stefan Wyszynski die Priesterweihe.

Die letzten fünf Jahre seines Lebens verbrachte Priester Dr. Henryk Mosing unter großen physischen Leiden, die er stillschweigend ertrug. Auch in diesen schweren Momenten war seine Wohnungstür für Hilfesuchende nie geschlossen. Er verstarb am 27. November 1999. Zu den Trauerfeierlichkeiten in der Lemberger Lateinischen Kathedrale wurde ein Abschiedsbrief vom Papst Johannes Paul II. verlesen.

Lemberg-Informationen

Allgemeines

Apotheken

In Lemberg gibt es sehr viele moderne, vor allem private Apotheken, in denen man gut beraten wird. In jeder ukrainischen Apotheke bekommt man heute gute in- sowie ausländische Medikamente.

Banken/Bankautomaten

Das ukrainische Banksystem ist seit der Zusammenarbeit mit westeuropäischen Banken zunehmend besser organisiert. Die wichtigsten Adressen Lemberger Banken mit Auslandsverbindungen sind:

▸ Ukrainische Nationalbank, vul. Kopernika Nr. 4, Ukrainische Ošatinbank, vul. Sičovych Stril'civ 1 (2. Etage).

▸ Westukrainische Commerzbank, vul. Levic'koho 67.

▸ Raiffeisenbank, vul. Ivana Franka 12.

Reiseschecks, EC-Karten und Kreditkarten wie American Express oder Visa werden in Banken sowie in Hotels und in zunehmender Zahl in Restaurants und Geschäften akzteptiert. In den Hauptstraßen der Stadt stehen viele Bankautomaten und Wechselstuben zur Verfügung.

Fotogeschäfte

Im Zentrum der Stadt Lemberg gibt es zahlreiche Fotogeschäfte, in denen ein reichhaltiges Angebot an Qualitätsfilmen für Foto- und Videoapparate angeboten wird: ›Euro-Foto‹, ›Kodak-Express‹, ›Fujdschi-Film‹ oder ›Foto Quelle‹. Eine Farbfilmentwicklung dauert ca. 2 Tage. Farbfilme kosten ca. 2 Euro, Abzüge je nach Größe ca. 25 Cent pro Foto.

Internetcafés

In Lemberg befinden sich sehr viele Internetcafés, das ›San Remo‹ ist das größte. Es ist 24 Stunden geöffnet und befindet sich 10 Minuten vom Zentrum entfernt, in der vul. Zelena, nicht weit von der evangelisch-baptistischen Kirche in der gleichen Straße.

Information

Die Touristeninformation Lembergs befindet sich in der vul. Pidvalna 3, im Internet findet man sie unter www.tourism.lviv.ua. Leider hat sie außer einem Stadtplan und einigen kleinen Broschüren nicht viel anzubieten. Wer sich beispielsweise über aktuelle Veranstaltungen informieren möchte, sollte lieber einen Blick auf die an vielen Orten der Stadt aushängenden Veranstaltungsplakate werfen, die für den jeweils laufenden Monat gelten. Wer des Ukrainischen mächtig ist, kann sich natürlich auch über die Tageszeitungen informieren.

Es gibt zahlreiche Wechselstuben

Im Internet bietet die Seite www.lviv-best.com auf Ukrainisch, Russisch und Englisch Informationen zur Geschichte und Kultur der Stadt sowie einen Stadtplan, auf dem unter anderem auch Hotels und Restaurants zu finden sind. Auch auf der Seite der Stadtverwaltung, www.city-adm.lviv.ua (mehrsprachig, auch deutsch), finden sich zahlreiche nützliche Links.

Öffentliche Verkehrsmittel

Das Lemberger Verkehrsnetz ist sehr gut ausgebaut. Straßenbahnen, Trolleybusse, Kleinbusse (Maršrutka) und Busse verkehren von 6 Uhr morgens bis um Mitternacht. Die Fahrscheine werden im jeweiligen Verkehrsmittel beim Schaffner bzw. in den Kleinbussen beim Fahrer, der zugleich Schaffner ist, gekauft. Der Fahrpreis in den Trolleybussen sowie in den Straßenbahnen beträgt pro Person 50 Kopeken, im Kleinbus pro Person 80 Kopeken. Die Kleinbusse halten nicht nur an den vorgegebenen Haltestellen, sondern auch überall dort, wo jemand ein- oder aussteigen möchte. Eine Übersicht über das Straßenbahnnetz befindet sich auf der hinteren Klappkarte in diesem Buch.
So wie einst stehen die Taxis und

warten auf die Fahrgäste, aber heutzutage können es sich nicht mehr viele Lemberger leisten, mit dem Taxi zu fahren. Es gibt eine große Anzahl von Privattaxis, aber viele dieser Autos sind oft in einem schlechten (und schmutzigen) Zustand. Bei Privattaxis sollte man vorsichtig sein. Mit den Fahrern muß der Preis vor Antritt der Fahrt ausgehandelt werden, sonst kann es passieren, daß man, einmal als Ausländer erkannt, einen Preis zahlt, der höher als in westlichen Ländern ist.
Auf Lembergs Straßen fahren auch halbstaatliche Taxis. Diese modernen Autos besitzen schwarz-gelbe Quadrate und große Nullen auf der Seitenkarosserie. Mit diesen kommt man bequem und schnell ans Ziel. Abgerechnet wird der Preis, den der Taxameter anzeigt.

Öffnungszeiten

Während sehr viele Geschäfte, die Supermärkte sowie Bauernmärkte sehr früh öffnen, sind in der Regel die größeren Geschäfte, Kaufhäuser und Institutionen von 10 bis 20 Uhr geöffnet. Lebensmittelgeschäfte sind auch am Samstag und Sonntag geöffnet. Die Museen und Ausstellungen öffnen normalerweise um 11 Uhr, Restaurants und Cafés oft um 10 Uhr.

Post

Das Lemberger Hauptpostamt befindet sich in der Nähe des pr. Svobody, in der vul. Slovac'ka und bietet die

Die Straßenbahn ist allgegenwärtig

einzige Möglichkeit, außerhalb der Hotels Faxe zu versenden. Im Postamt kann man auch Telefonkarten kaufen. Dabei muß man beachten, daß es Telefonkarten für Stadtgespräche sowie Telefonkarten für Auslandsgespräche gibt (siehe auch ›Telefon‹). Außer der Hauptpost gibt es in der Stadt noch einige kleine Postämter. Briefmarken sind ausschließlich in den Postämtern erhältlich. Ein Brief oder eine Postkarte ins Ausland braucht bis zu 10 Tage.

Stadtpläne

Ein reichhaltiges Angebot an Landkarten sowie Stadtpläne und Ansichts- und Postkarten erhält man in Buchhandlungen. Die größte Buchhandlung befindet sich am pl. Mickevyča.

Toiletten

Toiletten sind weiterhin ein leidiges Thema in der Ukraine und auch in Lemberg. Im Stadtzentrum befindet sich eine sehr empfehlenswerte öffentliche Toilette in der Mitte des Stadtboulevards. Eine öffentliche Toilette befindet sich auch neben dem Parkplatz am Schloßberg und am Eingang des Lyčakivs'ke-Friedhofs. Alle genannten Toiletten sind modern und sauber. Die Bezahlung beträgt 50 Kopeken. Neben den üblichen Symbolen erkennt man die Bezeichnung der Toiletten an den kyrillischen Anfangsbuchstaben: Damentoilette ›ж‹, Herrentoilette ›ч‹.

Unterkunft

Wie in allen Staaten der früheren Sowjetunion ist es auch in der Ukraine schwierig, Hotelzimmer zu angemessenen Preisen zu bekommen. Hotels der oberen Preisklasse sind meist überteuert, preiswertere Häuser strahlen oft noch einen gewissen sowjetischen Charme aus. In älteren Hotels gibt es erhebliche Preisunterschiede zwischen bereits renovierten und noch nicht renovierten Zimmern. In Lemberg sieht es etwas besser aus als im Rest des Landes. Nach und nach etablieren sich auch kleinere private Hotels, in denen man angenehm unterkommen kann. In der Regel fährt man am besten, wenn man vorab über einen Reiseveranstalter bucht, zumal eine Hotelbuchung oder die Angabe einer Privatadresse auch Voraussetzung für die Visaerteilung ist (siehe Reisetips von A bis Z). Die Preise werden zur besseren Vergleichbarkeit in Euro angegeben, wobei 1 Euro etwa 6,5 Ukrainischen Hryvnja entspricht. Zur Lage der einzelnen Hotels siehe hintere Klappkarte.

›Grand-Hotel‹

Sehr schönes traditionsreiches Luxushotel mit 60 Zimmern im Zentrum der Stadt. Außer zwei Restaurants und zwei Bars stehen ein Business- und Fitness-Zentrum zur Verfügung, ein Wagen mit Fahrer kann bestellt sowie Gäste vom Flughafen bzw.

Bahnhof abgeholt werden. Unter den Waggons auf der Zugstrecke L'viv–Kiev fährt der Schlafwagen des Hotels ›Grand-Tur‹, die Tickets für diesen Zug können im hoteleigenen Reisebüro gekauft werden.
Der Preis für eine Übernachtung beträgt ab 80 Euro für ein Standard-Einzelzimmer bis zu 130 Euro für ein Doppelzimmer, Suiten sind zwischen 150 und 230 Euro zu haben.
›Grand-Hotel‹, prospekt Svobody 13, 79000 L'viv, Tel. 0 03 80/3 22/ 72 40 42, Fax 76 90 60, grand@-ghgroup.com.ua, www.ghgroup.com.ua, vier Sterne.

Hotel ›Dnister‹

Das Hotel mit seinen 220 Zimmern wurde 1983 eröffnet. Es befindet sich in einem Plattenbau im Zentrum der Stadt, gegenüber der Lemberger Universität und ganz in der Nähe der St.-Georgs-Kathedrale. Vor dem Hotel befindet sich der Ivan-Franko-Stadtpark. Das Hotel wird von ausländischen Touristengruppen sehr gern besucht. Der Preis je Doppelzimmer beträgt zwischen 65 Euro und 130 Euro.
Hotel ›Dnister‹, vulycja Matejka 6, 790 00 L'viv, Tel./Fax 0 03 80/3 22/ 97 10 17, dnister@cscd.lviv.ua, www.dnister.lviv.ua/Home.html, vier Sterne.

Hotel ›Suputnyk‹

Komfortabler Plattenbau mit etwa 200 Zimmern, Café und mehreren Restaurants südwestlich des Stadtzentrums. Es gibt eine Sauna und verschiedene Tagungs- und Seminarräume. Es befindet sich ganz in der Nähe der Ausfahrtsstraße zur polnischen Grenze und wird von vielen ausländischen Touristen und besonders von Reisegruppen sehr gern besucht.
Mit der Straßenbahn Nr. 3 erreicht man das Zentrum in 15 Minuten. Doppelzimmer kosten je nach Kategorie 40 bis 70 Euro.
Hotel ›Suputnyk‹, vulycja Knjahyni Ol'hy 116, 79060 L'viv, Tel. 0 03 80/ 3 22/65 24 21, Fax 64 15 23, suputnyk@mail.lviv.ua, www.suputnyk.com, vier Sterne.

Hotel ›George‹ (›Žorž‹)

Das Hotel ›George‹ ist ein Hotel mit langer Tradition und ist aus dem Stadtbild Lembergs nicht wegzudenken. Es wurde 1901 vom berühmten Wiener Architektenduo Helmer und Felmer erbaut und besitzt einen warmen, alten und gemütlichen Stil. Ständig werden und wurden Modernisierungen in den 75 Zimmern vorgenommen und vor allem die Sanitäranlagen sowie Dusch-/Badezimmer modernisiert. Das Hotel befindet sich am zentralen Punkt der Stadt und wird von den ausländischen Touristen sehr gern besucht. Der Preis eines renovierten Doppelzimmers beträgt je nach Kategorie zwischen 60 und 80 Euro. Für die im noch ›alten Stil‹ eingerichteten Zimmer ohne eigenes Badezimmer beträgt der Preis

zwischen 25 (EZ) und 30 (DZ) Euro.
Hotel ›George‹ (›Žorž‹), plošča Mickevyča 1, Tel. 0 03 80/3 22/ 72 59 52, Fax 2 97 11 44, geoh@-mail.lviv.ua, www.georgehotel.-ukrbiz.net, drei Sterne.

Hotel ›Hetman‹

Das Hotel ›Hetman‹ befindet sich mit seinen 95 Zimmern in einem Plattenbau im Südwesten der Stadt, in einem Neubaugebiet. Mit der Straßenbahn Nr. 3 oder dem Kleinbus Nr. 73 fährt man 15 Minuten ins Stadtzentrum. In der Nähe des Hotels befindet sich das größte und beliebteste moderne Einkaufszentrum ›Pivdzjenje‹ (täglich von 10 bis 20 Uhr geöffnet). Die Preise je Zimmer betragen ab 25 (EZ) bis 65 (DZ) Euro.
Hotel ›Hetman‹, vulycja Volody-myra Velykoho 50, 79053 L'viv, Tel. 0 03 80/3 22/64 84 67, 64 85 74, Fax 64 84 72, hetman@-mail.lviv.ua, www.hetman.lviv.ua., drei Sterne.

Hotel ›Enej‹

Kleines, empfehlenswertes Hotel mit 14 komfortablen Zimmern direkt am Lyčakivs'ke-Friedhof. Das vor wenigen Jahren neu erbaute Hotel verfügt über ein Restaurant und eine Sauna. Empfehlenswert ist seine ukrainische wie auch internationale Küche. Alle Menükarten sind in deutscher Sprache ausgeschrieben. Zum

Hotel gehört auch ein Sommergarten mit Schwimmbasin. Gemütliche Atmosphäre und englischsprechendes Personal. Die Preise liegen bei 75 bis 105 Euro für ein Doppelzimmer. Hotel ›Enej‹, vulycja Šimzeriv 2, 79044 L'viv, Tel./Fax 0 03 80/3 22/ 76 87 99, 76 83 70, eney@mail.lviv.ua, www.eney.lviv.ua, drei Sterne.

Hotel ›NTON‹

Das relativ neue Hotel ›NTON‹ befindet sich 2,5 Kilometer vom Stadtzentrum entfernt in Richtung Flughafen. Den Gästen stehen 97 moderne Zimmer zur Verfügung. Vom Stadtzentrum ist das Hotel mit der Straßenbahn Nr. 7 (bis Endstation) in 15 Minuten direkt zu erreichen. Alle Zimmer haben Klimaanlage, Sat.-TV sowie ein modernes Badezimmer. Zum Hotel gehört ein bewachter Parkplatz, ein elegant eingerichtetes Restaurant sowie eine Tages- und Nachtbar. Die Zimmerpreise betragen 24 bis 65 Euro. Hotel ›NTON‹, vulycja Ševčenka 154, 79032 L'viv, Tel. 0 03 80/3 22/ 33 31 23, 33 71 72, 91 27 11, Fax 98 17 53, hotelnton@ukr.net, www.hotelnton.lviv.ua, zwei Sterne.

Hotel ›Volter‹

Das elegante Hotel öffnete im Jahre 2004. Es befindet sich 3,5 Kilometer nördlich vom Stadtzentrum an der Ausfahrtsstraße nach Kiev. Es ist mit der Straßenbahnlinie 6 (Endhaltestelle) und den Kleinbussen 14, 30 bequem zu erreichen. Das Hotel bietet Platz für 40 Personen. Zum Hotel gehören zwei Restaurants und ein bewachter Parkplatz. Die Zimmer Lux und Halblux haben ein Wohn- und Schlafzimmer sowie ein Badezimmer. Das Hotel eignet sich besonders für Dienstreisende sowie kleine Reisegruppen. Hotel ›Volter‹, vulycja Lypyns'koho 60a, Tel. 0 03 80/3 22/2 94 88 88, Fax 2 94 88 89, hotelvolter@ukr.net, drei Sterne.

Hotel ›Lion's castle‹ (Zamok Leva)

Kleines gemütliches Hotel in einem Schlößchen im englischen Stil aus dem 19. Jahrhundert, umgeben von einem alten Park. Etwa 2 Kilometer südlich des Stadtzentrums gelegen und mit den Straßenbahnen Nr. 3, 9 und 1 in 10 Minuten vom Zentrum aus zu erreichen. Das Hotel bietet freundliche Atmosphäre und gute Küche. Doppelzimmer kosten je nach Kategorie 60 bis 80 Euro. Hotel ›Lion's castle‹, vulycja Hlinky 7, 79012 L'viv, Tel. 0 03 80/3 22/ 38 61 16, 97 15 63, Tel./Fax 38 61 15, lions_castle@org.lviv.net, www.lions-castle.com.

Camping

In der gesamten Ukraine und auch in und um Lemberg gibt es nur sehr wenige Campingmöglichkeiten. Der einzige Campingplatz findet sich außerhalb der Stadt an der vul. Bohdana Chmel'nyc'koho, der Straße in Richtung Kiev. Dort werden auch spartanische Holzhäuschen vermietet.

Essen und Trinken

Im Stadtzentrum wie auch außerhalb des Zentrums erwarten moderne Restaurants und zahlreiche Cafés mit gemütlicher Atmosphäre ihre Gäste. Hier einige Tips:

■ Restaurants

Restaurant und Diskothek ›Niagara‹
Prospekt Svobody 5. 150 Plätze, 5 Säle, Menü-Karte in ukrainischer und englischer Sprache, Kreditkarten werden akzeptiert.

Restaurant ›Veža Kramariv‹ (Krämer-Turm)
Prospekt Svobody 16/18. Eigener Parkplatz, 120 Plätze, 6 Säle im fürstlichen Stil und Jägerstil, ukrainische und europäische Küche.

Schnellrestaurant ›Titanic‹
Vulycja Teatral'na 4/6. 70 Plätze, 3 Säle, zum Teil auch Selbstbedienung, Kreditkarten werden akzeptiert.

Restaurant ›Musa‹
Vulycja Krušel'nyc'koji 17. 48 Plätze, 2 Säle, altukrainische Küche, Kreditkarten werden akzeptiert.

Restaurant ›Peking‹
Vulycja Hruševs'koho 8. 30 Plätze, 2 Säle, 70 Plätze (Sommergarten), original chinesische Küche (chinesische Köche), Kreditkarten werden akzeptiert.

Restaurant ›Amadeus‹
Vulycja Katedral'na 7. Eigener Parkplatz, 30 Plätze, 2 Säle, ukrainische und europäische Küche, Kreditkarten werden akzeptiert.

Überall erwarten kleine Straßencafés ihre Gäste

Restaurant ›Kupol‹
Vulycja Čajkovs'koho 37. 55 Plätze, 3 Säle, 50 Plätze (Sommergarten), Hausspezialität: ›Citadella‹, Kreditkarten werden akzeptiert.

Restaurant ›Paljanicja‹
Vulycja Pekars'ka 24. Restaurant im ukrainischen Stil, 32 Plätze, 2 Säle, ukrainische und europäische Küche.

■ Cafés

›Wiener Caféhaus‹
Prospekt Svobody 14. Eine sehr angenehme Atmosphäre hat dieses Café vorzuweisen, das seine Gäste in der Nähe des Opernhauses mit Wiener Charme begrüßt.

›Welt des Cafés‹
Plošča Katedral'na. Zwischen zweien der bedeutendsten Sehenswürdigkeiten Lembergs, der Lateinischen Marienkathedrale und der Boim-Kapelle, läd dieses kleine Café zum Verweilen ein, an wärmeren Tagen auch als Straßencafé.

›Veronyka‹
Prospekt Ševčenka. Reizendes, gemütliches Café.

›Kaffee auf Lemberger Art‹
Vulycja Kovžuna. Wunderschönes Café.

Italienischer Hof im ›Kornjakt-Haus‹
Rynok 6. Hier kann man nach der Besichtigung des Marktplatzes eine Tasse echten türkischen Kaffee und ein Stück phantastischen, täglich frisch angelieferten Quarkkuchen genießen.

Einkaufen

■ Antikes und Kunstgewerbe

Im Stadtzentrum Lembergs gibt es verschiedene Geschäfte, in denen man Antikes und Kunstgewerbeartikel erwerben kann:

›Antiquariat‹
Vulycja Gnatjuka 5. Geöffnet Mo–Sa 11–17 Uhr, Mittagspause 14–15 Uhr.

›Gotik Chol‹ (Gotische Halle)
Rynek 6. Mo–Sa 11–17 Uhr, Mittagspause 14–15 Uhr.

›Vernisaž‹
Galerie gegenüber dem Opernhaus, Nähe vul. Teatral'na.

Kunstgewerblicher Salon
Vulycja Voronoho 2. Mo–Sa 11–17 Uhr, Mittagspause 14–15 Uhr. Gemälde, Glas, Schmuck, Pissanki (bemalte Eier), Blumenstickereien und vieles andere ist im Angebot.

Die Verklärungskirche in der vul. Krakivs'ka
Auf dem Krakauer Markt; Eisenbahn in den Karpaten

Д.745-1

41
ANTIQUAIRE

Überall in den Straßen bieten Händler ihre Waren an

■ Lebensmittel

Es ist heutzutage sehr einfach, sich in Lemberg selbst zu versorgen. Die Geschäfte sind modern und das Angebot reichhaltig, und es gibt sehr viele Selbstbedienungsläden und Supermärkte. Eines der größten Einkaufszentren befindet sich in der Siedlung Sichuv und heißt ›Arsen‹.
In allen Brot- und Lebensmittelgeschäften bekommt man auch samstags, sonn- und feiertags dreimal täglich Brot- und Bäckereiwaren zu kaufen.
Außer den Lebensmitteln des täglichen Bedarfs gibt es noch einige typische Spezialitäten, die man probieren sollte. In den Straßen des Stadtzentrums lohnt ein Besuch der Verkaufsstelle des Lemberger Schokoladenbetriebes ›Svitoč‹ am pr. Svobody und des Kaffeegeschäfts ›Halka‹ in der vulycja Kovžuna, in dem auf Wunsch individuelle Mischungen zusammengestellt werden. Eine sehr starke Kaffeemischung sind beispielweise je 100 Gramm des Kaffees ›Brasilien‹, ›Kolumbien‹ und ›India-Ropust‹. Eine mildere Mischung kann man wählen, wenn man je 100 Gramm des Kaffees ›Brasilien‹, ›Äthiopien‹ und ›India-Ropust‹ kauft.

Straßenmarkt; die Lemberger Oper am pr. Svobody
Altstadtfassade

Probieren sollte man auch Kvas, ein typisches Getränk des Landes, das unter Verwendung von Brot hergestellt wird. Kvas wird in Lebensmittelgeschäften angeboten.
Die Lemberger Bierbrauerei hat eine lange Tradition und das Bier schmeckt vorzüglich. Wer guten Vodka kaufen möchte, sollte dies nur in den Geschäften tun. Jeder Vodka hat mindestens 40% und schmeckt am besten gut gekühlt, aber nicht eisgekühlt. Und wenn man einen oder zwei zu viel trinkt – keine Angst, der Kopf tut am nächsten Tag bestimmt nicht weh!

Märkte

Auf den Bauernmärkten bieten Bauern und Händler aus verschiedenen Regionen des Landes ihre Ware an. Bis vor nicht all zu langer Zeit konnte man Fleisch und Wurst nur auf diesen Märkten kaufen. Heute entstehen immer mehr moderne private Metzgergeschäfte. Das Marktleben ist bunt und interessant – für Touristen oft auch exotisch. Besonders schmackhaft ist das Obst aus den weiten, sonnigen Regionen des Landes, vor allem Melonen, Granatäpfel oder Kürbisse. Auch Tomaten oder Paprika haben einen ganz anderen Geschmack, als wir ihn aus unseren Geschäften kennen. Die schönsten Blumensträuße und -gebinde findet man in reicher Auswahl – auf Wunsch auch frisch gebunden – auf dem Blumenmarkt am pl. Halyc'ka.
Die Märkte der Stadt befinden sich am pl. Krakivs'ka/Ecke vul. Bazarna,

Gemüsestand auf dem Markt am pl. Krakivs'ka

am pl. Privokzal'na/Ecke vul. Horskoji 2 und am pl. Stryjs'ka/Ecke vul. Ivana Franka.

Reinigungen
Chemische Reinigungen befinden sich in der vul. Ivana Franka 61, in der vul. Dorošenka 15, in der vul. Ševs'ka 1 und in der vul. Zelena 57.

Museen

Geschichtsmuseum der Stadt Lemberg
Rynek 4, 6 und 24, tägl. außer Mi 10–18 Uhr (Karte S. 100).
Der Gedanke, in der Stadt ein Geschichtsmuseum einzurichten, entstand bereits Ende des 19. Jahrhunderts. Der Initiator war der Lemberger Historiker und Sammler Alexander Czolowski. Die ersten Exponate befanden sich im Rathaus der Stadt. Auf Beschluß des Lemberger Magistrats wurde im Jahre 1908 das Haus Nr. 6 am Marktplatz, das ›Königshaus‹, seiner Bestimmung als ›Nationalmuseum Jan III. Sobieski‹ übergeben und die bereits vorhandenen Exponate aus dem Rathaus hierher gebracht. Im Haus Nr. 4, dem ›Schwarzen Haus‹, eröffnete das Nationalmuseum im September 1926 in 18 Sälen die erste Ausstellung. Ebenfalls im Haus Nr. 24 befindet sich seit 1947 eine Filiale des Geschichtsmuseums. Das heutige Lemberger Geschichtsmuseum ist eines der größten und umfangreichsten seiner Art in der Ukraine. Die gegenwärtigen Sammlungen zählen über 300 000 Exponate: archäologische Funde, Unterlagen, Bilder und Gemälde, Statuen, Bekleidung, Grafiken und Fotografien. Sie werden in insgesamt 36 Ausstellungsräumen gezeigt.

Museum für Möbel und Porzellan
Rynek 10, tägl. außer Mo/Di 10–17 Uhr (Karte S. 100).
Dieses Museum befindet sich im ehemaligen Lubomirski-Palast und ist eine Abteilung des Museums für Ethnographie und Kunstgewerbe. Die Exponate umfassen Stilmöbel aus der Zeit vom 15. bis 19. Jahrhundert, Stoffe, Tapeten, Wandteppiche, Erzeugnisse aus Metall, Porzellan, Fayencearbeiten sowie Glas von der Renaissance bis zum Beginn des 20. Jahrhunderts.

Apothekenmuseum
Vulycja Drukars'ka 2, tägl. außer So 10–18 Uhr (Karte S. 100).
Bereits im Jahre 1735 wurde in diesem Haus eine Apotheke eröffnet. Als Museum dienen die Räume seit 1966. Die Ausstellung zeigt einzigartige Gebrauchsgegenstände verschiedener Epochen: Bücher, Manuskripte, Rezepte und Dokumente über die pharmazeutische Entwicklung. Zu den interessantesten Schätzen des Museums zählt ein originaleingerichtetes Alchimisten-

labor und die erstmals in Lemberg verwendete Petroleumlampe.

Museum des Waffenarsenals
Vulycja Pidval'na 5, tägl. außer Mi 10–18 Uhr (Karte S. 100).
Das Museum hat seit 1981 im Städtischen Arsenal seinen Platz und ist eine Filiale des Geschichtsmuseums. Unter den Ausstellungsstücken befinden sich Schwerter, Säbel, Kampfmesser, Bajonette, Waffen und Munition aus verschiedenen Zeiten sowie ein Schwert der Kreuzritter, das zusammen mit anderen Trophäen aus der Schlacht von Grunwald im Jahr 1410 nach Lemberg gelangte. Von den ausgestellten Ritterausrüstungen zeichnet sich besonders die prunkvolle Husaren-Ausrüstung aus. Zur Sammlung gehört auch eine große Zahl von Feuerwaffen, darunter auch einige Kanonen, die in Lemberg im 16./17. Jahrhundert angefertigt wurden und mit dem Stadtwappen geschmückt sind.

Nationalmuseum
Prospekt Svobody 20, tägl. außer Fr 11–18 Uhr (Karte S.134).
Im Nationalmuseum können Ikonen des 14. bis 18. Jahrhunderts sowie Gemälde berühmter ukrainischer Meister des 19. und 20. Jahrhunderts bewundert werden. In der Abteilung für ukrainische Volkskunst gibt es Kunstwerke vergangener Epochen und Werke der modernen angewandten Kunst zu sehen.

Ein prächtiges Wohnhaus, hinten der Eingang zum Stryjs'kyj-Park

Nationalmuseum Andrej Šeptyc'kyj
Vulycja Drahomanova 42, tägl. außer Fr 11–18 Uhr (Karte S. 141).
Diese Zweigstelle des Nationalmuseums befindet sich in einem Barockpalast. Auf Initiative des Lemberger Metropoliten Andrej Šeptyc'kyj entstand eine außergewöhnliche Sammlung ukrainischer Kunst des 20. Jahrhunderts. Zu sehen sind Werke von Ivan Truš, Olek Novakivs'kyj, O. Kulčyc'ka und anderen ukrainischen Künstlern.

Museum der Ethnographie und des Kunstgewerbes

Prospekt Svobody 15, tägl. außer Mo 10–18 Uhr, Eintritt 2 Hryvnja (Karte S. 134).

Das Museum befindet sich in einem historischen Gebäude der ehemaligen Galizischen Sparkasse. Zu sehen sind über 12000 Ausstellungsstücke aus den Bereichen Weberei, Stickerei, Keramik, Holzschnitzerei, Pissanki (bemalte Ostereier) sowie eine Uhrensammlung.

Lemberger Kunstgalerie

Vulycja Stefanyka 3, tägl. außer Mo 11–19 Uhr, 2 Hryvnja (Karte S. 148).

Der Beschluß des Magistrates von 1897, in Lemberg eine europäische Kunstgalerie zu eröffnen, fand bereits im Jahre 1902 mit dem Ankauf von Werken Lemberger und polnischer Meister seine Verwirklichung. Erst im Jahre 1907 wurde jedoch eine umfangreiche Kollektion westeuropäischer Kunstwerke für die damalige Galerie angekauft, so daß man diese Zeit als Eröffnungsdatum der Galerie nennt. Im Jahre 1914 konnte das heutige Gebäude erworben werden. Sein Besitzer war der Lemberger Universitätsprofessor und Sammler Vladyslav Lozyns'kyj. Die Sammlung der Galerie der Künste besteht heute aus mehr als 50 000 Gemälden, Bildern, Statuen und Grafiken aus dem 15. Jahrhundert bis zur heutigen Zeit. Früher unter dem Namen ›Gemäldegalerie‹ bekannt, trägt sie seit dem Jahre 1998 den Namen ›Lemberger Kunstgalerie‹. Sie gehört zu den größten Sammlungen dieser Art in der Ukraine. In ihren Sälen finden sich Werke berühmter Meister wie Leonardo da Vinci, Lucas Cranach, Martin Schongauer, François Gerard, Juliusz Kossak, Jan Matejko und vieler anderer. Unter den Ausstellungsexponaten haben polnische, italienische, deutsche, österreichische, französische, niederländische, holländisch-flämische sowie europäische Kunstschätze ihren festen Platz. Zu den Besonderheiten zählt das einzige in der Ukraine vorhandene Werk von Georg de Latura: ›Beim Wucherer‹ aus dem Jahre 1620. Auf der ganzen Welt gibt es nur 30 Kunstwerke dieses bekannten Malers. Nicht weniger interessant bietet sich den Besuchern das ebenfalls einzige in der Ukraine erhalten gebliebene Gemälde der italienischen Malerin Sofonisba Anguisciola, das ›Porträt einer jungen Adligen‹ aus dem Jahre 1558. Anguisciola (1532–1625) war eine Zeitgenossin Michelangelos und die erste berühmte und anerkannte Frau in der Welt der Kunstgeschichte.

Boim-Kapelle

Ploščа Katedral'na, neben der Lateinischen Kathedrale, tägl. außer Mo 11–16 Uhr (Karte S. 100).

Diese beeindruckende Grabkapelle aus der Spätrenaissance gehört zur Lemberger Kunstgalerie.

Museum der Buchkunst
Vulycja Kopernika 15a, hinter dem Potocki-Palast, tägl. außer Mo 11–16 Uhr (Karte S. 148).
In diesem ebenfalls zur Kunstgalerie gehörenden Museum kann man mittelalterliche ukrainische Inkunablen und andere europäische Zeugnisse aus der Frühzeit des Buchdrucks sehen. Außerdem sind eine Druckmaschine aus dem 17. Jahrhundert und eine Papierpresse ausgestellt.

Rusalka-Dnistrova-Museum
Vulycja Kopernika 40, tägl. außer Mo 11–16 Uhr (Karte S. 148).
Diese kleine Museum ist ebenfalls eine Abteilung der Kunstgalerie und hat im barocken Glockenturm der ehemaligen Kirche des Heiligen Geistes seinen Sitz. Es zeigt Exponate zum ersten in ukrainischer Sprache gedruckten Buch ›Rusalka Dnistrova‹.

Museum sakraler Kunst
Staryi Rynok, vul. Užgorods'ka 1, tägl. außer Mo 11–17 Uhr (Karte S. 87).
Dieses Museum ist in der Johanneskirche am Fuße des Schloßberges untergebracht und zeigt kirchliche Kunstgegenstände und archäologische Funde aus der Frühzeit der Stadt.

Museum für Religionsgeschichte
Vulycja Stavropihijs'ka 1, tägl. außer Mo 10–19 Uhr (Karte S. 100).
Im ehemaligen Dominikanerkloster kann man sich über die Geschichte der vielen in Lemberg beheimateten Religionsgemeinschaften informieren.

Ivan-Franko-Museum
Vulycja Ivana Franka 154, tägl. außer Di 10–17 Uhr (hintere Klappkarte).
Das Ivan-Franko-Museum befindet sich in dem für seine Familie 1902 erbauten Haus, in dem der große ukrainische Schriftsteller, Übersetzer, Publizist und Politiker bis zu seinem Tode im Jahr 1916 lebte. Es liegt am südöstlichen Rand des Stryjs'kyj-Parks. Man erreicht es mit Straßenbahn Nr. 4 in südliche Richtung bis zur Haltestelle vul. Parkova. Von dort muß man die vul. Ivana Franka nach Süden weiterlaufen. Alle Zimmer sind original erhalten geblieben, viele persönliche Dinge liegen auf seinem Schreibtisch. Schränke mit eigenen wertvollen Schriften und Büchern nicht nur deutscher und polnischer Klassiker stehen in der Bibliothek. An den Wänden hängen Gemälde und Zeichnungen seines Freundes, des Lemberger Malers Ivan Truš.

Mychajlo-Hruševs'kyj-Museum
Vulycja Ivana Franka 154, tägl. außer Di 10–17 Uhr (hintere Klappkarte).
Über den grünen Rasen hinter dem Haus von Ivan Franko kommt man auf den ›Weg der 1000 ehrenwerten Schritte‹, der unmittelbar in das ebenfalls 1902 gebaute Wohnhaus

von Michajlo Hruševs'kyj führt. Es zeigt die nachgebildeten Zimmer des größten ukrainischen Geschichtsforschers und Politikers, der in diesem Hause fast 40 Jahre mit seiner Familie verbrachte. Besonders beeindruckend sind die originalen Dokumente, Zeitungsberichte und Materialien aus der Zeit 1918, als Mychajlo Hruševs'kyj als Vorsitzender der ukrainischen Zentralrada, der Regierung der ersten ukrainischen Volksrepublik tätig war. Ein Besuch in beiden Museen hinterläßt bei allen Besuchern einen sehr großen Eindruck und ein besseres Geschichtsverstehen dieses noch immer sehr jungen unabhängigen ukrainischen Staates.

Johann-Pinsel-Museum
Ploščа Mytna 1, tägl. außer Mo 11–16 Uhr (Karte S. 175).
Das Museum zeigt Werke aus dem Schaffen von Johann Georg Pinsel, dem großen Lemberger Meister und Gründer der Lemberger barocken Bildhauerschule, der im 18. Jahrhundert der etwa 40 Bildhauer angehörten.

Ivan-Truš-Museum
Vulycja Truša 28, tägl. außer Sa und So 11–18 Uhr (hintere Klappkarte).
Das Museum befindet sich in dem Haus, das der Künstler im Jahre 1910 für sich bauen ließ und in dem er über 30 Jahre lang wohnte und arbeitete. Es werden seine Werke aus der Zeit zwischen 1902 und 1941 vorgestellt und über sein Leben Auskunft gegeben. Man erreicht das Museum vom Stadtzentrum aus mit der Straßenbahn Nr. 2 in südliche Richtung. Von der Endhaltestelle aus muß man ein Stück zurücklaufen, die erste Straße rechts ist die vul. Truša.

Salomea-Krušel'nyc'ka-Museum
Vulycja Salomea Krušel'nyc'koji 23, tägl. außer Mo 11–16 Uhr (Karte S. 148).
Im Wohnhaus der berühmten ukrainischen Opernsängerin Salomea-Krušel'nyc'ka (1873–1952) wurde 1991 ein interessantes Memorialmuseum eingerichtet, das auch der Musikforschung dient. Nach ihrer Ausbildung in Lemberg wurde Salomea Krušel'nic'ka auf den Opernbühnen in aller Welt berühmt. Ihr breites Repertoire umfaßte mehr als 50 Rollen, darunter Aida, La Gioconda, Brunhild und Salome. hr Grab befindet sich auf dem Ličakivs'-ke-Friedhof.

Olek-Novakivs'kyj-Museum
Vulycja Lystopadovoho-Čynu 11, tägl. außer Mo 11–16 Uhr (Karte S. 148).
Olek Novakivs'kyj war einer der bedeutendsten Vertreter der modernen Malerei in Galizien. Zunächst dem Impressionismus verpflichtet, wandte er sich später den Expressionisten zu. Er begründete in den 20er Jahren des 20. Jahrhunderts eine Malschule, die eine ganze Gene-

ration moderner Maler beeinflußte. Er schuf zahlreiche Poträts, Landschaftsbilder und Stilleben.

Stanislav-Ludkevyč-Museum
Vulycja Ludkevyča 7, Fr/Sa 14–17 Uhr (hintere Klappkarte).
Im Wohnhaus des berühmten ukrainischen Musikers und Komponisten

Im Freilichtmuseum für Volksarchitektur und Lebensweise

kann man anhand vieler persönlicher Dokumente und Bilder eine Menge über sein Leben und seine Arbeit erfahren. Zum Museum kommt man mit der Straßenbahn Nr. 4. Von der Haltestelle an der vul. Stryjs'ka muß man die vul. I. Franka ein Stück in Fahrtrichtung weitergehen, dann zweigt links die vul. Ludkevyča ab.

Ličakivs'ke-Friedhof
Haupteingang in der vul. Mečnykova, 1. April–1. Oktober 9–20 Uhr, 1. Oktober–1. April 9–18 Uhr (Karte S. 206).
Der Friedhof ist mit der Straßenbahnlinie Nr. 7 vom Stadtzentrum aus zu erreichen. Mit dem Bus oder dem PKW erreicht man den Lyčakivs'ke-Friedhof über die vul. Lyčakivs'ka. Eintritt 1–3 Hryvnja, Fotografieren 3–8 Hryvnja, Filmen 8 Hryvnja (privat), 75 Hryvnja (beruflich). Eine Führung über den Friedhof dauert ca. 1,5 bis 2 Stunden und kostet für Gruppen bis 10 Personen 25 Hryvnja pro Person, für Gruppen über 10 Personen 40 Hryvnja pro Person.

Freilichtmuseum
Vulycja Černeča Hora 1, tägl. außer Mo 10–18 Uhr (Karte S. 175).
Das Ethnographische Freilichtmuseum der Volksarchitektur (Skansen) befindet sich im nordöstlichen Stadtteil Lembergs, in einem 60 Hektar großen Park, dem sogenannten Ševčenko-Hain, bekannt auch als ›Kaiserwald‹. In insgesamt neun Sektoren wurden einmalige Holzbauten aus der gesamten Westukraine zusammengetragen. Sie repräsentieren die Architektur der Huzulen, Bojken und Lemken.
Unter den Exponaten befinden sich Wirtschaftsgebäude, Mühlen, Bauern-

häuser, Ställe und sechs Holzkirchen. Alles fügt sich in die reizvolle Umgebung der Natur ein. Zu den ältesten Kirchen gehört die St. Nikolauskirche aus dem Jahr 1763, die 1930 aus dem Dorf Krivki nach Lemberg gebracht worden ist. Man erreicht das Museum mit der Straßenbahn Nr. 2 und dann über die vul. Krupjars'ka und die vul. Černeča Hora.

Landesgeschichtliches Museum in Vynnyky (Weinbergen)
Vulycja Halyc'ka 26, Vynnyky.
Das Museum wurde im Jahre 1991 eröffnet. Über 13 000 Exponate zeigen die Geschichte der ehemals deutschen Vorstadt Weinbergen vom 19. Jahrhundert bis heute. Vynnyky liegt 17 Kilometer östlich von Lemberg und ist sehr bequem mit dem Kleinbus Nr. 76 vom Stadtzentrum aus in etwa 20 Minuten zu erreichen.

Kultur, Festivals und Feiertage

Opernhaus
Prospekt Svobody. Die Aufführungen finden im Opernhaus nicht täglich statt. Aber wenn man mehr als einen Tag in Lemberg verweilt, sollte man unbedingt einen Opernbesuch einplanen. Jede Vorstellung beginnt um 18 Uhr und endet um 21 Uhr. Eintrittskarten kann man im Vorverkauf und an der Abendkasse kaufen. Der Preis liegt zwischen 10 Hryvnja (1,80 Euro) und 50 Hryvnja (9 Euro).

Feiertage
In der Westukraine haben wir es mit mehreren ethnischen Gruppen zu tun, und aus diesem Grunde werden einige Feiertage in manchen Familien zweimal begangen. Das betrifft besonders den 24. Dezember, zu dem insbesondere die deutsche und polnische Bevölkerung bereits den Weihnachtsbaum aufstellt und das Weihnachtsfest begeht. Seit geraumer Zeit feiern auch immer mehr Gläubige der unierten Kirche Weihnachten an diesem Tage. Man versucht, sich so mehr und mehr dem europäischen Leben anzuschließen. Das Weihnachtsfest der unierten, orthodoxen und armenischen Kirche wird offiziell nach dem alten Julianischen Kalender am 6. Januar gefeiert.
Während sich am 24. Dezember die Gläubigen der katholischen Kirche um Mitternacht zur Christmesse in die Katedrale und in die St. Antoniuskirche begeben, treffen sich die Lemberger zum ukrainischen Heiligabend am 6. Januar, gegen Mitternacht auf dem pr. Svobody, wo man von weitem wunderbare Männerchöre hören kann, die sich unorganisiert hier und dort bilden. Hier wäre noch zu erwähnen, daß nach der Oktoberrevolution das Wort Weihnachtsfest abgeschafft und durch das Wort Neujahrsfest ersetzt wurde. Erst seit dem Jahre 1992 sind

der 7. und 8. Januar wieder offizielle ukrainische Weihnachtsfeiertage. Einen unvergeßlichen Eindruck hinterläßt in Lemberg die Silvesternacht, wenn sich die Lemberger um Mitternacht auf dem pr. Svobody treffen und gemeinsam das Neue Jahr begrüßen. Von weitem schon kann man die herrlichen Stimmen verschiedener spontan gebildeter Chöre hören.

Das Lemberger Opernhaus genießt einen ausgezeichneten Ruf

Auch das Osterfest wird von der deutschen und katholischen Stadtbevölkerung zwei Wochen vor dem ukrainischen begangen.

Die wichtigsten ukrainischen Feiertage sind:
6. Januar, Heiligabend
7., 8. und 9. Januar, Weihnachtsfest
8. März, Internationaler Frauentag
Osterfest, das wichtigste Fest der unierten, orthodoxen und armenischen Kirche
Fest der Dreieinigkeit ›Troica‹, entspricht dem Pfingstfest
2. Mai, Tag der Stadt
9. Mai, Tag der Befreiung
24. August, Tag der Unabhängigkeit (1991)
8. November, Jahrestag der Oktoberrevolution

Festivals

Lemberg als Stadt der Kunst und Kultur bietet seit vielen Jahren verschiedene Festivals, die sich bei Teilnehmern und Besuchern großer Beliebtheit erfreuen.
Das musikalische Kunstfestival ›Virtuose‹ findet jährlich im Mai statt. An ihm nehmen Künstler und Ensembles aus verschiedenen Städten der Ukraine und dem Ausland wie Polen, Italien, Frankreich, Österreich, der Schweiz, Holland, Deutschland, England, Litauen, den USA, Kanada und Japan teil. Zum Programm gehören Konzerte der Sinfonie- und Kammermusik, der Vokalmusik sowie Auftritte von Chören.
Am internationalen Theaterfestival ›Goldener Löwe‹, das jährlich im November stattfindet, nehmen Theatergruppen aus der Ukraine und aus vielen Ländern der Welt teil. Von Jahr zu Jahr begeistern die Erstaufführungen und die Inszenierungen immer wieder aufs neue die Theaterliebhaber.
Das Lemberger Bierfestival wird im Herbst (September/Oktober) gefeiert. Die Traditionen der ukrainischen Bierbrauereien reichen in das 17. Jahrhundert zurück. Die Stadtbrauerei existiert seit dem Jahre 1775, und noch heute braut man nach alter Rezeptur, was dem Lemberger Bier seine Originalität und einen guten Geschmack verleiht. Während des Festivals treffen sich Traditionalisten und Innovatoren, um die Leistungen der ukrainischen Bierbrauereien vor den Bierliebhabern zu beweisen. Auf keinen Fall kann man dieses Festival mit dem deutschen Oktoberfest vergleichen!
Die ›Tage der Stadt Lemberg‹ finden jährlich Ende September statt und schließen Konzerte der ukrainischen Volks-, Pop- und Rock-Musik, Straßentheater, Orchesterparaden und viele andere interessante Kulturprogramme ein. Es lohnt sich, während dieser Zeit in der Stadt zu Besuch zu sein.

Reisetips von A bis Z

Anreise mit dem Auto

Lemberg erreicht man am bequemsten über die polnischen Grenzübergänge zur Ukraine in Korczowa/Krakovec, Medika/Šehyni, Hrebenne sowie Rava Rus'ka. Zur Einreise benötigt man einen Reisepaß sowie ein Einreisevisum, das nicht an der Grenze erhältlich ist. Touristen, die Polen besuchen und einen Abstecher nach Lemberg planen, haben die Möglichkeit, das Visum in der Ukrainischen Botschaft in Krakau zu erhalten. In Deutschland ist es in den Ukrainischen Botschaften erhältlich. Von Görlitz/Zgorzelec bis zur polnisch-ukrainischen Grenze sind ca. 670 km Fahrt zurückzulegen, von der ukrainischen Grenze bis nach Lemberg ungefähr 75 km.
Aus der Slowakei befinden sich die Grenzübergänge in die Ukraine in Užorod und Čop. Man sollte eine beglaubigte Übersetzung der Fahrzeugpapiere bei sich zu haben, wenn Fahrer und Fahrzeugbesitzer nicht identisch sind. Eine solche Übersetzung bekommt man ebenfalls in den Botschaften der Ukraine.

Anreise per Bahn

Aus dem westlichen Ausland gibt es keine Direktverbindungen mit der Bahn bis in die Ukraine. Man kann Lemberg aber sehr gut und problemlos aus den polnischen Städten Breslau, Warschau, Krakau und Przemysl mit Zügen nach Kiev oder Odesa, die über Lemberg führen, erreichen. Unter www.bahn.de gibt es nähere Informationen. Von Berlin ist man ungefähr 23 Stunden unterwegs (Nachtzug mit Schlafwagen), die Hin- und Rückfahrt kostet etwa 120 Euro

Anreise per Bus

Mit einem Linienbus kann man von Przemysl bequem, schnell und sehr günstig nach Lemberg reisen. Der Autobusbahnhof befindet sich direkt gegenüber dem Hauptbahnhof. Diese Busse verkehren zwischen 8 Uhr morgens und 20.30 Uhr alle zwei Stunden und kommen drei Stunden später auf dem Lemberger Autobusbahnhof (Avtovokzal) an. Die Fahrkarte für 4 Euro bekommt man am Fahrkartenschalter in Przemysl.

Anreise per Flugzeug

In Lemberg landen Flugzeuge unter anderem aus Toronto, Manchester, Warschau und Frankfurt/Main. Vom Flughafen der Stadt starten Maschinen nach Europa, aber auch nach Rußland, in den Kaukasus und nach Zentralasien. Die Telefonnummer des Flughafen-Informationsbüros ist 69 21 12.
Ab Deutschland (Frankfurt/Main, Düsseldorf, Berlin) kann man täglich z.B. mit Lot-Polish, Austrian Airlines und Ukraine International fliegen, allerdings gibt es nur wenig Direktflüge. Ukraine International fliegt über Kiev. Lot fliegt über War-

schau nach Lemberg. Austrian Airlines bietet mehrmals wöchentliche Flüge von Wien über Linz nach Lemberg an. Je nach Route beträgt die Flugzeit 3 bis 4 Stunden. Die Preise für Hin- und Rückflug liegen zwischen 400 und 900 Euro.

Autowerkstätten
Wer eine Panne hat und nicht selbst zurechtkommt, kann den Lemberger Abschleppdienst zu Hilfe rufen, Tel. 96700.
Im Landesinneren sowie in Lemberg selbst gibt es gute Autowerkstätten. Ersatzteilfragen und Reifenrunderneuerungen (ukr.: Vulkanizacja) können schnell bearbeitet werden. Moderne Wagen aus westeuropäischen Ländern findet man seit mehreren Jahren auf den Straßen des Landes, daher gibt es heute auch Werkstätten mit hohem Niveau, die allerdings sonn- und feiertags geschlossen sind. In der Stadt gibt es größere und kleinere Geschäfte mit Auto-Ersatzteilen, und in der vul. Zelena befindet sich ein Ersatzteilmarkt.

Bettler
Die unstabile wirtschaftliche Lage des Landes zwingt einen großen Teil der Menschen zum täglichen Überleben. Auch in Lemberg sind die sehr hohe Arbeitslosigkeit, keine regelmäßigen Gehaltszahlungen und niedrige Renten die Ursachen. Seien Sie vorsichtig, denn die meisten Menschen, die wirklich Hilfe und Unterstützung benötigen, sitzen ruhig und traurig in ihren Wohnungen, für wiederum andere ist das Betteln zum Beruf geworden.

Zeitungskiosk in der Innenstadt

Botschaften
Die Generalkonsulate der verschiedenen diplomatischen Vertretungen befinden sich hauptsächlich in Kiev:

Deutsche Botschaft
vul. Bohdana Chmel'nyc'koho 25
01901 Kiev
Tel. 0 03 80/44/2 47 68 00
Fax 2 47 68 18

Botschaft der Republik Österreich
vul. Ivana Franka 33
01030 Kiev
Tel. 0 03 80/44/2 20 57 59
Fax 2 27 54 65

Botschaft der Schweiz
vul. Ivana Fedorova 12
01901 Kiev
Tel. 0 03 80/44/2 20 54 73
Fax 2 46 65 13

Diplomatische Vertretungen der Ukraine in Deutschland
Botschaft der Ukraine
Albrechtstr. 26
10117 Berlin
Tel. 0 30/28 88 72-20 (Auskunft), Fax -19
ukremb@t-online.de
www.botschaft-ukraine.de
Konsularbezirk Berlin Brandenburg, Niedersachsen, Sachsen, Sachsen-Anhalt, Thüringen
Bankverbindung für Visagebühren: Botschaft der Ukraine
Commerzbank AG Berlin
Konto 2 66 74 75 BLZ 100 400 00

Außenstelle der Botschaft in Bonn
Rheinhöhenweg 101
53424 Rema-Oberwinter
Tel. 0 22/28 94 18-60, Fax -63
Konsularbezirk Nordrhein Westfalen
Bankverbindung: Bonner Außenstelle, Commerzbank AG Bonn
Konto 1 00 42 25 BLZ 380 400 07

Generalkonsulat der Ukraine in Frankfurt am Main
Brömerstr. 15
60313 Frankfurt am Main,
Tel. 069/29 72 09-0, Fax -29
Konsularbezirk Hessen, Saarland, Rheinland Pfalz
Bankverbindung: Generalkonsulat Frankfurt am Main, Commerzbank AG Frankfurt/Main
Konto 6 06 63 02 00 BLZ 500 400 00

Generalkonsulat der Ukraine in Hamburg
Mundsburger Damm 1
22087 Hamburg
Tel. 040/22 94 98-0, Fax -13
Konsularbezirk Bremen, Hamburg, Mecklenburg Vorpommern, Schleswig-Holstein
Bankverbindung: Generalkonsulat in Hamburg, Commerzbank AG Hamburg
Konto 6 78 88 55 00 BLZ 200 400 00

Generalkonsulat der Ukraine in München
Lessingstr. 14
80336 München
Tel. 0 89/55 27 37-0, Fax -55
Konsularbezirk: Bayern, Baden Würtemberg
Bankverbindung: Generalkonsulat in München, Hypo Vereinsbank
Konto 44 10 21 10 55 BLZ 700 202 70

▸ In der Schweiz
Botschaft der Ukraine
Feldeggweg 5
3005 Bern
Tel. 0 31/3 52 23 16, Fax 3 51 64 16

▸ In Österreich
Botschaft der Ukraine
Naaffgasse 23
1180 Wien
Tel./Fax 01/4 79 71 72

Werbung für einen Hörfunksender für Autofahrer

Fernsehen
In Lemberg sowie in weiteren Teilen der Westunkraine ist der Empfang über Satelliten sehr populär. Jedes moderne Hotel hat in den Zimmern Fernsehgeräte mit Satellitenprogrammen. Man hat die Auswahl zwischen einigen ukrainischen, russischen, deutschen, englischen, französischen, italienischen Programmen sowie Eurosport.

Fotografieren und Filmen
Ebenso wie in westlichen Ländern ist es verboten, Militär- und Industrieobjekte, Flughäfen und Orte,
an denen Schilder auf ein Verbot hinweisen, zu fotografieren.
In einigen Museen muß für die Erlaubnis des Fotografierens oder Videofilmens gesondert bezahlt werden. In Kirchen und Kathedralen darf man filmen und fotografieren, in Klosteranlagen hingegen benötigt man eine Genehmigung.

Galiziendeutsche
Nähere Informationen gibt es beim:
Hilfskomitee der Galiziendeutschen
Vorsitzender: Oskar Wolf
Heinrichstraße 3
32584 Löhne

Referent für die Kontaktpflege zur Galizischen Heimat
Rudolf Mohr
Heinestraße 10
64295 Darmstadt

Geld
Die Währung in der Ukraine sind Hryvnja und Kopeken. 1 Hryvnja

sind 100 Kopeken. Im Umlauf sind Münzen zu 1, 2, 5, 25 und 50 Kopeken sowie 1 Hryvnja. Als Geldscheine sind im Umlauf 1, 2, 5, 10, 20, 50, 100 und 200 Hryvnja. Am ukrainischen Grenzübergang sowie in allen Vorstädten und Städten gibt es Wechselstuben/Kantore. Geld sollte nur in Banken und Kantoren gewechselt werden. In jedem von ihnen kann man vom Euro, englischen Pfund und Schweizer Franken bis zum polnischen Złoty und russischen Rubel fast jede europäische Währung in Hryvnja bzw. andere Währungen umtauschen. Auch der Tausch von US-Dollar und kanadischen Dollar ist problemlos möglich. Der Kurs ist im Landesinneren immer günstiger als an den Grenzübergängen. Ende 2004 lag der Tauschkurs Euro zu Hryvnja bei 1:6,35.

Individualreisen
Die Zahl der westeuropäischen Individualreisenden ist noch sehr gering. Ein Grund dafür ist sicher die fast ausschließlich negative Berichterstattung über die Ukraine in den Medien. Auch die Sprache und das fremde kyrillische Alphabet wirken möglicherweise abschreckend. Für eine Reise in die Ukraine ist ein Visum nötig, das man rechtzeitig bei den jeweiligen Ukrainischen Botschaften beantragen muß. Über die genauen Bedingungen und Unterlagen geben die Botschaften Auskunft (www.botschaft-ukraine.de). Seit dem Jahre 2000 braucht man für die Einreise in die Ukraine keine Einladung ukrainischer Gastgeber mehr, allerdings muß man bei der Visabeantragung entweder eine Privatadresse oder eine Hotel-

Die südöstliche Ecke des Marktplatzes, im Hintergrund die Michaelskirche

buchung vorlegen. Unbedingt erforderlich für die Einreise ist eine medizinische Versicherung durch SAVG ›Ukrinmedstrach‹. In Deutschland kann die Versicherung über die AXA Colonia Krankenversicherung abgeschlossen werden (München, Tel. 0 89/50 07 02 28 und Berlin, Tel. 0 30/20 16 51 40) – an der Grenze ist kein Abschluß mehr möglich. Der Versicherungsschein muß zusammen mit den Visa-Unterlagen abgegeben werden.
Es empfiehlt sich, zur Visabeschaffung die Dienste einer Agentur in Anspruch zu nehmen, vor allem, wenn man das erste Mal ein Visum beantragt (siehe Reiseveranstalter). Reisende werden in Lemberg herzlich empfangen, vielerorts ist die Verständigung auf Englisch oder Deutsch möglich.

Medizinische Versorgung
Empfohlen wird Impfschutz gegen Diphtherie, Tetanus und Polio. Auffrischungsimpfungen sind alle zehn Jahre empfohlen. Darüber hinaus empfiehlt sich auch ein Impfschutz gegen Hepatitis A. Außerdem sollte man eine Auslandskrankenversicherung mit Rücktransport abschließen, da zwischen Deutschland und der Ukraine kein Krankenversicherungsabkommen besteht und die Pflichtversicherung zur Visaerteilung praktisch nutzlos ist.

Notruf
Feuerwehr: 01
Polizei: 02
Staatliche Schnelle Medizinische Hilfe: 03
Private Schnelle Medizinische Hilfe ›Bohdan‹: 056

Reiseveranstalter
Lemberg ist bislang bei deutschen Reiseveranstaltern noch nicht sehr populär. Die wenigsten haben pauschale Angebote im Programm. Die nachfolgenden Firmen bieten für Einzelreisende zumeist Hotelvermittlung, Fahrkartenreservierung sowie Visaservice und stellen nach Anfrage Programme für Gruppen zusammen. Stattreisen bietet etwa zweimal jährlich interessante Kulturstudienreisen an, die einen Blick hinter die Kulissen erlauben.

DNV-Tours, Heubergstraße 21, 70806 Kornwestheim, Tel. 0 71 54/1 31 83-0, www.dnv-tours.de.

GO EAST Reisen GmbH, Bahrenfelder Chaussee 53, 22761 Hamburg, Tel. 0 40/8 96 90 90, Fax 89 49 40, info@go-east.de, www.go-east.de.

GUSReisen, Stephan Zurfluh, Altenburgstraße 5, CH-5430 Wettingen, Tel. 00 41/56/4 26 54 30, www.lviv.ch, www.gusreisen.ch.

Lernidee Reisen, Eisenacher Str. 11, 10777 Berlin, Tel. 0 30/7 86 00 00, Fax 7 86 55 96, team@lernidee.de, www.lernidee.de.

Perelingua, Varziner Str. 5,
12159 Berlin, Tel. 030/8 51 80 01,
Fax 8 51 69 83, www.perelingua.de.

StattReisen Berlin e.V.,
Malplaquetstraße 5, 13347 Berlin,
Tel. 0 30/45 80 39 47, Fax 45 80 00 03,
studienreisen@stattreisenberlin.de,
www.stattreisenberlin.de.

Ukraine Areoservice GmbH,
Friedrich-Ebert-Anlage 3,
60327 Frankfurt am Main,
Tel. 0 69/75 60 79-0, Fax -11,
www.ukraine-aeroservice.com,
ukraine-aeroservice@t-online.de,
Zweigniederlassung: Friedrichstr. 95
(im IHZ), 10117 Berlin,
Tel. 0 30/2 04 53 65-1 52, Fax -3,
Uiaberlin@aol.com.

Ventus Reisen GmbH,
Krefelder Straße 8, 10555 Berlin,
Tel. 0 30/3 91 00 33-2, -3,
www.ventus.com.

▸ Reiseagenturen vor Ort
In Lemberg selbst gibt es eine Reihe von Agenturen, die sich auf ausländische Touristen spezialisiert haben. Sie vermitteln Transport- und Transferleistungen, deutschsprachige Stadtführer sowie Ausflüge ins Umland und in die Karpaten.

Lviv Inturtrans, vul. Kuznevyča 2/4,
Tel./Fax 0 03 80/3 22/97 11 68,
intur@mail.lviv.ua. Transport aller Art auch für größere Gruppen, Stadtführer, Ausflüge.

›Tourist Company Mandry‹,
Rynek 44, Tel. 00 38/03 22/97 56 46,
Fax 97 16 61, mandry@gal.ukrpack.net, www.mandry-travel.lviv.ua.
Der deutschsprachige Stadtführer Wolodymyr Kachmar, von dem auch das Umland-Kapitel in diesem Buch stammt, bietet über dieses Reisebüro seine Dienste an.

Sprache

Den ukrainischen Einwohnern der Stadt tut es sehr weh, wenn man sich bemüht, Russisch zu sprechen. Sie haben es lieber, in ihrer Muttersprache angesprochen zu werden, aber sie nehmen es keinem Europäer übel, wenn er ihre Sprache nicht kennt. In Lemberg sowie in der gesamten Westukraine kommt man sehr gut mit der polnischen Sprache zurecht. Westeuropäische Besucher können vielerorts ohne Probleme Deutsch oder Englisch sprechen.

Straßenverkehr

In der gesamten Ukraine beträgt die Höchstgeschwindigkeit in geschlossenen Ortschaften 60 km/h und außerhalb von Ortschaften 110 km/h – sie kann auch durch Ausschilderung auf 90 km/h eingeschränkt sein. Ausländische Fahrzeuge werden gern von der Polizei angehalten. Die Verständigung ist dann fast unmöglich. Man sollte ein kleines ›Trinkgeld‹ bereithalten, denn es geht nicht darum, einen Strafzettel auszustellen, sondern die Polizisten wollen etwas verdienen! Bei einer Verkehrskontrolle sollte man Fahrzeugpapiere und das Dokument, das man an der Grenze erhalten hat, bereithalten.

Strom
In Lemberg sowie in der gesamten Ukraine funktioniert die Stromversorgung wie in Westeuropa, d. h. mit 220 V Wechselstrom. Es ist vorteilhaft, einen Universal- oder Zwischenstecker im Reisegepäck zu haben, da es unterschiedliche Steckdosen gibt.

Tankstellen
Die Zeiten der veralteten, kleinen Tankstellen sind endgültig vorbei. Entlang der Transitstraßen und auch auf den größeren Straßen des Landes, besonders nach Lemberg und in der Stadt selbst bietet sich mehr und mehr die Möglichkeit, an modern ausgerüsteten, größtenteils privaten, kleineren Tankstellen oder Großtankstellen zu tanken. Diese bieten auch die Möglichkeit, eine kleine Rast einzulegen, eine moderne Toilette zu benutzen und kleinere Einkäufe für unterwegs zu tätigen. Achtung: An keiner Tankstelle kann man eine Wechselstube finden. Man kann aber mit US-Dollar, kanadischen Dollar oder Euro bezahlen. Das Geld wird nach dem in den Wechselstuben gültigen Kurs umgerechnet. Man bekommt überall bleifreies Benzin sowie Benzin, gekennzeichnet mit A-98, A-95 und A-93 (Oktan) und Diesel. Auch Gas kann meist getankt werden. Der Benzinpreis liegt durchschnittlich bei 40 Cent pro Liter. Man begibt sich zuerst an die Kasse, nennt die Benzinsorte und die Literzahl, bezahlt und betankt erst dann den Wagen.

Telefon/Handy
Telefonieren ist heute absolut kein Problem mehr und auch nicht kostspielig. Telefonkarten für das Ausland kann man im Hotel kaufen, wenn man nicht das Zimmertelefon benutzen möchte. Die Vorwahl bei Auslandsgesprächen aus der Ukraine ist 8-10. Nach Berlin würde man also beispielsweise wählen: 8-10-49-30-Nummer. Bei Anrufen zu einem Handy in Deutschland wählt man 8-10-49-Handynummer. Bei Gesprächen vom Ausland nach

Lemberg ist die Vorwahl der Ukraine zu wählen, 0 03 80, und anschließend die Ortsvorwahl von Lemberg, 3 22.

Wasser

In Lemberg bestehen seit sehr vielen Jahren Probleme mit der Wasserversorgung. Veraltete Wasserrohre, das Ansteigen der Einwohnerzahl durch die sowjetische Industrialisierung der Stadt nach dem Zweiten Weltkrieg sind die Gründe, daß das Wasser oft nicht den ganzen Tag aus den Leitungen fließt. Die Hotels haben ihre eigene, ganztägige Wasserversorgung. Leitungswasser sollte nicht getrunken werden.

Zeitverschiebung

Der Zeitunterschied zur Mitteleuropäischen Zeit (MEZ) beträgt plus eine Stunde. Auch in der Ukraine besteht die Winter- und Sommerzeit.

Zollbestimmungen

Bei der Einreise muß eine Zollerklärung ausgefüllt werden, die man gut aufbewahren sollte, damit man bei der Ausreise keine Schwierigkeiten bekommt. Es empfiehlt sich, alle wertvollen Gegenstände (z. B. Schmuck, Videokamera), in die Zollerklärung eintragen zu lassen, um eine reibungslose Wiederausfuhr sicherzustellen. Gegenstände für den persönlichen Bedarf wie Wäsche, Kleidung, Schuhe, Toilettenartikel usw. können zollfrei mitgeführt werden. Hierzu zählen auch 1 Fotoapparat, 1 Schmalfilmkamera oder 1 Videokamera, 1 Kofferradio sowie 1 tragbares Musikinstrument. Ferner bleiben zollfrei bei über 18 Jahre alten Personen 250 Zigaretten oder 250 g Tabak, 1 l Spirituosen und 2 l Wein. Geschenke im Wert bis zu umgerechnet 200 Euro bleiben ebenfalls abgabenfrei.

Bargeld oder Reiseschecks können bis zum Gegenwert von 10 000 US-Dollar ein- und ausgeführt werden. Offiziell muß man nur Beträge über 1000 Dollar deklarieren, sollte sicherheitshalber aber auch geringere Summen in der Zollerklärung angeben. Es darf nicht mehr Geld ausgeführt werden, als eingeführt wurde, darauf sollte man achten, wenn man in der Ukraine Bargeld am Geldautomaten abhebt.

Für in der Ukraine gekaufte Waren sollte man bei höheren Summen die Quittungen vorweisen können.

Kunstwerke und Antiquitäten dürfen nur mit offizieller Genehmigung ausgeführt werden, wobei Gegenstände, die vor 1950 hergestellt wurden, generell nicht ausgeführt werden dürfen, dies gilt auch für Bücher, die vor 1945 erschienen sind. Die Genehmigung zur Ausfuhr von erlaubten Kunstgegenständen kann man in Lemberg beim Zollamt in der vul. Kostjuška 1 erhalten. Kauft man ein modernes Bild, sollte man sich eine Rechnung mitgeben lassen, die als Bescheinigung dient, daß es kein Kunstgegenstand bzw. keine Antiquität ist.

Sprachführer

In der gesamten Ukraine ist nach der Unabhängigkeitserklärung 1991 Ukrainisch als offizielle Amtssprache eingeführt worden. Während in der Ostukraine dennoch vorwiegend Russisch gesprochen wird, hört man in der Westukraine fast ausschließlich die ukrainische Sprache. Für die eindeutige Transliteration der kyrillischen Buchstaben sowie deren Aussprache ist im folgenden eine Transliterationstabelle aufgeführt.

Ukrainische Transliteration

Laut		Aussprache
А	a	„a“ in Vater
Б	b	„b“ in Ball
В	v	„w“ in Wasser
Г	h	„h“ in Hose (immer hörbar)
Г'	g	„g“ in gut
Д	d	„d“ in Dom
j	e	„e“ in Bett (halboffen)
Є	je	„je“ in jemand
Ж	ž	stimmhaftes „sch“ wie in Garage oder Journal
З	z	„s“ in Rose (stimmhaft)
И	y	„e“ in Gesang (halboffen)
І	i	„i“ in Mine
Ї	ji	„ji“ in jiddisch
Й	j	vor a, o, e und u wie „j“ in Maja, nach a, o, e, u und y kürzer, wie „i“ in Mai
К	k	„k“ in Karte
Л	l	„l“ in Lampe
М	m	„m“ in Mutter
Н	n	„n“ in Nase
О	o	„o“ in Sommer (offen)
П	p	„p“ in Post
Р	r	rollendes Zungenspitzen-r wie im Italienischen
С	s	„s“ wie in was
Т	t	„t“ in Tante
У	u	„u“ in Mut
Ф	f	„f“ in Feder
Х	ch	vor a, o, e, u ein ach-Laut wie in Bach, vor i ein ich-Laut wie in China
Ц	c	„z“ in Zebra
Ч	č	„tsch“ in deutsch (stimmlos)

Ш š „sch“ in Schule (stimmlos)
Щ šč „schtsch“ (stimmlos)
Ю ju „ju“ in Juni
я ja „ja“ in Jasmin
ь ' vorangehender Mitlaut wird weicher ausgesprochen

Begrüßungsformeln

deutsch
ukrainisch Transliteration
(das Akzentzeichen zeigt die Betonung an)

Guten Morgen!
Доброго ранку! Dóbroho ránku!

Guten Tag!
Добрий день! Dóbryj den'!

Guten Abend!
Добрий вечір! Dóbryj véčir!

Gute Nacht!
Добраніч! Dobránič!

Sei gegrüßt!
Привіт! Pryvít!

Seien Sie gegrüßt!/Seid gegrüßt!
Здрастуйте! Zdrástujte!

Wie heißt Du/heißen Sie?
Як тебе/вас звуть?
Jak tebé /vas zvut'?

Ich heiße …
Мене звуть… Mené zvut' …

Herr …
пан pan

Frau …
пані páni

Danke!
Дякую! Djákuju!

Bitte!
Будь ласка! Bud' láska!

Ja
Так tak

Nein
Hi ni

Ich verstehe nicht
Я не розумію Ja ne rozumíju!

Sprechen Sie deutsch/englisch?
Ви розмовляете по німецькому/англійському?
Vy rozmovljáete po niméc'komu/anhlíjs'komu?

Zeitangaben

Wie spät ist es?
Котра година? Kótra hodýna?

heute
сьогодні s'ohódni

morgen
завтра závtra

übermorgen
післязавтра písljazavtra

gestern
вчора včóra

vorgestern
позавчора pózavčora

Stunde
година hodýna

am Morgen
ранком ránkom

am Abend
ввечері vvéčeri

die Nacht
ніч nič

Woche
тиждень týžden'

Wochentage

Montag
понеділок ponedílok

Dienstag
вівторок vivtórok

Mittwoch
середа seredá

Donnerstag
четвер četvér

Freitag
п'ятниця p'játnycja

Sonnabend
субота subóta

Sonntag
неділя nedílja

Monat
місяць mísjac'

Ortsangaben

wo
де de

rechts
праворуч pravóruč

links
ліворуч livóruč

geradeaus
прямо prjámo

hier
тут tut

dort
там tam

Wo ist …
Де знаходиться?
De znachódyt'sja …?

Bank
банк bank

Brücke
міст mist

Eingang
вхід vchid

Ausgang
вихід výchid

Geschäft
магазин mahazýn

Kaufhaus
універмаг univermáh

Kirche
церква cérkva

Kloster
монастир monastýr

Postamt
поштамт poštámt

Platz
площа plóšča

Straße
вулиця vúlycja

Tankstelle
автозаправна станція
avtozaprávna stáncija

Toilette
туалет tualét

Mann
чоловік Abk.:ч čolovík

Frau
жінка Abk.:ж žínka

Reise
Bahnhof
вокзал vokzál

Zug
потяг/поїзд potjáh/pójizd

Fahrkarte
квиток kvytók

Haltestelle
зупинка zupýnka

Abfahrt
відправлення vidprávlennja

Ankunft
прибуття prybuttjá

Verspätung
спізнення spíznennja

Bus
автобус avtóbus

Straßenbahn
трамвай tramváj

U-Bahn
метро metró

Vorortzüge
приміські поїзди prymis'kí pojizdý

Flugplatz
аеропорт aeropórt

Essen und Trinken
Restaurant
ресторан restorán

Frühstück
сніданок snidánok

Mittagessen
обід obíd

Abendessen
вечеря večérja

Speisekarte
меню menjú

Vorspeisen
закуски zakúsky

warme Speisen
гарячі страви harjáči stravy

kalte Speisen
холодні страви cholódni strávy

Dessert
десерт desért

Fisch
риба rýba

Fleisch
м'ясо m'jáso

Rindfleisch
яловичина jálovyčyna

Schweinefleisch
свинина svynýna

Käse
сир syr

Obst
фрукти frúkty

Gemüse
овочі óvoči

Brot
хліб chlib

Saft
сік sik

Mineralwasser
мінеральна вода minerál'na vodá

Tee
чай čaj

Kaffee
кава káva

Wein
вино vynó

Bier
пиво pývo

Gesundheit

Arzt
лікар líkar

Zahnarzt
зубний лікар zubnýj likar

Krankenhaus
лікарня likárnja

Apotheke
аптека aptéka

Medikament
медикамент medykamént

Zahlen

eins
один odýn

zwei
два dva

drei
три try

vier
чотири čotýry

fünf
п'ять p'jat'

sechs
шість šist'

sieben
сім sim

acht
вісім vísim

neun
дев'ять dév'jat'

zehn
десять désjat'

elf
одинадцять odýnadcjat'

zwölf
дванадцять dvanádcjat'

dreizehn
тринадцять trynádcjat'

vierzehn
чотирнадцять čotýrnadcjat'

fünfzehn
п'ятнадцять pjatnádcjat'

sechzehn
шістнадцять šistnádcjat'

siebzehn
сімнадцять simnádcjat'

achtzehn
вісімнадцять visimnádcjat'

neunzehn
дев'ятнадцять devjatnádcjat'

zwanzig
двадцять dvádcjat'

einhundert
сто sto

eintausend
тисяча týsjača

Glossar

Abendland
Bezeichnung für den west- und mitteleuropäischen Kulturkreis, auch Okzident genannt, im Gegensatz zum Orient bzw. Morgenland.

Ambo, Ambonen
Kanzelartiges Lesepult an oder vor den Chorschranken in altchristlichen Basiliken.

Akanthus
Antikes Stilmittel in Form eines Blattornamentes.

Apsis
Meist halbkreisförmiger östlicher Abschluß des Kirchenraums, von einer Halbkuppel überdeckt und in der Regel Standort des Altars.

Attika
Brüstungsartiger Aufbau oder niedriger geschlossener Mauerstreifen über dem Hauptgesims eines Gebäudes, einer Säulen- oder Pilasterordnung.

autokephal
eigenständig, mit eigenem Oberhaupt.

Bema
Freistehende, baldachinartige Sängertribüne in der Mitte des Männerraumes einer Synagoge.

Bojaren
1. Freie Gefolgsleute der Fürsten im Kiewer Reich; bezeichnet seit dem 12. Jahrhundert den politisch einflußreichen russischen Landadel, der in der zweiten Hälfte des 16. Jahrhunderts mit dem Dienstadel verschmolz.

2. Bezeichnet in den Donaufürstentümern im 13. und 14. Jahrhundert eine Art militärischen Dienstadel (boieri), der seit dem 15. Jahrhundert Staatsämter am Hof und im Heer und seit dem 17. Jahrhundert in der Verwaltung innehatte.

Curzon-Linie
Demarkationslinie zwischen Sowjetrußland und Polen, die 1920 vom britischen Außenminister G. Curzon zur Beilegung des sowjetisch-polnischen Krieges vorgeschlagen wurde. Sie diente im Zweiten Weltkrieg der Sowjetunion als Grundlage für ihre Gebietsforderungen an Polen. Die 1945 festgelegte Ostgrenze Polens entspricht weitgehend der Curzon-Linie.

Druschina
Gefolgschaft der altrussischen Fürsten; insbesondere im Kiewer Reich, aus der ein Teil des russischen Adels hervorging.

Hospodar
Seit dem 14. Jahrhundert Titel der Fürsten der Moldau und Walachei.

Ikonostas
Bilderwand aus drei Teilen, die in orthodoxen Kirchenden Gemeinde- und Altarraum voneinander trennt.

Jiddisch
Volkssprache der nichtassimilierten aschkenasischen Juden; früher auch als ›Jüdisch‹ oder ›Hebräisch-Deutsch‹, im Jiddischen selbst als ›Mame-loschn‹ (Muttersprache) oder ›Uschonenu‹ (unsere Sprache) bezeichnet. Ca. 5–6 Millionen Sprechern, vor allem in den USA, Isreal, Ost- und Westeuropa ist Jiddisch zumindest als Zweitsprache geläufig. Jiddisch entwickelte sich nach der Einwanderung von Juden aus den romanischen in die rheinländisch und donauländischen Regionen im 10. Jahrhundert. Flucht

und Vertreibung führte ab dem 14. Jahrhundert zu einer Ausbreitung der jiddischen Sprache im osteuropäischen Raum (Böhmen, Mähren, Polen), was die Aufnahme slawischer Sprachelemente zur Folge hatte. Heute ist das Neujiddisch (seit dem 19. Jahrhundert) weitgehend mit dem Ostjiddisch identisch.

Lawra (auch Laura)
Griechisch für Gasse. Ostkirchliches Kloster. In Rußland Ehrentitel bedeutender Großklöster.

Michael
Schutzpatron Galiziens.

Metropolit
In der katholischen Kirche der Leiter einer Kirchenprovinz, der zugleich der Erzbischof der Hauptdiözese ist. In der orthodoxen Kirche urspr. der Bischof einer Provinzhauptstadt, heute der Leiter einer autokephalen Kirche ohne Patriachatsrang.

Pietà
Italienisch für Frömmigkeit. Vesperbild, Andachtsbild.

Polnischer Adel
Der Adel bildete sich in Polen im 10. bis 12. Jahrhundert aus freien Grundbesitzern und fürstlichen Gefolgsleuten. Vom 14. bis 18. Jahrhundert stellte die Schlachta (von polnisch ›szlachta‹, Geschlecht) die bestimmende politischen Kraft im Land dar. Allein Mitglieder der Schlachta hatten Staats-, Landes- und höhere Kirchenämter inne, während Bürger und Bauern vom Grundbesitz ausgeschlossen waren. 1863 beendete der Januaraufstand die Vormachtstellung der Schlachta im Land.

Presbyterium
Hochaltarraum in der Apsis.

Risalit
Vom italienischen ›risalto‹, Vorsprung. Teil eines Gebäudes, der über dessen Fluchtlinie in ganzer Höhe um ein Geringes hervortritt..

Sokol
Polnische Pfadfinderorganisation, die 1911 in Lemberg von Andrzej Malkowski gegründet. wurde.

Sič-Schützen
Der 1900 gegründete Verband der Sič-Schützen stellt einen Vorläufer der Ukrainisch-Galizischen Armee (UGA) dar, eine Legion innerhalb der österreich-ungarischen Armee, nach 1919 als Galizische Armee bezeichnet.

Tympanon
Griechisch für Pauke. Bezeichnet das meist mit einem Relief ausgefüllte Bogenfeld über einem Portal, besonders häufig im Kirchenbau des Mittelalters.

Über die Autorin

Ania Klijanienko, Jahrgang 1950, geboren in Böhlitz-Ehrenberg/Leipzig, lebt seit über 30 Jahren in Polen (Breslau/Rzeszow) und verfolgt seit fast zehn Jahren die Geschehnisse in der Ukraine, besonders in Lemberg. Sie hat eine Reihe polnischer Reisekataloge ins Deutsche übersetzt und selbst in polnischer Sprache die Broschüre ›Auf den Spuren der Kleinen Adler‹ verfaßt. Ihre besondere Vorliebe für Lemberg entdeckte sie im Jahre 1995 als Touristin und später als Reiseleiterin für polnische Reisegruppen nach Lemberg und bei ihren längeren privaten Aufenthalten in dieser interessanten Großstadt.

Danksagung

Die Autorin möchte allen danken, die am Entstehen des Buches Anteil genommen haben.

Besonderer Dank gilt meiner ukrainischen Gastgeberfamilie, Familie Hladun, die es mir ermöglichte, Materialien zum Text zu diesem Buch durch monatelangen Aufenthalt in Lemberg an Ort und Stelle zu verarbeiten. Ein ebenfalls besonderen Dank gilt den Lemberger deutschsprachigen Stadtführern Wolodymyr

Auf dem Bildermarkt

Kachmar und Ihor Sharyak, deren Teilbeiträge zum ukrainischen Leben in Lemberg, aber vor allem über das Umland das Buch bereichern.

Besonders herzlich möchte ich mich bei Herrn Oskar Wolf, dem Vorsitzenden des Hilfskomitees der Galiziendeutschen bedanken. Nur Dank der übersendeten Buchmaterialien ›Galizien 1772–1939‹ und der Geschichtsbände ›Heimat Galizien – ein Gedenkbuch‹ Band 1 und 2 ist es möglich gewesen, das Leben der Deutschen in Lemberg so ausführlich darzustellen. Ein herzliches Dankeschön möchte ich auch Frau Karin Regierer aussprechen, die mich oft längere Zeit in Berlin aufgenommen hat und mir ihre reichhaltigen Lexika über Kunst, Kultur und Geschichte der Völker zur Verfügung gestellt hat.

Literaturhinweise

Dittert, Annette, Pleitgen, Fritz, Der stille Bug. Reise durch ein zerissenes Land, Köln 2004.

Franko, Ivan, Beiträge zur Geschichte und Kultur der Ukraine, Schriften 1882–1915, Berlin 1963.

Haumann, Heiko, Geschichte der Ostjuden, dtv München 1990.

Hilfskomitee der Galiziendeutschen A.u.H.B. ›Galizienbände‹, Band 1 und 2, zu erwerben beim Vorsitzenden Oskar Wolf (siehe auch Reisetips von A bis Z, Oskar.Wolf@t-online.de.

Kostenko, Lina, Grenzsteine des Lebens, Brodina Verlag 1996

Reichert, Oskar, Gelsendorf/Galizien 1782–1940 Druckerei H. Reichert, Wuppertal.

Roth, Joseph, Radetzkymarsch, Köln 1999.

Sacher-Masoch von, Leopold, Galizische Erzählungen, Berlin 1991.

Scheer, Evelyn/Schmidt, Gert, Die Ukraine entdecken, Trescher Verlag Berlin 2003.

Schulz, Bruno, Die Zimtläden, München 1962.

Taras Ševčenko: Der Kobsar, Verlag für fremdsprachige Literatur, Moskau 1951.

Sach- und Personenregister

Ortsregister

Kartenregister

Bildnachweis

Hofmann/Just: 3, 4, 5, 6, 7, 15, 25, 29, 31, 32, 35, 39, 41, 45, 49, 50, 51, 52, 55, 58, 68, 70, 80, 96, 99, 102, 107, 108, 111, 114, 115, 118u., 119, 120, 122, 129, 132, 144, 151, 154, 158, 161, 166, 168, 169, 170, 172, 192, 195, 196, 201, 202, 204, 204, 213, 220, 224, 232, 242, 249, 257, 258, 260, 266, 269, 271, 272, 275, 283, 284, 253u., 254, 255, 256.
Volodymyr Kačmar: 74, 187, 190.
Ania Klijanienko: 28, 63, 126, 208, 216, 226, 228, 231, 246, 264.
Claudia Quaukies: 3, 4, 5, 9, 10, 42, 79, 94, 117, 118o., 163, 179, 199, 201, 235, 245, 251o.0.
Götz Simon: 138.
Hannelore Wollert: 7, 10, 46, 67, 84, 104, 112, 176.
Halina Zimina: 90.

Titel: Löwe vor dem Lemberger Rathaus (Quaukies).
Hintere Umschlagklappe: Alte Stadtmauer (Hofmann/Just).
S. 12/13 Außenwand der Boim-Kapelle (Quaukies).
S. 80/81 Blick vom Schloßberg auf die Walachische Kirche und die Dominikanerkirche (Hofmann/Just).
S. 196/197 Grabmal auf dem Ličakivs'ke-Friedhof (Hofmann/Just)